广东老年社会工作介入需求与实践的实证研究

GUANGDONG LAONIAN SHEHUI GONGZUO JIERU
XUQIU YU SHIJIAN DE SHIZHENG YANJIU

李颖奕　等◎著

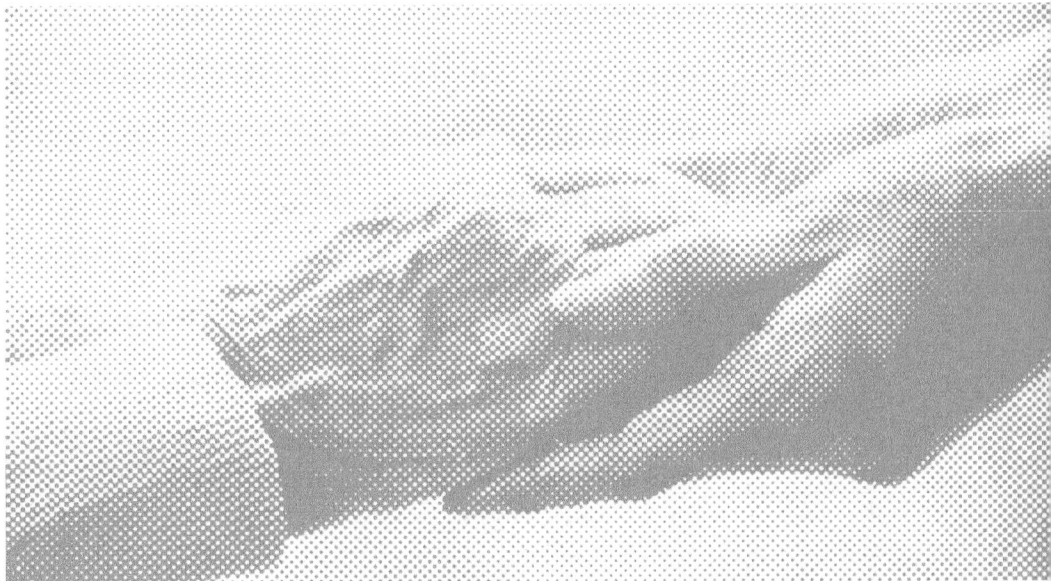

中国社会出版社

国家一级出版社 · 全国百佳图书出版单位

图书在版编目（CIP）数据

广东老年社会工作介入需求与实践的实证研究 ／ 李
颖奕等著 . -- 北京 ：中国社会出版社，2024.8
ISBN 978-7-5087-7054-3

Ⅰ.①广... Ⅱ.①李... Ⅲ.①老年人－社会工作－研
究－广东 Ⅳ.①D669.6

中国国家版本馆 CIP 数据核字 (2024) 第 103107 号

广东老年社会工作介入需求与实践的实证研究

出 版 人：程 伟
终 审 人：陈 琛
责任编辑：张 迟
装帧设计：尹 帅
出版发行：中国社会出版社
　　　　　（北京市西城区二龙路甲 33 号　邮编 100032）
印刷装订：北京九州迅驰传媒文化有限公司
版　　次：2024 年 8 月第 1 版
印　　次：2024 年 8 月第 1 次印刷
开　　本：170mm×240mm　1/16
字　　数：280 千字
印　　张：18
定　　价：55.00 元

自　序

随着我国老龄人口的急剧增加，老年人照顾已成为全社会关注的热点，也是国家基本养老服务的重点。近年来，我国政府出台多项政策、规划，推动国家基本养老服务体系建设。2012年11月，党的十八大提出了"积极应对人口老龄化，大力发展老龄服务事业和产业"的要求，此后政府又发布"十三五"和"十四五"养老服务体系专项规划，持续推动养老机构和设施、居家和社区养老服务的发展。在这一背景下，广东省推动出台了《广东省养老服务条例》《广东省加快推进养老服务发展若干措施》等多个养老服务政策文件，建设养老机构近2000家，社区养老服务设施超过2.3万个，丰富了养老服务供给。为了更好地满足养老需求，政府不仅加大力度扩大养老设施的建设，布局社区照顾，还积极引入社会工作专业力量以提升照顾服务的品质。2005年广州市老人院率先设立社会工作部，2009年广州市越秀区老人院向社会组织购买社会工作专业服务，此后随着街道家庭综合服务中心试点的铺开、社区居家养老服务的推进，越来越多的社会工作者进入老年服务领域。

社会工作的加入，基于人们对老年人"照顾"期待的提高。随着我国社会与经济条件的发展、人们生活质量的提升，"照顾"的含义向综合性和整体性发展，包括具体行动、物质、心理和环境等各个层面的关怀和服务，不再仅限于对个体的生活照料和医疗照护供给，老年人的社会需求等更多元的需求被关注，提供照顾的手段和形式日渐丰富。笔者自博士研究生阶段开始关注、研究老年照顾，有幸见证、参与了我国社会工作在养老服务中的发轫、成长，看到配餐、日托中心等服务从最初的"难以实现"逐渐变成普遍提供的服务资源，既深深为养老服务的发展、老人生活境遇的改善感到激动，也为老年社会工作者越来越多地活跃在城市社区、乡村街镇和老人院感到振奋。

在10余年的研究和教学过程中，我有幸得到了许多社会工作服务机构的热情支持，我们的社会工作专业本科生、硕士研究生源源不断地进入居家养老服务中心、社会工作服务站、老人院等进行实习和调研。在数月的实习实践中，他们对一线老年社会工作服务的需求、现况有了深入的了解，并常常产生强烈的情感触动和对现实问题进行学术探索的愿望。在此基础上，笔者和学生一起讨论、发掘兼具理论意义和现实重要性的主题，指导他们完成学位论文。近年来，笔者指导的社会工作专业硕士研究生（MSW）撰写老年社会工作领域的学位论文逾20篇，这些论文反映了我们对当前我国本土老年社会工作服务需求、多种服务实践的效果及其影响因素的认识，对如何更有效地发挥社会工作介入效果的策略思考。本书从学术价值和现实关切出发，选择了以老人入住适应、照顾者对失智老人激越行为的应对、院舍失智老人照顾者的压力及社区老人智慧养老、居家养老服务利用、失能老人、社会融合等为主题的6篇论文进行分享，以反映当前阶段老年照顾中的重点、难点，对新服务、新工具、新方向的经验得失进行考察和探讨。

目 录
Contents

上篇 机构照顾

下篇　社区照顾

上　篇　机构照顾

第一章

结构视角下机构照顾者对失智老人激越行为的干预与困境研究

李嘉怡　李颖奕

第一节　引言

失智症被界定为一种以获得性认知功能损害为核心，并导致患者日常生活能力、学习能力、工作能力和社会交往能力明显减退的综合征，在病程某一阶段常伴有精神、行为和人格异常（中国失智与认知障碍指南写作组 等，2018）。2020 年一项横断面研究发现，中国 60 岁以上人群中有1507 万例失智症患者，患病率为 6.0%（JIAETAL，2020），这也意味着未来我国失智老人的数量庞大。患有失智症的老人需要长期照顾，家庭成员是主要的照顾者。研究表明，失智老人家庭照顾者负担水平及压力水平相对较高（许丽华 等，2016）。过重的照顾负担将导致家庭照顾者难以提供充分的日常生活照顾，对照顾者的身体健康、心理健康和人际交往等带来不良影响（杨萍萍 等，2015）。随着工业化和城市化发展，中青年子女的职业竞争和生活负担不断加重，且我国家庭规模缩小、照料功能弱化，老年人从家庭获得的养老资源逐渐减少，对社会养老资源的需求明显加大（杜鹏 等，2016）。失智症是无法逆转的疾病，目前还没有有效的药物治疗方法，失智程度将随病程逐步加深甚至演变成失智与失能并存。当家庭无法承担照顾任务时，安排老人入住老人院是很多家庭照顾者的最终选择。

照顾者压力与失智老人激越行为的发生相关，机构的失智老人相对于居家的失智老人而言，表现出较少的行为症状，但是当失智老人出现行为症状时，机构照顾者报告了更高的频率和更严重的症状（MOURIKETAL，2004）。失智老人的激越行为对机构照顾者工作的负面影响包括伤害老人自身和工作人员、造成其他老人的不满情绪增加、加重护理员的照顾压力和士气低落等。目前学术界对老人院的研究主要集中在护理员压力、培训和管理等方面，直接针对失智老人的激越行为给机构照顾者带来照顾压力和机构照顾者应对激越行为的研究较少，因此本章运用结构化理论对广州市 H 老人院的照顾者应对激越行为的条件、方式和效果进行考察，以丰富本土机构照顾领域的社会工作实证研究，并为提高失智老人照顾水平提供政策与服务建议。

第二节　文献回顾

一、失智老人激越行为研究

（一）失智老人激越行为的发生特点

对失智老人激越行为发生特点的研究发现，在医院、社区和老人院的失智老人都呈现出激越行为发生率高，且表现形式和类型复杂多样的特点。Sourial（2001）通过分析护理医院中 56 名失智症患者的激越行为的频率和破坏性、患者特征和干预措施与激越行为的关系，发现 94.6% 的失智症患者在 2 周内报告了一种或多种激越行为，其中攻击性行为在夜班报告的频率略高，研究还发现精神药物的使用与三种类型激越行为的频率增加相关、住院时间 1~2 个月的患者比住院不到 1 个月的患者有更多的攻击性和言语激越行为以及日常生活活动能力（Activities of daily living，ADL）水平更高的患者执行躯体非攻击性行为的能力更强。王志稳 等（2003）基于对 72 例居家和 65 例老人院失智老人调查，发现失智老人激越行为发生率分别是 86.1% 和 90.8%，两组失智老人均以反复说话或问问题、骂人、藏东西、坐立不安/重复动作、不适当地处理物品、徘徊等激越行为最为常见，但是居家失智老人藏东西和储藏物品的发生率较高，而老人院失智老人不恰当地处理物品、身体攻击和徘徊等行为比居家失智老人多，建议要结合不同场所、不同程度失智症患者激越行为的特点进行不同方式的护理干预，从而有针对性地降低激越行为的发生率。Halpern 等（2018）利用电子健康记录（EHR）中的数据评估美国 AD/失智患者的激越行为发生率，发现激越行为在社区居住的患者中也很常见。肖顺贞等（2004）采用问卷调查和多次分段录像的方法对 20 名老人院失智老人激越行为的主要表现及特点进行观察，发现不恰当地处理物品、徘徊、不恰当地穿脱衣服、打人、骂人等行为最为常见。叶芬 等（2017）对广州市老人院失智区 141 位失智老人激越行为的现状及特点进行调查，发现失智老人激越行为的发生率高达 90.07%，其中躯体非攻击性行为发生率最高，其他依次为躯体攻击性行为、语言非攻击性行为和语言攻击性行为。

（二）失智老人激越行为的影响因素

失智老人的认知功能、失智类型和程度、日常生活活动能力、需求、抑郁、约束、社会人口学特征及环境因素等都被证明会影响激越行为的发生。Stefan 等（2015）指出阿尔茨海默病患者的激越行为发生率（76%）高于轻度认知障碍患者（60%），而且前者激越行为由更具攻击性和身体非攻击性的行为组成。魏志华等（2020）表示，混合型失智患者激越行为评分明显高于血管性失智和阿尔茨海默病患者，重度失智老人激越行为也明显高于轻、中度失智老人，并且年龄越大的失智老人的认知功能越低，激越行为发生率越高，认为应该重视失智老人早期认知评估和干预训练，关注激越行为的表现，加强对激越行为的管理。Rader 等（1985）提出，激越行为往往源于孤独和分离的感觉，是失智老人用来满足他们的社会、情感和身体需求的行为，照顾中过于强调现实容易加深他们的焦虑和加大他们与信任和爱的分离，通过关注和尊重他们可以减少和预防行为的发生，让失智老人体验到归属感、安全感及与他人的联系。王丹丹等（2018）认为，中、重度失智老人部分激越行为多因需求未被满足，如日间发出的异常声音是失智老人需进食、如厕、更换电视节目等，而夜间发出异常声音是失智老人有睡眠障碍，希望引起照顾者注意，由于中、重度认知障碍无法准确表达自我需求，照顾者需要全面和准确地评估失智老人的需求和制定激越行为系列性评估和干预模式。Ladislav 等（2012）发现，失智老人的抑郁症状与激越行为相关，激越行为越严重失智老人抑郁得分越高。Jiska 等（2016）等提出，环境对激越行为同样会产生一定的影响，身体约束、不活动、孤独、工作人员配置水平下降、夜间寒冷这几个环境条件容易增加失智老人激越行为，结构化活动、音乐、社会互动等情况会降低激越行为发生率。Schreiner 等（2000）对日本失智老人的激越行为研究，发现文化的差异对激越行为的发生影响不大，大多数的身体攻击行为都发生在个人护理方面。Cohen-Mansfield 等（2005）提出，言语激越行为与性别、认知能力下降、日常生活活动能力差、社会功能受损和抑郁情绪迹象相关，而身体非攻击性激越行为与认知障碍和较少的并发医学诊断相关。

二、激越行为对照顾者压力的影响

在失智症的三种失智类型中，Knutson 等（2008）指出，额颞叶失智症（Frontal temporal dementia，FTD）以患者出现不恰当的社会行为为标志，包括妄想、激越、异常运动行为等，这是导致照顾者负担增加的重要因素。郑娜 等（2011）指出，失智老人随着病情的发展，其认知、行为和智力逐渐退化甚至丧失，需要护理员时时刻刻照顾，这导致护理员社会交往的时间减少，由此产生社会隔离，最终引发护理员的社会压力。失智老人中常见的神经精神疾病的改变，如人格改变、抑郁、精神病和激越行为比认知症状更易变，并表现出阶段性的特异性表达模式，其中激越行为是最有可能被报告为对照顾者造成严重压力的精神变化，并且是导致老人被转入机构生活的重要因素之一（1998）。Huang 等（2012）指出，失智老人精神行为症状（BPSD）中的激越行为频率与照顾者负担呈显著正相关，改善激越行为的治疗可以减轻照顾者的负担。陈南娥 等（2012）发现言语类激越行为与护理人员社会性负担和情感性负担相关，行为类激越行为与时间依赖性负担、身体性负担和情感性负担相关，但由于护理人员专业技能掌握程度普遍偏低，对激越行为的症状缺乏了解，应对水平较低，被动地疲于应付，对其身体、心理和社会方面造成压力。虽然失智老人激越行为的发生难以预料和预防，具有不确定性，给照顾者带来沉重的照顾压力，但是 Koerner 等（2009）提出，照顾者亲和性和外向的人格特质、家庭和伴侣的社会情感支持以及照顾者与老年被照顾者先前的关系好都有助于产生积极的照顾体验。

三、照顾者干预不确定性行为的相关研究

李坚（2006）认为，不确定性是指与事物运动状态或结果具有多种可能性相联系的一种性质，是对确定性的否定。从认识论角度来看，不确定性是指人无法对事物状态或事件运行结果作出唯一确定的描述和预言。Timmermans 等（2002）表示，医学上的不确定性不仅使医学知识充满了空白和未知，还包括研究中对信息技术、指南和医学文献等的依赖产生新的不确定性。因此医疗社会化过程中需要对不确定性持续管理。洪晨硕（2014）认为，疾病的医疗与照顾都存在不确定性，其中诊断的不确定性只是争议性疾病的一部分。在照顾历程中也面临对患者身份、未来发展以及应对的不确定性。

Gray（2002）回访 10 年前参加研究的家庭，探寻父母应对自闭症儿童发展过程中不断变化的问题经历。发现不恰当的公共行为、干扰、破坏、暴力、侵犯和不恰当的性表达等问题持续存在，但是随着孩子能力的提高、父母与孩子交流的能力增强和期望下降，发展出更成功的方法来处理孩子的问题，这些问题对父母而言已经没有那么重要了。对患有注意缺陷与多动障碍儿童的父母应对方式的研究发现，解决问题和求助是父母最常出现的行为方式，其次是退避、合理化、幻想和自责（杨丽容，2013；邹华 等，2011）。统计数据表明，父母选择积极的成熟型应对方式有利于减少注意缺陷与多动障碍儿童行为问题的发生和减轻行为问题发生的程度。

在照顾者应对失智老人的不确定性行为中，Riedijk 等（2006）发现，失智患者失智持续的时间较短反而对照顾者生活质量影响较大，应对失智持续时间相对较长患者的照顾者有较高的生活质量，这与随着时间的推移，照顾者适应了失智患者的行为而感到不那么紧张有关。当激越行为发生时，照顾者采用非直接或非干涉性策略，如转移注意力、保持安静、暂

时回避、提起患者感兴趣的话题、找简单的事情让患者做、带患者到户外活动、放熟悉的音乐等在大多数情况下对控制激越行为效果较好（王志稳等，2004）。但是激越行为会因批评或责备而持续存在，并可能诱发其他激越行为。失智老人家庭照顾者运用积极的应对方式有助于降低其照顾的压力知觉水平，如采取调整心态、调整情绪、调整认知和转移注意、寻求支持等多种方式来缓解压力，同时，积极应对型个体以解决问题而不是以情绪发泄为中心（江景娟 等，2015）。当失智老人的照顾者是配偶时，其更倾向于使用积极的情感表达应对方式，认为照顾失智老人是夫妻情感、责任和义务感、陪伴感的体现，在照顾中能获得锻炼，悉心照顾可以延续患者生命（柳秋实 等，2012）。邱丽蓉 等（2007）认为，问题导向因应行为与照顾者身体和心理健康呈显著的正相关，情绪导向因应行为则与整体健康呈显著的负相关。以照顾者问题为导向的因应行为中最常使用的是：接受事实、尝试维持所能掌握的目前情况、大事化小小事化无。洪晨硕（2014）指出，失智症的治疗和照顾具有不确定性，并且贯穿整个照顾过程，失智老人及其照顾者可以采取行动，如促使医生了解具体情况、提高社会大众对失智症的认识、要求政府或保险公司提供辅助或照顾服务等。无论是家庭照顾者还是院舍照顾者，面对被照顾者不确定性行为都可能发展出相应的有效应对策略，但是消极的应对依然存在，给被照顾者的生活带来不良影响。

四、文献述评

从国内外现有文献来看，学者对失智老人激越行为的现状及影响因素、失智老人带来的照顾压力及照顾中如何应对不确定性等问题进行了一定的研究。现有研究发现，失智老人激越行为的发生率高且类型复杂多样，激越行为发生的频率和类型的影响因素包括失智老人的认知功能、失智类型和程度、日常生活活动能力、需求、抑郁、使用约束、社会人口学特征及环境等，但对于激越行为给照顾者带来的照顾困难还未能充分展示。

目前对失智老人照顾的研究多以家庭照顾者为对象，对机构照顾者的研究则主要集中于照顾压力。现有研究都表明了激越行为给照顾者带来沉重的照顾压力，而少有对机构照顾者干预失智老人激越行为的行动和策略的研究。现有干预激越行为的研究主要出自医学和护理学，方法包括药物干预和非药物干预，目的是延缓失智老人认知退化进程，以及降低激越行为发生的频率。这些研究为照顾者干预激越行为提供了技术层面的参考，但仍存在未能从照顾实践的角度考察照顾者面临的结构性困境而难以解决照顾技术未获适当使用的问题，因此需要基于现实的照顾情境，探索如何为照顾者对失智老人激越行为的干预行动进行赋能。

第三节 研究设计

一、核心概念界定

(一) 失智老人

失智症又称老年失智症（Dementia），中国防治认知功能障碍专家共识专家组（2006）将其界定为："由器质性疾病引起的一组严重认知功能缺陷或衰退的临床综合征，如进行性思维、记忆、行为和人格障碍等，可伴随精神和运动功能症状，损害达到影响职业、社会功能或日常生活能力的程度；最常见、发病率最高的类型包括阿尔茨海默病（Alzheimer'sdisease，AD）、血管性失智症（vascular disease，VaD）和混合性失智（Mixed dementia，MixD）。"

临床上主要依据患者的病史、症状、体征、神经心理学测试和辅导检查进行失智症的诊断。失智症患者主要表现出4个特征：（1）后天获得的智能损害或精神发育迟滞；（2）必须具备言语、记忆力、视空间功能、情绪或人格和认知（抽象思维、计算、判断和执行能力等）中的任何3个项目障碍；（3）强调逐渐起病和病情的持续进展，排除急性脑血管病所引发的暂时性意识障碍、谵妄、抑郁导致的假性失智和药物毒物引发的短暂智能下降；（4）存在社交或职业功能缺陷（王梓炫 等，2015）。考虑到在院老人获严格医疗诊断的困难，本章中的失智老人界定为年龄在60岁及以上，由 H 老人院的医务室根据患者的病史、对精神行为症状的评估和简易精神状态量表（Mini-mental State Examination，MMSE）确认为存在认知功能障碍的老年人。

（二）激越行为

Cohen-Mansfield 在 1986 年界定了激越行为的概念以及概念框架，认为激越行为是不能用需求和困惑本身来解释的不恰当的语言、声音或行为。激越行为的不恰当性由观察者受公认的社会规范或工作人员需要的角度作出判断，分为攻击性、躯体非攻击性、语言激越行为 3 个症状群，具体包括 29 项，常见的激越行为包括游走、重复语句或问题、尖叫、打人、抓人、不适当地穿/脱衣服、做行动性性骚扰、咒骂或言语性攻击等。

（三）机构照顾者

机构照顾又称院舍照顾，是指提供相对集中的资源，在特定的机构内为服务对象提供有针对性的服务。根据功能区分，我国为老年人提供照顾服务的机构包括老人院、敬老院、社会福利院、老年公寓等。提供的服务内容包括生活照料、医疗护理、康复训练、文化娱乐、社工服务、临终关怀等（吕新萍，2005；聂建明，2014）。本章根据机构提供各类照顾服务内容的主体，将机构照顾者界定为在 H 老人院内为失智老人提供照顾服务的社工、护理员、医护人员和老人院管理者。

二、理论视角：结构化理论

（一）结构化理论的主要观点

吉登斯（2016）提出了结构化理论，批判性地评估当前彼此对抗的诸多社会思想流派，用结构二重性取代社会学的二元方法论。结构二重性是结构化理论的基础，是指结构同时作为自身循环反复地组织起来的行为的中介与结果；社会系统的结构性特征并不外显于行动，而是反复不断地卷入行动的生产与再生产。

结构化理论具备三要素：结构、能动和实践活动。结构即社会系统生产和再生产中包含的规则和资源，同时具有制约性和使能性的特征。行动者在行动时所依赖的各种正式制度、非正式制度和各种有意义的符号构成了规则，资源是作为一种能力的特性，包括配置性资源和权威性资源。结构具体体现在行动的实践中，为将结构更好地操作化，张云鹏（2005）对规则和资源的具体内涵进行了阐释，他认为正式制度指行动者在行动过程中遵守的政治、经济、法律制度等规范性制度；非正式制度即规范性规则，是对行动者的行动产生影响的各种心理、习俗以及文化等；表意性规则发挥解释性作用，包括各种有意义的社会文化符号；配置性资源是指各种物质实体性资源；权威性资源则是行动者所拥有的权威和各种社会资本；等。

吉登斯认为，行动者具备能动性的特征，其能动性渗透在个体的行动中，即在行动的动机激发过程、理性化和反思性监控三者之间。动机激发过程是行动的潜在可能，只有在以某种形式偏离于惯例的情境下，动机才可能直接作用于行动，但是我们的日常行为很少出自动机的直接激发。行动的理性化是指当行动者被他人问及时，能够提供自身活动的理由。行动的反思性监控是行动者日常行动的惯有特性，他们始终监控着自己的活动流，也期望他人如此监控着自身，同时，还以例行方式监控着进入情境的社会特性与物理特性。王鉴等（2019）认为，以上行动的三个层面与无意识、话语意识和实践意识是相呼应的。动机的激发过程有无意识的参与，行动理性化是话语意识的表现形式，行动的反思性监控是实践意识的表现形式，实践意识上升为话语意识是反思性不断监控的结果。

吉登斯在阐述概念时，协调考虑到人的能动作用和结构的要求。陆春萍等（2006）指出，吉登斯结构化理论受到马克思的实践观影响，认为实践是沟通能动与结构的桥梁，是具有能知和能动的行动者在一定时空中利用规则和资源不断地改造外部世界的行动过程。

（二）结构化理论的相关研究

20世纪70年代，吉登斯在对经典社会理论中关于个体与社会、人与结构、主体和客体关系所持的二元论的批判性解构的基础上正式提出了结构化理论（Geddens' Structuration Theory）。于海（1998）认为，结构化理论带有明显的综合性，马克思关于历史的观点对吉登斯提出结构化理论产生了显著而有力的影响。周志山等（2002）指出，该理论中的结构二重性也与马克思的社会实践本体论有着密切的理论渊源，该理论的创新之处便是确立了阐释社会现象的实践活动向度，基于实践基础上的使动性和制约性是理解结构二重性的关键。乔丽英（2007）指出，吉登斯在分析"强结构而弱行动"和"强行动而弱结构"两种理论倾向中澄清了行动的概念，他认为行动具有能动性，这种能动性是一种"所做"而不是"所欲"，同时行动具有时间性的维度，他还澄清了行动与目的、理由和动机的关系。Goss 等（1995）通过结构化理论发现个人所占据的角色和社会地位会影响他们的行动，个人的利益和行为不是由制度决定的，而是个人选择性地利用制度的规则和资源来追求自己的利益。

学术界对结构化理论也存在不一样的看法，李红专（2004）从社会历史观的三个基本问题——社会构成、社会类型和社会变迁出发，发现结构化理论力图从人类社会实践活动的向度出发彻底解决行动与结构及其关系的问题，从而实现对西方社会历史观作出新的概括和解释，然而吉登斯的历史观本质上是带有浓厚的唯意志论色彩的唯心史观，没有彻底解决行动与结构之间的二元抽象对立，而是过于强调行动者的主体地位和行动的能动特性。金小红（2007）对权力这一概念进行讨论，认为吉登斯只是说明了通过权力的作用而产生的支配现象的客观性，而结构化理论对文化分析的缺失导致其没有具体说明权力产生支配过程的具体原因。Hardcastle 等（2005）认为，虽然结构化理论被批判为没有说明如何进行研究的方法论，但是该理论提供了一个分类的系统，从宏观和微观两个层面整合结构和行动者的社会背景。因此，本章将结构化理论作为分析框架，能够较好地说明失智老人激越行为所带来的机构照顾问题以及机构现有的规则和资源如何影响机构照顾者对失智老人激越行为的干预。

（三）结构化理论在本章中的应用

本章以结构化理论为视角，考察机构照顾者在激越行为的照顾实践中，在 H 老人院结构制约性和使能性的共同影响下，如何发挥能动性的作用，利用结构协助照顾工作的顺利开展，并分析管理者、医护人员、社工和护理员干预激越行为的方式和行动如何促进结构的再生产。

具体而言，首先，探析 H 老人院激越行为发生的特点及对机构照顾者的影响，挖掘机构照顾者对于激越行为的干预目标，关注机构照顾者的岗位职责和专业领域的差异性在具体干预激越行为的形式上存在的照顾理念和方式的不同。其次，分析 H 老人院的结构性特征在干预激越行为的实践上，如何影响机构照顾者的干预方式和干预结果。最后，探讨机构照顾者如何发挥能动性，运用院内的规则和资源干预激越行为并促进结构的再生产。

在 H 老人院内失智老人的支持和照顾系统中，护理员是与失智老人相处时间最长、受激越行为影响最大的群体，但是在既有的权力关系中，护理员受教育水平较低，社会地位较低，所掌握的激越行为应对知识比较薄弱。当遇到激越行为时，相对于其他机构照顾者而言他们是转换解决问题能力的弱势方。即使如此，结构化理论认为权力的弱势方无论居于多么不利的地位，都可以借助某种操纵资源的方式，对权力强势方实施一定程度的控制。基于此，本章认为当护理员感受到干预激越行为给自己的照顾工作带来严重的负担或仅靠自身力量难以处理时，他们会向管理者、医护人员和社工寻求帮助并获得支持，虽然结果未必都如护理员希望的那样，但是在一定程度上也影响了其他机构照顾者对激越行为干预方式的选择。机构照顾者都具备能动性和反思性监控的能力，能够利用规则和资源协助自己完成干预激越行为的照顾服务，其干预激越行为的行动也会在一定程度上影响 H 老人院的结构，结构的改变又成为机构照顾者干预激越行为行动的中介，影响其后续对干预方式的选择。

三、研究方法

本章采取质性研究方法中的案例研究法，选取广州市 H 老人院作为研究的田野调查地，以 H 老人院失智老人的照顾者干预激越行为的环境结构、干预方式和成效作为研究对象，探究 H 老人院的规则和资源如何影响机构照顾者干预激越行为的行动，理解机构照顾者在 H 老人院的结构下如何发挥能动性寻找干预策略，总结提炼出机构照顾者干预失智老人激越行为的策略，为老年人社会工作和失智老人机构服务的实践提供借鉴和参考。本章以文献法、参与式观察法和半结构式访谈法展开调研。

（一）资料收集方法

（1）文献法：研究者通过中国知网、维普期刊、书籍等梳理了失智老人激越行为、失智老人照顾者以及照顾者干预不确定性行为的相关研究，分析目前学术界研究机构照顾失智老人激越行为的情况，为后续实地收集和分析资料做准备。除此之外，研究者在 H 老人院社工部实习时，收集了护理部的护理工作日志、医务部的老年失智护理计划单、社工部的巡房本和个案记录等原始材料。结合访谈中了解到的正式制度，研究者查阅了民政部《养老机构服务安全基本规范》和广东省《养老机构认知症老人照顾指南》等政策文件。

（2）参与式观察法：研究者参与 H 老人院失智专区的社工服务，进入失智专区时便明确向老人院工作人员告知自己的研究主题。利用巡房、开展小组服务和休息日的机会，研究者观察失智专区老人激越行为发生的类型和频率，失智老人居住的空间环境，护理员、社工和医护人员干预激越行为的行动等，最终形成了 4 万余字的观察笔记。

（3）半结构式访谈法：在前期阅读文献和观察失智老人激越行为的基础上，研究者根据研究内容设计访谈提纲，围绕失智老人激越行为发生的情况、机构照顾者采取的干预措施、干预行动中获得的支持和限制性因素等方面进行深度访谈，深入了解机构照顾者干预失智老人激越行为的行动。

由于不同失智老人的激越行为具有较大的差异性和发生的不确定性，因此，研究者除正式的深度访谈，在获得受访者同意的情况下，对多名机构照顾者进行了非正式访谈，非正式访谈主要发生在机构照顾者巡房或在院内培训室、护理站闲聊时。本章共对 29 名机构照顾者进行了访谈，包括失智专区历届护理班长 4 名，失智专区护理员 8 名，隔离区护理员 1 名，社工 5 名，医护人员 8 名和各部门主任 3 名，其中女性 26 名（占 89.7%），男性 3 名（占 10.3%）；工作年限为 3 年及以下的有 6 名，占 20.7%；3~6 年（含 6 年）的有 11 名，占 37.9%；6 年以上的有 12 名，占 41.4%（见表 1-1），受访者具体情况如附录 B。

表 1-1　受访者信息汇总表（N=29）

相关信息	类别	数量
职位	社工	5
	护理员	13
	医护人员	8
	管理者	3
性别	女	26
	男	3
工作年限	3 年及以下	6
	3~6 年（含 6 年）	11
	6 年以上	12

（二）资料分析方法

整理实习期间收集到的访谈资料、观察记录和服务文书后，本章根据研究问题挑选合适的资料并运用 Nvivo12 软件进行编码，并将受访者信息均采用匿名编号的方式进行整理，护理班长编号为 B、护理员为 L、医护人员为 Y、社工为 S、各部门主任为 Z。在此基础上，分析失智老人激越行为发生的特点及对机构照顾的影响、机构照顾者干预激越行为的结构及其如何发挥自身的能动性采取干预策略。

四、研究框架

本章通过梳理学术界对激越行为的现有研究结果并根据结构化理论的核心观点，制定了具体的研究框架，如图 1-1 所示。

结构化理论关注社会结构和个体行动之间的关系，认为社会结构是由人类的行动建构起来的，同时结构又是行动得以建立起来的桥梁和中介。基于此，研究者运用参与式观察法和半结构式访谈法对 H 老人院失智专区的激越行为的特点、机构照顾者的干预行动以及相关行动如何受到 H 老人院内规则和资源影响进行考察，并对照顾者如何在这一环境内发挥能动性进行深入了解。最后，对干预效果进行评估，从社工服务的角度，提出优化干预激越行为的社工介入策略。

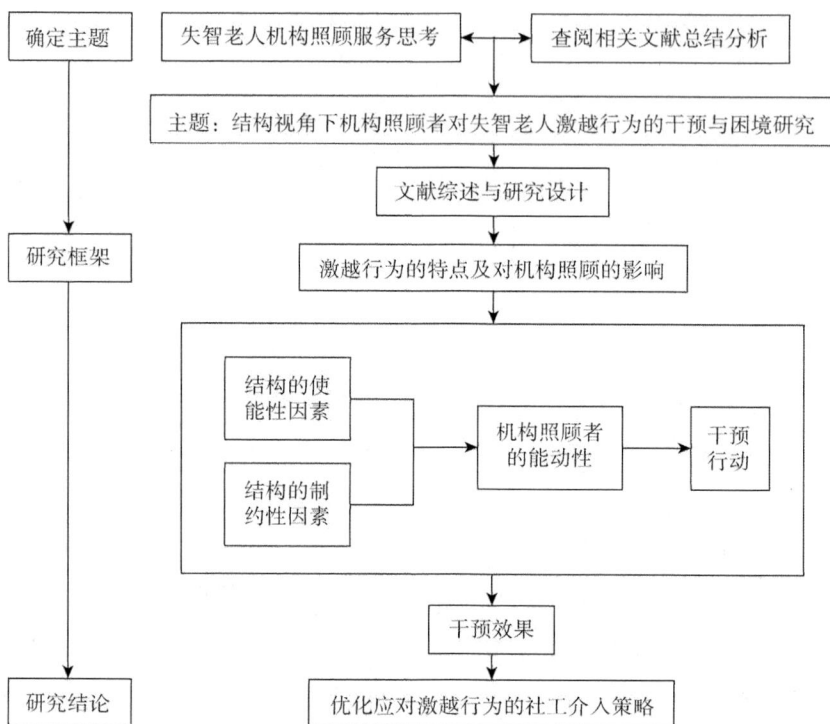

图1-1　研究框架

五、研究场域

本章以机构照顾者对激越行为进行干预的环境结构、干预方式和成效作为研究对象，考察机构中失智老人激越行为对机构照顾者的影响及机构照顾者在老人院规则和资源的制约性和使能性作用下，如何发挥能动性对激越行为进行干预，选择广州市H老人院失智专区为研究场域。

H老人院是广州市P区民政局下属的公益一类事业单位，坐落在P区中心城区，邻近地铁、医院和各大商圈，交通便利。院内设立了护理部、医务部、社工部、膳食部和后勤部，共160多名工作人员，其中护理员103名，社工10名，医护人员12名，为院内老人提供医疗、护理、康复和娱乐等全方位服务。截至2022年9月，H老人院共居住561名老人，院内老龄化程度高，平均年龄为83.4岁，大部分老人是附近造船厂的退休工人和农民。

H老人院为满足本行政区老人的入住需求，于2016年扩建，床位数量由原本的240张增至1100张（养老床位1000张，医疗床位100张）。随着新入住老人的增多，失智老人的数量也在增长，至2022年4月，H老人院内共有97位失智老人获得医院确诊或者出现明显认知障碍。H老人院于2019年2月在康6楼开设失智专区，配有15间房间，共44张养老床位，护理员9名①，社工1名和护士1名。目前共有42位失智老人居住在失智专区，其中男性12人（占28.6%），女性30人（占71.4%），平均年龄为83.6岁。文化程度为文盲18人，小学文化16人，初中文化及以上4人，另外4人未作记录。

第四节　失智老人激越行为的特点及对机构照顾的影响

现有的研究表明，激越行为不仅影响失智老人的生活质量，还让机构照顾者感到较难应对和压力增加。为更好地观察和描述H老人院失智老人激越行为的特点和主要表现，了解激越行为给机构照顾带来的影响，本章借助Cohen-Mansfield Agitation Inventory（CMAI）量表和日常生活活动能力量表（ADL），以半结构式访谈的形式向护理员、社工和医护人员了解失智专区激越行为发生的频率和类型，以及激越行为给机构照顾者带来的照顾压力。

一、失智老人激越行为的特点

42位失智老人激越行为具体表现为躯体非攻击性行为最常见，如收藏使用过的物品和食物，随地吐痰/唾沫，抛骨头、汤勺和鞋子，重复拍掌的动作，试图去地下室或者户外活动区等。失智老人会随意进入其他老人的房间和睡其他老人的床；会将垃圾桶内的纸巾和食品包装袋、餐桌上吃剩的水果和饭菜、工作人员使用过的消毒粉等藏进裤袋、被子和枕头底下

---

① 失智专区的护理班组共有9名护理员，实行轮班制度，其中护理班长1名，白班管房护理员5名，中班夜班轮值护理员3名。

以及床头柜的缝隙里；还有部分失智老人会穿错其他老人的衣服，或者穿不适合当下季节的衣服。也有攻击性行为，护理员、社工和护士报告最多的是失智老人打人和骂人，有时候是工作人员或者其他老人的行为激惹失智老人所致，但一些失智老人会无故出现此类行为。语言激越行为最多的是重复问题、自言自语和发出奇怪的声音。据此，本章总结出居住在 H 老人院失智专区的失智老人激越行为的特点如下。

（一）激越行为的发生率高

失智专区的 42 位失智老人中，共有 29 位失智老人（占 69.0%）被报告出现不同类型的激越行为，与现有研究认为激越行为发生率高的观点一致。研究者向护理员测量这 29 位失智老人的日常生活活动能力（ADL），发现有 16 人（占 55.2%）能够独自步行，行动能力较好的失智老人前往大厅活动的时间更长，当他们发生激越行为后更容易被护理员关注。而未被观察到激越行为的失智老人大多数为 ADL 水平为 0～20 分（满分 100 分）的坐轮椅或者卧床者，共 11 人（占 26.2%），由于卧床失智老人待在居室的时间较长，未能判断护理员较少报告这类失智老人的激越行为是否因激越行为发生时护理员不在场。

（二）激越行为的类型复杂多样

这 29 位失智老人出现的激越行为类型具有复杂多样的特点。躯体攻击性行为中，打人（8 例，27.6%）的发生率最高，这与肖顺贞等（2004）的研究结果吻合；躯体非攻击性行为中，游走（6 例，20.7%）、尝试到不同的地方（5 例，17.2%）、收藏东西（4 例，13.8%）、吐痰（3 例，10.3%）、撕破东西或毁坏物品（3 例，10.3%）和重复动作（3 例，10.3%）经常发生；语言激越行为中，咒骂或言语性攻击、重复问题/语句和投诉较为常见，而尖叫、故意跌倒和唱反调的激越行为较少被报告。肖顺贞等（2004）认为，机构照顾者普遍对影响护理活动或日常管理的行为较为关注，这与 H 老人院的情况相一致。

（三）激越行为发生的时间和地点具有不确定性

从激越行为发生的时间和地点上分析，激越行为具有不确定性的特点，主要体现在机构照顾者较难预料每一名失智老人在何时何地会出现何种激越行为。社工表示，由于日常巡房时待在失智专区的时间较短，较少会发现激越行为，但是开展小组和活动时失智老人会出现咬道具、吐痰、突然离开多功能室到走廊游走或者突然大笑的行为。护士则是给失智老人处理伤口或进行身体检查等医疗护理服务时遇到失智老人因为疼痛、感到被侵犯而出现想要咬护士或推开护士的激越行为。相对于社工和护士，护理员与失智老人相处的时间更长，他们观察到的激越行为类型更多也更复杂，其认为激越行为是随时随地都会发生的。护理员为失智老人提供生活照料时，失智老人会出现打人、咬人、推人和言语性攻击行为，而失智老人独处时也会出现抛物品、藏东西、不适当地处理物品等行为。综上所述，H 老人院内的失智老人激越行为与前人研究发现一致，攻击性激越行为的发生在一定程度上受机构照顾者的照顾活动影响（王丹丹 等，2018），同时失智老人为了满足自身的社会、情感和身体需求也会出现激越行为（RADER，1985）。

二、激越行为对机构照顾秩序的影响

激越行为具有发生率高、类型复杂多样以及发生的时间和地点不确定性高的特点，为机构照顾服务带来了阻碍照顾活动的开展、破坏物资、影响其他老人的生活、引发安全隐患等照顾困难。

（一）阻碍照顾活动的开展

随着认知功能的退化，失智老人较难理解日常生活活动的意义，当机构照顾者为其提供日常生活照料、医疗护理和精神娱乐活动时，他们容易产生不配合和抗拒的行为，这增加了机构照顾者开展服务的困难和工作量。

研究发现，失智老人不仅不配合护理员提供的喂饭、洗澡、喂药、翻身等基本生活照料工作，而且还对护理员实施打、骂、咬的激越行为。护理员认为，因为失智老人会出现激越行为，与其他楼层相比较，对于同样的护理工作其在失智专区需要付出更多的智慧、耐心、时间和精力。"失智专区开饭的时候，是不会像其他楼层那么温馨的，失智老人把饭菜到处扔，身上、地板上、桌子上和凳子上到处都是脏的。"（护理班长 B2）"失智老人不愿意张口，喂药、喂饭不愿意吃。上次罗大哥拿着碗给 11 房老人喂药，那个老人直接抢了碗，砰地打过去。打了就打了，这个药还是得吃，我们就磨成粉或者包在饭里面给他们吃，有些失智老人又很'精'，发现饭里有药，就把药吐出来。"（护理班长 B3）

有护士反映，有躯体接触的医疗行为容易让失智老人产生抵触情绪或行为，仅靠自己一个人难以为失智老人完成身体检查和核酸检测等医疗工作，需要护理员的帮助或者使用束缚的方法，将失智老人固定住，然而束缚又会激惹失智老人出现咬人、抓人和吐痰的激越行为。"做核酸的时候，失智老人可能不知道是什么情况，讲也讲不通，也会打我们，所以我们需要护理员协助完成采样，我曾经遇到过一名失智老人做完核酸后故意躺在地上的情况。"（护士 Y4）

（二）破坏物资

研究者观察失智专区的空间环境时，发现公共活动区域和失智老人的居室摆放的物资寥寥无几，公共活动区域内仅放置了餐桌、餐椅、蓝牙音箱和电视机，失智老人的居室内也只保留了床上用品，而衣柜、桌子甚至部分房间的厕所都是被锁住的。即使物资很少，失智老人仍然有机会破坏。有的老人会撕床单、被套、枕芯，他们把床上用品撕成细条或者把里面的棉花掏出来撒满房间，护理员或社工如果制止，会激惹他们打、骂工作人员。公共活动区域的餐桌和餐椅也会受到破坏，失智老人在吃饭或者闲坐时，喜欢用手指抠桌子，或者突然用脚踢椅子，桌面已经被抠得坑坑洼洼。护理班长为了阻止失智老人继续破坏餐桌，经过几次尝试后寻找到了既耐高温又厚实的透明桌垫。目前失智专区仅有 2 个居室内的电视可以正常观看，多台电视机被失智老人强行拆卸。社工给失智老人开展认知训练的时候，如果道具是比较仿真的立体水果，失智老人会用口咬道具。失智老人毁坏物品的行为已经对失智专区的生活和工作用品造成严重的破坏，给老人院和家属增加了经济负担。

（三）激越行为影响其他老人的生活

夜班护理员反映，有的失智老人会在规定的睡觉时间把同房的 3 位失智老人叫醒，把他们的床垫都拿去厕所洗，其他 3 位老人只能倚靠在没有床垫的床上打瞌睡。因为失智老人房间内未安装视频监控，夜班护理员也难以及时发现类似的行为，只能通过增加巡房的频率进行预防。

咒骂或言语性攻击行为带有侮辱性，经常造成被骂的失智老人情绪低落，长时间的情绪低落影响了被攻击老人的状态。"L姨每次看我拿包子哄A叔，就骂他，说他像乞丐，老是问别人要吃的，说要是像她这样每月领几千块钱，用得着去拿别人家的东西吃吗？其他老人听了也是不开心的。"（护理班长B3）

家属会为自家失智老人准备零食、水果等食品，护理员一般会在午休后拿给老人吃，这时没有食物的失智老人看到后会出现抢东西的行为。护理员需给家人没有送食品的老人也准备一点零食以避免抢夺。"老人看到别人有的吃，自己没有，会抢的，有些厉害一点的，直接去人家嘴巴里面抢。"（白班管房护理员L6）社工也表示，现在单纯开展益智类游戏，较难吸引失智老人持续参与活动，偶尔需要借助零食作为"奖励"，同时还要避免失智老人因分零食不均而出现争夺的行为，社工需要将零食平均分配给失智老人，而不能按照给普通老人开展活动的规则执行，即完成任务者才能获得奖励。研究者还发现，除卧床的失智老人需要护理员喂食，其他失智老人按照4人一桌或者5人一桌在大厅围桌就餐，部分失智老人吃饭的时候喜欢推桌子，这容易弄洒同桌失智老人的汤水或饭，由此带来烫伤的风险。由上述内容可知，失智老人语言和行动上的激越行为会对其他失智老人的睡眠、身心健康和卫生等带来负面影响，这也提高了护理员进行生活照料工作和社工开展服务的难度。

（四）激越行为引发安全隐患

保障身体安全是H老人院对失智老人的重要照顾目标，然而激越行为却频繁造成风险。经访谈得知，失智专区大部分失智老人是因为游走或者独自乘坐电梯到地下室、停车亭等地方，存在走失的风险而被强制要求入住的。入住失智专区只是降低走失的风险，并没有改变失智老人游走的行为，每天依然有很多失智老人围着失智专区的回形走廊步行，但是他们控制不了自己游走的时长，经常因为腿部力量不足而出现摔跤的风险。"喜欢游走的，也不知道她要走多少圈才算够，拦也拦不住，她一定要走够心里想的那么多才愿意停下。"（白班管房护理员 L1）回形走廊是应对游走的友好设计，部分失智老人还经常走到不同的房间去。曾经有失智老人误进了护理站的储物室后，把剃发刀、消毒粉、指甲钳等都藏到自己的裤兜里面，等到用餐时间护理员才发现，也有失智老人趁着护理员打扫卫生时，偷偷把放在旁边的消毒粉拿走，并藏到自己的枕头底下；社工开展活动时，也要防止失智老人收藏细微的道具或者误食道具。护理员和社工如果没有及时发现失智老人所收藏的物品，很可能造成误食和伤害他人的风险。抛骨头、鞋子、汤勺、尿片也是失智专区时常发生的事件，H 老人院的管理者为了防止失智老人乱抛物品，特意在窗户和走廊加装了防护栏，但是这也难以控制失智老人乱抛物品的行为，失智老人依然会把骨头、汤勺等物品塞进防护栏的小格子里。"院方加装了防护栏也是那样，他们塞都要塞出去。"（社工 S5）失智老人从 6 楼往下高空抛物，容易对经常在楼下活动的工作人员和老人带来被砸伤的风险。"之前，几个领导在一楼那里站着谈话，刚好有一个老人把喝汤的勺子扔下去，还好没有砸到人，那次之后院长就意识到这个风险，提出加装防护栏的方案。"（护理班长 B2）失智老人游走、收藏东西、抛物品等激越行为对自身的躯体安全、楼层失智老人的饮食安全和工作人员及其他老人的人身安全都存在潜在的隐患，H 老人院的管理者、护理员和社工对此采取了在环境布置上加装安全性设计、使用安全束缚、增加巡房力度和活动人力资源的应对方法。

三、激越行为对机构照顾者的影响

王丹丹等（2018）的研究发现，激越行为让照顾者容易感到身心极度疲惫和难以应付。本章发现，H 老人院对护理员采取了驻楼层的工作方式，护理员每天与失智老人相处的时间最长，而社工和护士则是采取每日巡房的工作方式，他们每天在失智专区的工作时间仅 1~2 小时，干预激越行为已经成为护理员每天的工作内容，同时激越行为也给社工和护士带来了较大的影响。

（一）照顾者遭受身体和语言攻击

在提供服务的过程中，机构照顾者经常需要承受失智老人的攻击性行为和语言激越行为带来的躯体、心理和精神上的伤害。护理员表示，为失智老人提供洗澡、喂药、换药等生活照料服务时，容易发生被失智老人打、咬的情况，这给护理员的身体带来较大的伤害，也增加了护理员心理上的恐惧、紧张和压力。与其他楼层相比，在失智专区工作的护理员面临的精神压力会更大，同样的护理工作，因为激越行为较难应对而需要护理员付出更多的智慧。"Q伯拿了一个汤碗，砰的一声把护理员打得头晕晕的。他打了好几个护理员了，我也被打过，我们心里肯定是会很委屈的，火辣辣的，我在家都没有被老妈和老公打过，来这里照顾他们还要被打。"（护理班长B3）护士表示，每次为失智老人处理伤口时都可能遇到被失智老人抗拒的情况，失智老人因为疼痛和无法表达自己的想法较容易采取咬护士、推翻护理道具的行为，这会阻碍护理工作的开展。平时医务室的护理工作也很忙，为了快速处理失智老人的伤口问题，只能让护理员采取束缚的方法协助完成工作，但是这容易引发失智老人的其他激越行为。

护理员面对失智老人的咒骂或其他言语性攻击行为时，会产生难过和生气的情绪，H老人院管理者要求护理员在工作期间使自己的情绪处于稳定的状态并且包容失智老人的激越行为，护理员需要长时间压抑自身情绪。"平时护理员被老人骂，我们也只能让他们不跟老人计较，做工作人员情绪的疏导，被老人骂了还要骂回去的那种，我们是不会让他留在失智专区的。"（护理部主任Z3）

（二）照顾者增加工作量

激越行为的类型复杂多样和发生的时间、地点具备不确定性的特点使照顾者疲于应付。失智老人每天吃饭时随地乱扔的行为增加了护理员清洁的工作量，部分失智老人重复收藏物品的习惯也使护理员需要定期到房间内清理。"所有小东西他们都喜欢藏，很厉害的，什么时候藏起来的都不知道，我们只能天天去房间检查，清理出来，有时候米饭藏在里面都发霉了，我们都发现不了。"（白班护理员L1）护理员也尝试在失智老人认知处于正常状态的空隙采取教导的方式，让他们意识到自己的行为是不恰当的，以减轻自己的工作量，但是认知障碍使失智老人容易忘记被教导的内容，护理员需要重复提醒、重复教导。"我们都会跟老人讲道理，让他们养成意识，老人家虽然不记事了，但他们还是很怕法律和警察的。你告诉他再打人，我就报警了，他听得明白，就是要重复跟他们说这些事情。"（白班护理员 L8）

（三）照顾者工作被负面评价的风险增加

当激越行为打扰或破坏其他老人的正常生活而被投诉，或者失智老人在活动中因为出现激越行为而受到身体伤害时，院领导会采取事后追责的措施，这种因老人的激越行为而遭到负面评价的后果使机构照顾者时常精神高度紧张。"我选择了这个工作，也是想积极去改善，但是总不能什么事情都算到我头上，老人扔东西下去，就是那么零点几秒的事，我要控制也控制不了，我们也只能做一些预防的措施，领导就说是你楼层扔的，听着很不爽的。"（护理班长 B3）"如果老人在我的小组互相打伤了，领导肯定说是你没有处理好，我挺害怕这种追责的。"（社工 S2）

医务部是评估激越行为所造成的后果是否符合 H 老人院内"不良事件"的权威，如果激越行为带来的摔伤后果被认定为生活单元的"不良事件"，会导致护理班长在竞聘下一任班长时缺失竞争力，这让护理员和护理班长在干预激越行为时，更多地关注具有破坏性后果、对生命安全或者身体健康产生负面影响的行为。"我竞聘班长的时候，实务操作和理论考试都不比别人差，但是我在失智专区的时候经常发生不良事件，倒扣了我将近 30 分，书记跟我说需要把我换下来。"（护理班长 B2）

第五节　机构照顾者积极干预失智老人激越行为

机构照顾者作为干预激越行为的行动主体，在 H 老人院结构的使能作用下发挥自身的能动性参与对激越行为的干预，这种能动性体现在机构照顾者对结构的灵活运用，影响着机构照顾者干预激越行为的结果。

一、机构中促成对激越行为进行积极干预的结构性因素

本章基于对结构的定义和分类，对 H 老人院中影响机构照顾者积极干预激越行为的规则和资源的分析既聚焦于 H 老人院内部结构，又将视野放

宽到整个社会系统。民政系统对老人院的星级评估和服务安全的要求构成了影响干预激越行为的正式制度；机构照顾者的岗位要求所促成的团结行动的工作理念属于非正式制度；尊老敬老的传统文化、护理员的职业认同、其他老人院干预激越行为的正向经验所带来的对激越行为的理解包容等则属于表意性规则；失智专区的空间环境、可利用的物资、提供的人力资源、经费投入和培训是配置性资源；护理员的实践经验和资源调度权是积极干预激越行为的权威性资源，具体如图1-2所示。

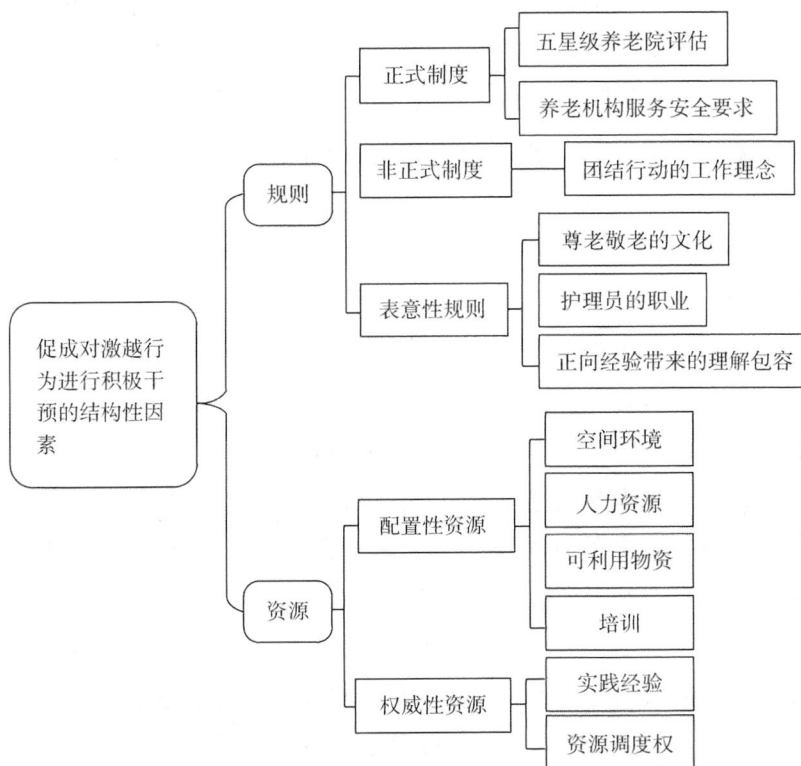

图1-2 机构照顾者积极干预激越行为的结构性因素

（一）养老机构政策推动失智老人服务水平提升

在民政部门关于养老机构相关政策文件的引导下，H老人院结合院内老人数量上升和认知退化老人比例提高的实际情况，关注到激越行为给机构照顾带来的负面后果，对院内的正式制度进行调整以推动失智老人服务水平的提升。

H 老人院为满足申请广东省五星级老人院①关于"失智老人的照料单元应单独设置"的评价指标和解决 2016 年以来因机构扩建带来的失智老人数量上升的照顾困境，在 2019 年 2 月单独建立了失智专区，这在一定程度上减少了过往失智老人与其他老人混合居住时因晚上出现大喊大叫、游走等激越行为带来的降低其他老人生活质量的问题，也让失智老人得到专业化水平更高的照顾。

民政部对养老机构服务安全的基本要求中②关于"养老机构应符合消防、设施设备标准中的强制性规定"以及防跌倒、自伤和他伤、走失、文娱活动意外的安全风险评估，促使 H 老人院优化院内安保系统，如增加护理员的巡查频率、在公共活动场所加装监控和在老人居室增设紧急呼叫装置、增设安保人员和加装电子门禁等，这有效地减少了院内失智老人因"尝试到不同的地方"而带来的走失风险，为失智老人的机构生活提供了安全性保障。

自开设失智专区以来，就没有走失的情况了，以前门岗没有这么严格，家属又可以自由出入的时候很容易有走失的。(白班护理员 L2)

(二) 团结行动的工作理念促进问题解决

机构照顾者在干预激越行为的问题上，除正式制度的影响，还存在隐性的规范，这体现在护理员、社工和医护人员在现有的楼层责任制带动下，形成了团结行动干预激越行为的工作理念。首先，白班护理员知道存在激越行为的失智老人较难配合洗漱的日常护理工作，因此，为了能够赶在吃早餐之前的时间完成为 8 名失智老人洗漱的任务，她们会主动提前半小时来失智专区开始工作。三班轮值的护理员也清楚，仅一名护理员值班较难处理激越行为，她们在午休和晚上交班前会主动提前来失智专区帮忙照看大厅内活动的失智老人，以减轻值班护理员既要为居室内失智老人

---

① 广东省民政厅网. 广东省民政厅关于养老机构星级评定的管理办法（试行）（粤民规字〔2018〕3 号）［EB/OL］.［2023-2-23］. https：//smzt. gd. cn/zwgk/zcfg/xzg-fxwjgb/content/post_ 2200386. html.

② 中华人民共和国民政部网. 养老机构服务安全基本规范［EB/OL］.［2023-1-26］. https：//xxgk. mca. gov. cn：8445/gdnps/n164/n230/n240/c12959/attr/87811. pdf.

提供照料工作，又要照看大厅内游走失智老人的负担。"我们都会早一点过来干活，不然干不完。"（白班护理员 L6）其次，护理班长、社工和护士共同构建平等的工作关系，她们意识到相互之间并非上下级的关系，只是在工作内容上存在分工，所以，她们在干预激越行为时更多地采取合作的方式。"这些姐妹很给力，有事情都是大家一起干。她们经验都比我丰富，我刚来失智专区，不懂的事情也跟她们请教，慢慢就上手了。"（护理班长 B4）"以前我以为自己跟班长是附属关系，她们是楼层的主导，社工只是配合、协助，后面我发现，我们是平等的关系，有事情需要相互商量。"（社工 S1）

（三）理解和包容的照顾理念发挥正向引导作用

尊老敬老的优秀传统文化，在中国特色社会主义进入新时代和我国已步入人口老龄化社会的背景下，其价值地位日益凸显，渗透到社会生活的方方面面，也成为机构养老理念的一种规范和行动标准（曹坤 等，2021；陈莹，2012；李振纲 等，2009）。机构照顾者在 H 老人院尊老敬老文化氛围的熏陶下，看待失智老人的视角和照顾观念受到影响，在日常生活和工作中，照顾者意识到每一个人都会面临认知退化的风险，需要设身处地地为失智老人着想。

我在老人身上也想明白了，他们的今天也许就是我们的明天，我们都会老的，老的时候不知道是不是也跟他们（失智老人）一样，也许比他们情况更加糟糕（指失智老人的行为），我不敢说自己百分百做得好，但是我对得起自己的良心和这份工资。（护理班长 B3）

过去不少人对老人院的从业人员具有偏见，尤其是对养老护理人员，认为照顾他人的工作是不体面的。"我女儿结婚前，我不让她跟女婿说妈妈是在老人院里面做护理员的，我怕被看不起。"（三班倒护理员 L3）随着社会对养老服务需求的增加以及政府一系列的正面引导工作，人们已经意识到职业平等的观念。护理员也在照顾工作中形成了自己的职业理解，他们认为投身养老服务是对社会的重要贡献，用心将院内老人照顾好，让家属安心工作，既为社会经济发展作出了间接贡献，也为社会稳定出了一份力。护理员对自身从事的行业和职业的认同，也促使其面对激越行为时，会积极想办法解决并主动学习干预技巧。"平时社工和护理员也常说养老服务是蓝海，我们做好了照顾老人的工作，也是对社会作出了重大贡献。"（社工部主任 Z1）"我很早就关注'老年护理'这个公众号了，要学习一下怎么处理这些行为，也是想让失智老人生活得舒服一点。"（护理班长 B1）

近年来，媒体报道了大量老人因认知障碍而走失的新闻，引发了社会的关注。机构照顾者在接触失智老人之前也通过电视、互联网、熟人朋友等途径初步了解到失智老人的行为症状。H 老人院为了提升机构照顾者服务失智老人的理念和工作能力，除为护理员、护士提供失智症照护的课程培训，还多次组织护理员、社工和护士前往广州市内设立失智专区的老人院观摩，学习经验。H 老人院引入社工服务后，在香港社工督导的带领下，为护理员、社工和医护人员提供了前往香港安老院学习的机会。其他老人院失智专区的服务经验也使 H 老人院的工作人员认识到照顾失智老人的价值，让他们了解到患有无法逆转的失智症的老人在接受了康复服务、认知训练和悉心的照料后他们的生活质量可以得到改善。

尊老敬老的传统文化、对养老服务的认同以及其他老人院照顾失智老人的成效，让护理员、社工和医护人员对失智老人产生更多的理解和包容，驱动他们为失智老人谋取更好的服务。

（四）配置资源提高照顾者干预激越行为的效果

"配置"即能够对物质或者其他物质现象形成支配的能力（吉登斯，2015）。在本章中，配置性资源是机构照顾者在干预激越行为时，能够获取和使用的资源，包括失智专区的空间环境、人力资源、经费投入和培训，这也是机构照顾者进行社会再生产的基础。

大量研究表明，合适的空间环境是失智症的非药物干预手段之一。陈婧 等（2021）提出空间环境中的建筑（走廊、墙体、门窗）、家具、物品和无形的环境特征（光、声音、气味等）都需要根据失智症患者的身心特点进行设计，以达到增强患者定向、对空间的理解、参与日常活动、释放情绪和提升舒适度、避免激发"不适当"行为的效果。H 老人院在失智专区的空间环境设计上，也考虑到需要适应失智老人的特点。首先，H 老人院选取了有回形走廊的生活单元，让有游走行为的失智老人能够围绕走廊步行；其次，失智专区配备了电子防护门和防护栏，保障安全性；最后，失智专区内拥有开放的大厅，失智老人在此就餐、闲聊、看电视等，为促进失智老人的社交活动提供了条件，同时也能够让护理员及时观察到失智老人的状态。

与其他楼层相比，H老人院为失智专区挑选护理员时提高了标准。失智专区护理员的护理能力和理解能力都更强，H老人院在全院仅有的9名高级养老护理员中选派了3名在失智专区工作。除此之外，老人院要求失智专区护理员温和地对待老人、能够包容老人的激越行为。H老人院为了激励和留住失智专区的护理员，为他们每人每个月提供500元的岗位补助。

H老人院在培训的安排上，体现了以老带新、跨部门合作和院内院外失智老人专业照顾培训相结合的特点，让机构照顾者学习如何较快识别激越行为和满足失智老人的需求，这对弥补机构照顾者失智症及照料知识的不足发挥了很大作用。

综上所述，H老人院对失智专区空间环境的安排，以及配备护理水平更高的护理人员和提供失智症的相关培训机会与平台，能够为护理员、社工和护士干预激越行为提供支持，从而达到干预激越行为的效果。

（五）权威性资源增强照顾者干预激越行为的能力

吉登斯（2016）认为，权威性资源是权力生成过程中所涉及的非物质资源，来源于驾驭人活动的能力，是某些行动者相对于其他行动者的支配地位的结果。本章认为，护理员凭借丰富的实践经验和有限的资源调度权在干预激越行为时发挥使能性作用。

在失智专区提供照顾服务的时间越长，机构照顾者对失智老人激越行为的发生情况越了解，对干预技巧的使用越富有经验。目前H老人院的社工、护士、中夜班护理员和护理班长都是采取轮岗制度。社工和护理班长每隔1年轮岗一个护理班组①，中夜班护理员基本每隔半年轮岗一个护理班组，护士则是每隔3个月轮岗一个护理班组，只有白天管房的护理员处

---

① 失智专区单独成立一个护理班组，其他楼层由一层自理楼层和一层非自理楼层组合为一个护理班组。

于固定岗位的状态。相对其他机构照顾者而言，白班护理员在失智专区工作的时间最长，长时间实践积累的经验让白班护理员在干预激越行为时更具话语权，她们借助这种实践经验教导新入驻失智专区的其他护理员如何有效干预激越行为，也为护理班长、社工和领导提供干预激越行为的有效信息和改进建议。

> 我以前就是带新护理员的，她们来了就跟着我做一段时间，我做什么她们就配合做什么，像师傅和徒弟一样。（白班护理员 L7）

> 其他护理员没调动过，她们一直在失智区做，还是比较有经验的。我刚上去那时，有不懂的地方就请教她们，自己再出一个方案跟她们商量行不行，大家认为可以我们就改，但改变肯定不是一朝一夕的事情，要慢慢来。（护理班长 B3）

护理班长对失智专区资源的调度权，能够更好地预防和降低激越行为的破坏性后果。首先，对失智专区老人调换房间的问题，护理班长具备决定权。当发现同房的失智老人因打架、游走和破坏物品影响到另一方的正常生活时，护理班长可以根据本楼层失智老人的激越行为类型和活动能力重新调整房间。"入住的时候没有特别搭配，都是有空位就住进去，住的过程中，磨合不好的都会有调动，我们班长可以自己调，但是家属和老人如果不愿意，我们就给主任提出调房的建议，让她去说。"（护理班长 B1）其次，医务室虽然会为失智老人制订护理计划，供护士和护理员参考，但是当护理员难以制止激越行为时，她们有权决定是否采取安全束缚的干预方法。"安全束缚我们也有，但一般用不用是由护理员她们那边决定的。"（护士 Y4）可以认为 H 老人院为了让护理员能够更好地自主干预激越行为，给予了其一定权力。

二、照顾者对结构的灵活运用

本节着重探讨机构照顾者如何发挥能动性，在 H 老人院结构的使能性作用下主动创造条件干预激越行为。机构照顾者对结构的灵活运用主要体现在以下六个方面：一是护理部、社工部和医务部形成跨专业合作的干预体系支持护理员；二是突破封闭的空间环境安抚失智老人；三是护理员利用多种信息渠道解决与家属和失智老人的沟通障碍；四是利用院内外的培训和实践经验及互联网平台共享干预激越行为的知识；五是筹措适合失智老人的物资；六是增强护理员干预激越行为的权力。

（一）跨专业合作支持护理员干预激越行为

楼层责任制的管理方式要求各生活单元的护理班长、护士和社工定期开展联合查房和活动。对于干预激越行为的问题，H 老人院已经形成了以护理员为主力，社工和医护人员辅助干预的跨专业合作，三大部门发挥各自的专业优势，支持护理员更好地干预激越行为。

护理部为失智专区挑选护理员时，选取了院内沟通能力最强、性格温和且能够包容失智老人激越行为的工作人员。在护理人员的数量和照顾时间上也作出了相应调整，其他护理班长需要管理两个生活单元，由于失智专区经常发生突发事件，如激越行为带来的失智老人摔跤、打架等现象，因此，失智专区的护理班长由管理两个楼层缩减为只管理失智专区。为了应对午休和晚上失智老人不睡觉、游走，而护理员难以兼顾居室内失智老人的生活照料工作和照看大厅内活动的失智老人，在护理员人力可以满足的前提下，增加了副中班①，使 13：30—14：30 和 18：00—22：30 期间，能够有两名护理员合作照料。"中午和下午两个时间段只有一个人值班是不行的，因为要进去房间帮老人翻身、换尿片、搞清洁。大厅里又有老人游走或者互相推来推去，就怕他们摔跤，所以我总是跟主任说，院内护理员人手够的时候，还是得多配一个副中班，人手不够那就没的说了。"（护理班长 B2）

社工也运用个案工作、小组工作的方法以及通过建立"社工+志愿者"的服务，缓解激越行为和减轻护理员的工作压力。对于新入住的失智老人出现激越行为，社工会开展新入住适应的个案服务，帮助失智老人熟悉老人院内的环境，结交新朋友。在未发生本土疫情的时候，社工链接附近高校的青年志愿者资源，为卧床的失智老人开展枕边关怀服务②和二对一的

---

① 护理员上班时间：早班：6：30—12：00，14：30—18：00；责任班：6：30—15：30；副中班：13：30—22：30；中班：14：30—23：30；夜班：23：30—8：30。

② 枕边关怀服务：志愿者为卧床失智老人提供讲故事、放音乐、聊天等服务。

认知训练[1]。社工认为，要更好地应对激越行为，不能仅为失智老人开展干预服务，还需要为失智专区的护理员提供减压小组的服务，为他们争取喘息的时间。

医务部为支持护理员应对激越行为采取提供免费的康复服务、与社工合作开展感官训练和指导护理员学习护理措施的办法。为解决失智老人因服用镇静安眠的药物出现腿部乏力的副作用，康复师为失智老人提供免费的腿部训练服务，以减少游走带来的摔跤问题。在社工提供的认知训练项目中，康复师与社工合作，开展蒙台梭利的感官训练，帮助失智老人锻炼触觉、视觉、听觉、嗅觉和味觉。除此之外，护士会教导护理员，如何识别失智老人的精神状态和如何正确处理激越行为造成的伤口等护理措施。

（二）拓展空间环境对干预激越行为的促进作用

失智专区现有的空间环境中的回形走廊和安全性设计都有利于安抚失智老人，为了拓宽失智老人的空间环境，更好地安抚激越行为，护理员和社工积极探索户外服务。社工为由于念家、不适应机构生活而出现情绪困扰的失智老人提供"户外知行坊"服务，带领新入住失智老人到户外接触绿植、熟悉院内环境，达到改善情绪与复健心灵的目标。护理部经过与家属沟通，同意护理员带着烦躁不安的失智老人下楼散步，这期间护理员也会协助失智老人与院内其他老人聊天，建立友谊。

社工为了让空间环境更好地适应失智老人的身心需求，对环境的装饰作出改变。第一，社工利用塑料的花草和盆栽缠绕走廊的防护网，希望在视觉上减轻失智老人的"被监禁感"。第二，社工对怀旧多功能室进行布置，在墙壁上贴了各种水果的平面模型，帮助失智老人锻炼记忆力。第三，社工用在房间门口和床头贴名牌和照片的方法，帮助失智老人辨认自己的房间和床位。

（三）利用多种信息渠道提高干预激越行为的沟通效果

护理员与家属之间的有效沟通能够大大地推动干预激越行为的行动。护理员借助多种信息渠道，挖掘碎片信息应对激越行为。由于疫情防控的

---

[1] 二对一的认知训练：两名志愿者负责给一名失智老人开展认知训练。

要求，新入住和外出就诊回院的老人都会在隔离观察区居住 3 天，部分家属会陪伴自家老人在隔离区短暂居住，护理员会观察家属是如何应对失智老人的激越行为的，并在以后的生活照料中进行模仿。护理员在工作中善于聆听失智老人主动回忆过往生活经历和重要的人物，从中分析失智老人的家庭关系和兴趣爱好，当失智老人出现打人、毁坏物品和吵闹的行为时，可借助这些重要的回忆转移失智老人的注意力。"W 姨的老公已经去世十几年了，不过她老是提起年轻时候两个人的事情，听得多了，大概也知道是怎么回事了，每次她吵着回家，我就跟她聊这个事情。"（三班倒护理员 L5）社工部会为每一名新入住的老人建立个人信息档案，护理员也能够利用这份档案资料中记录的职业、籍贯和年龄等基本信息，寻找适合失智老人的个性化应对技巧。"他以前是个数学老师，他要打我的时候，我就说他：你一个老师怎么可以打人呢？而且我是女人你是男人。他听到自己是老师就不会打我了，这个办法在他身上试过几次都有用。"（护理班长 B3）

（四）共享干预激越行为的知识

为了更好地应对激越行为，H 老人院为共享干预激越行为的知识提供了院内和院外的平台。设立失智专区前，H 老人院的管理者向广州市内设立了失智专区的其他老人院学习，了解如何选取失智专区的地址、环境布置和应该达到的基本要求，除此之外，还组织十几名护理员和社工部主任一起前往香港的安老院学习照顾经验和照顾理念。

成立失智专区后，H 老人院为护理员提供前往广州市老人院轮岗学习的机会，体验式的学习让护理员能够投入学习的过程，在亲身的感受和经历中把握失智老人的护理要点。大部分线下培训都限制参与的人数为每家老人院派 2~3 名护理员参加，而护理员由于受教育程度较低，较难记牢培训的知识，因此，H 老人院会让医务室负责培训的护士陪同参加失智照护的院外培训，并由该名护士总结知识点，供院内其他未参培的护理员学习。护理部也会定期组织各生活单元的护理班长一起交流经验。"主任提议各个班长把自己楼层比较难护理的情况说出来，告诉其他班长是怎么处理的。大家也说说自己的楼层是怎么搞的，然后把这个经验整合起来，觉得可取的我们就一起学习，回去也要跟护理员讲，遇到这样的情况怎么处理比较好。激越行为也是，摸索着走，没有系统地培训过这个东西。"（护理班长 B1）

目前失智专区配备的 2 名高级护理员不仅工龄长，而且在失智专区工作的时间也是最长的，他们在失智专区成立时便在这个生活单元工作，对干预激越行为有较丰富的经验，当新进来的护理员遇到难以处理的激越行为时他们能够提供及时的指导。互联网的发展支持了护理员通过手机获得更多的照护知识，部分护理员通过看微信公众号文章和抖音视频，学习了一些有用的应对因激越行为带来的不愿意洗澡、服药和更换衣服等问题的护理技巧后，与其他护理员分享新的知识。

（五） 筹措干预激越行为所需物资

丰富的物资能够帮助护理员干预激越行为。护理员为了避免激越行为影响护理活动的正常开展和减轻生活单元的日常管理工作负担，巧妙地利用 H 老人院内被闲置的物资，将其转换为适合失智老人使用的生活用品、装饰用品和娱乐用品。为了丰富物资，护理员收集失智老人纸尿片的包装盒，将其卖给废品收购站换取资金，用于购买安全性更高的儿童饮水杯和桌垫以及失智老人喜爱的麻将、围棋和积木等娱乐用品。"我们没有多余的经费，就卖点废品，拿点小钱来买一些玩具什么的，失智老人有点东西在手上玩就不会那么闹了。"（护理班长 B2）社工也了解失智专区现有的物资条件限制，因此，社工每次开展生日会等活动时，都会把剩余的气球、灯笼和挂扇等装饰品交给护理班长美化失智专区，即使失智专区没有人过生日，社工也会特意留下一些生日蛋糕给护理班长用于哄出现情绪问题的失智老人。当有社会捐赠的资源时，社工部主任也优先咨询失智专区缺少哪些物资，根据失智专区最迫切的需求匹配物品。"这次有人要捐价值 3000 块钱的物资给老人院，一般都是捐纸巾、纸尿片和剃发器比较多。不过我听失智专区的护理员说夏天的大厅太热、太闷，希望能够在大厅安装空调，我就跟捐赠方协商后，给失智专区配置了两台可移动式空调。"（社工部主任 Z1）部分护理员转行到养老护理行业前，有从事工厂缝纫工作的经历，她们了解到 H 老人院内很多老人都有缝补衣服的需要，得知失智专区的老人因撕破床上用品导致物资紧缺问题后，发挥自身的缝纫手艺，为失智老人缝补床单、枕头套和被套等。"有几个老人爱撕床单，院里没有那么多床单给他们撕，老是让家属买（经济）负担也很大。我还没有来失智专区当班长就已经给他们做了很多缝补的工作了，能帮得了一点是一点吧，反正（床单）补过也能用。"（护理班长 B3）

（六）增强护理员干预激越行为的权力

H 老人院增强护理员干预激越行为的权力，不仅能够使其遵循院内规则和扩展对现有资源的支配能力，而且能够提高其转换方式干预激越行为的能力。护理员权力的增强主要体现在管理者提高护理员参与失智专区设施设备调整和日常管理的权力。

当需要对失智专区现有的设施设备作出调整时，管理者会听取护理员的建议，根据护理员干预行动的需求和 H 老人院的经济情况对失智专区的空间环境进行调整，以促进护理员更好地完成照护工作。"我们待在失智专区的时间最长，最了解楼层老人情况，也知道什么东西用起来比较顺手。领导问我们遇到什么难题，我们就提了洗手台可能需要上锁，因为里面有很多洗漱用品，怕老人乱翻里面的东西，万一误食了就很麻烦。"（护理班长 B1）

设立失智专区之初，部分认知功能正常的老人及家属要求跟着一直照顾他们的护理员入住失智专区，后来 H 老人院希望在失智专区单独留出一间房间作为失智老人的活动室，但是居住在此房间的老人不愿意搬离失智专区，为了解决没有地方建立活动室的问题，院长在咨询护理班长的意见后，采纳了以护理员工作调动带动认知功能正常的老人搬离失智专区的建议。由此可见，H 老人院对失智专区的日常管理进行调整时，会考虑到护理员丰富的实践经验，采取咨询意见的措施协助管理者作决定。"为了空一个房间出来建多功能室，我们也是花了不少脑力的，院长特意来找我提意见，我就说现在这几个老人都不肯走，非要跟着这个阿姨，那只能把阿姨调走，最近把那批老人调去其他区了。"（护理班长 B2）

三、机构照顾者对激越行为干预的成效

（一）形成干预激越行为的常规介入方式

激越行为给机构照顾服务带来巨大的挑战，在 H 老人院现有的规则和资源下，社工、医护人员和护理员根据自身掌握的专业知识和岗位要求，衡量是否干预激越行为、采取何种干预技巧以及何时干预。

社工表示，新入住失智老人出现打人、情绪不稳定、吵架、随意进入其他老人房间或者拿别人东西的情况时，会考虑开展新入住适应个案工作服务，同时，失智老人保持与他人沟通的能力也是社工考虑干预的前提条件。社工结合专业知识和失智老人的身心特点，为失智老人提供认知训练、新入住适应、环境美化和情绪安抚的服务，能够减少激越行为带来的破坏性后果。

医护人员则是在老人申请入住老人院之前和入住老人院之后，每隔半年时间，利用简易智力状态检查量表为老人做认知水平的筛查，并据此制订相应的失智老人护理计划供护理员参考。当失智老人烦躁不安而影响睡眠时，医护人员会为其提供药物干预；当激越行为导致失智老人躯体伤害时，则提供身体健康监测和处理伤口的医疗服务。

护理员会干预影响护理活动开展、楼层安宁以及存在伤害自己和他人风险的激越行为，但是护理员受限于干预知识缺乏和工作量大的困境，通常采取"短平快"的方式应对突发的激越行为。如转移失智老人注意力、暂时回避、恐吓或威胁、约束、提起老人关心和重视的人或事、联系老人的兴趣爱好和过往经历、加大巡房和清洁力度、求助他人等，这些干预方式能够短暂缓解激越行为，促进护理活动的顺利开展。

H 老人院在干预激越行为的问题上已经基本形成了以护理员为主力，社工和医护人员为辅助的跨专业合作。机构照顾者在失智老人发生激越行为时会采取的干预方式如表 1-2 所示。

表1-2　机构照顾者在失智老人发生激越行为时采取的干预方式

机构照顾者	激越行为的表现	采取的干预方式
社工	失智老人打人、烦躁不安、吵架、影响同居室或同生活单元老人的生活	1. 邀请参加认知训练小组：分辨颜色、提升生活技能、锻炼手部协调能力 2. 新入住适应个案服务：适应机构的生活作息、接纳新的住处、建立朋辈关系 3. 环境美化：布置多功能室，添加装饰品 4. 情绪安抚
医护人员	烦躁不安影响睡眠；激越行为带来躯体伤害	药物干预、身体健康监测、处理伤口
护理员	激越行为影响护理活动开展、楼层安宁以及存在伤害自己和他人风险	转移注意力、暂时回避、恐吓或威胁、约束、提起老人关心和重视的人或事、联系老人的兴趣爱好和过往经历、加大巡房和清洁力度、求助他人

（二）有效降低了激越行为的破坏性后果

H老人院在政策导向下确立保障身体安全的照顾目标，要求在失智专区的环境布置、物资和药物管理、生活照料服务和社工活动方面都强调保障失智老人的身体安全。即使失智老人依然存在游走、打人和抛物品等激越行为，机构照顾者也能够借助现有的结构有效地降低失智老人走失、坠床、跌倒和自伤或他伤等不良事件的发生率。除此之外，护理员通过培训和积累的实践经验提升了预防激越行为造成破坏性后果的能力。护理员通过观察失智老人的精神状态、躯体功能和面部表情，能够提前判断潜在的激越行为及后果而作出是否进行干预的决策，在判断需要干预的情形下，能够有预案地进行干预。

（三）新入住的失智老人能够较快适应院内生活

新入住的失智老人由居家照顾转变为机构照顾，陌生的居住环境让他们产生强烈的不安全感和思念家人的情绪，由此引发了新入住失智老人经常收拾行李，要求回家的现象。当新入住失智老人回家的愿望未能达到时，容易引发打人、毁坏物品、言语性攻击或烦躁不安等激越行为。护理员根据已有的照顾经验，能够较快地识别新入住失智老人的激越行为和摸索合适的应对技巧，她们通常使用提起失智老人关心和重视的人或事的技巧转移失智老人的注意力。除此之外，家属和社工的支持，也能帮助失智老人尽快适应院内生活。护理班长时常借助网络帮思念家人的新入住失智老人与家人视频聊天，社工则开展新入住适应个案服务，不仅为老人提供适应院内生活作息辅导，而且与护理员一起帮助老人结交新朋友和发展兴趣爱好，例如，为喜爱打麻将的新入住失智老人提供麻将，并组织同楼层其他失智老人一起参与。机构照顾者和家属共同营造接纳的生活环境，大部分新入住失智老人能够在入住后的 1 个月内适应失智专区的生活。当新入住失智老人适应院内生活后，其发生躯体攻击性激越行为的频率也能够明显降低。

第六节　机构照顾者干预激越行为存在的困境

H 老人院现有的结构为机构照顾者干预激越行为提供了一定的支持，同时机构照顾者也发挥能动性灵活运用现有结构中的有利因素，然而 H 老人院现有的结构对激越行为干预也存在制约性影响。机构照顾者对 H 老人院结构的消极接受，也限制了他们在激越行为干预中的能动性的发挥。

一、机构中限制对激越行为进行干预的结构性因素

H 老人院对老人的入住要求、与家属的沟通制度、机构照顾者的岗位安排和统一环境设置的要求是正式制度中对干预激越行为起到阻碍作用的因素；对失智老人居住地点的分配在认知功能水平以外受多种因素影响是非正式制度中的阻碍因素；机构照顾者对失智老人存在污名化的现象而忽视了失智老人的真实需求属于干预激越行为困境的表意性规则；失智专区的空间环境、可利用的物资、提供的人力资源、经费投入和培训等配置性资源既促进干预也存在不足；护理员的社会地位和业缘关系薄弱导致调动其干预资源的权威性不足，如图 1-3 所示。

（一）部分院内管理制度设计未能与激越行为干预适配

自上而下的政策在指导 H 老人院干预激越行为带来的风险和照顾问题

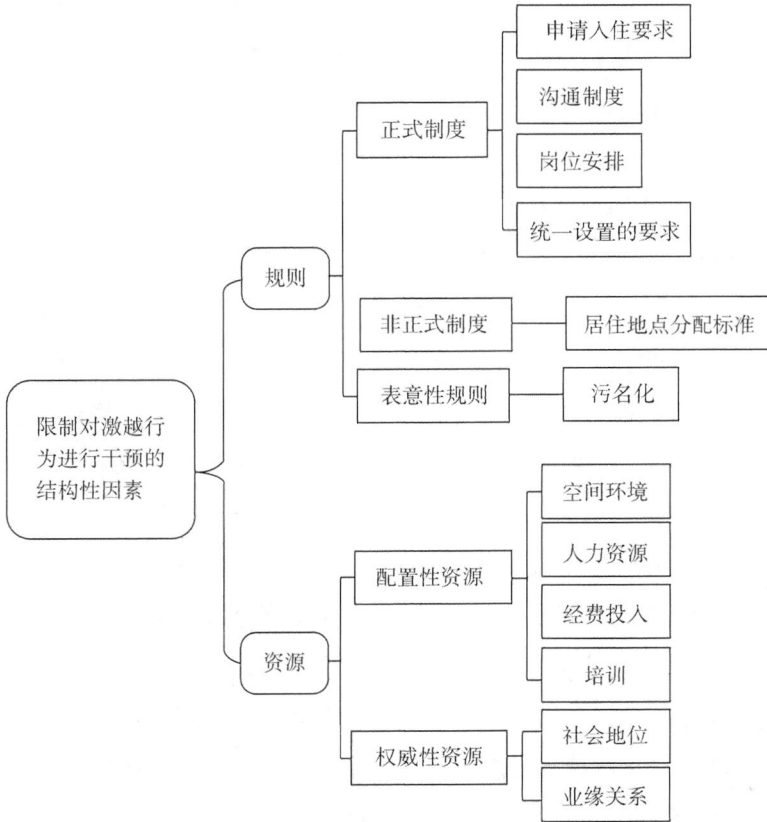

图 1-3　限制对激越行为进行干预的结构性因素

层面发挥了导向作用，推动 H 老人院为失智老人提供照顾服务时考虑其身心特点和保障身体的安全，然而 H 老人院受限于管理者、机构照顾者对激越行为的认识不足和僵化的制度安排，又埋下了引发激越行为的种子。

首先，虽然 H 老人院根据服务安全的政策要求优化了安保系统，但是未能充分考虑失智老人随着认知功能的退化而难以理解如何使用甚至可能毁坏居室内的紧急呼叫装置，因此，失智专区的紧急呼叫装置处于闲置状态，当居室内失智老人出现激越行为时未能发挥预期的警报作用，这导致机构照顾者不能使用该系统监测激越行为，只能通过增加巡房频率进行预防。

其次，H 老人院根据《广州市公办养老机构入住评估轮候办法》①明确提出拒收有攻击性行为老年人的入住要求，导致家属在为具有躯体攻击性激越行为的失智老人申请入住时，倾向于隐瞒自家老人的行为症状，需要护理员和社工在日常照顾工作中花费更多的时间和精力识别激越行为和寻找合适的应对技巧。"我们本身对新收住的老人也是有要求的，对于有伤人或者自伤行为的老人家，我们是拒收的。"（护理部主任 Z3）"有一些家属，明明（知道）老人在家里就有这个情况，他不会告诉我们的，他害怕老人院不接收他家老人。"（白班护理员 L1）

再次，H 老人院对护理员、社工和护士的岗位安排实行楼层责任制的管理方式，护理员 24 小时在生活单元内为失智老人提供生活照料服务，除护理班长和夜班护理员会定期调换，白班护理员固定在失智专区工作。社工和护士则是采取巡查和轮岗制度，护士每天早上和下午会去失智专区巡房，为失智老人派药、换药和观察病情，而且护士每 3 个月会更换一个生活单元。社工是每天巡房一次，观察失智老人的心理健康情况，帮助新入住老人融入集体生活和开展小组等服务，每隔一年会更换一个生活单元。H 老人院对社工和护士的岗位安排造成了护士和社工在失智专区工作的时间短，干预激越行为时，存在护士和社工对激越行为缺乏了解和不能及时提供干预的困境。当激越行为发生时，更多依靠护理员自主干预。"社工没空上去，等我望穿秋水你们都没来，算了吧，还是我自己干吧。"（护理班长 B3）

最后，对生活单元统一设置的要求，使 H 老人院制定了统一的生活作息制度并规定物品摆放的位置。失智老人由于大脑的病变，会出现感知觉障碍和黄昏症候群②（齐艳，2005）。因此，失智老人经常会出现不遵循生活作息制度的行为，如夜间游走、不睡觉、自己去卫生间洗澡和洗床上用品等，而且居室内配置同样的家具和规定一致的摆放方位，容易让失智老

---

① 广州市黄埔区民政局. 广州市公办养老机构入住评估轮候办法［EB/OL］.［2023-2-23］. https：//www.hp.gov.cn/gzhpmz/gkmlpt/content/8/8737/post_8737921.html#4314.

② 感知觉障碍，如出现妄想、幻觉和错觉等；黄昏症候群，如在夜间产生精神混乱、失眠、游走等症状。

人出现走错房间的问题，部分失智老人因走错房间而与其他失智老人发生争吵或向护理员投诉。H老人院对生活单元统一设置的安排，未能充分考虑到失智老人的身心特点，反而引发了激越行为。"床都是一样的，有些老人只记住了自己睡靠近门口的床，他进去房间看到是第一张床就爬上去睡，也不看看是不是自己的房间，其他老人清醒的时候会计较的，有时候两个老人也因为睡错床或者走错房间争吵、打架。"（护理班长B2）

（二）失智老人居住安排未能与激越行为干预适配

目前，H老人院就哪类失智老人适合居住在失智专区，哪类失智老人可以生活在普通楼层的问题尚未形成明确的评估标准，主要依靠护理部和老人院管理者的主观判断和利益衡量。失智老人出现游走、打人、尖叫等症状比较明显的激越行为，并且存在走失风险、影响同楼层其他老人的正常生活或者遭到工作人员和其他老人投诉，则更容易被送入失智专区。在居室分配问题上，主要考虑老人的性别，未对其认知功能带来的影响进行评估，这容易导致具有破坏性激越行为的失智老人影响同居室老人生活的状况，从而加重护理员、社工处理激越行为的工作量。

房间就分男女房间，缺位就补，但是一般（护理）有一点异常行为的老人是要比别人花更多工夫的，有些班长和护理员没有那么包容的，就把这个事情放得很大，天天跟主任说不去不行的，会吵到别人，会怎么样，动不动就说送到失智专区，只要有空位，就很快被送上去了，基本上不用评估的，就是（靠）他们的自我感觉。（护理班长B2）

我们也是建议各个区里面都要留一部分失智老人，尽量不要都送去失智专区。性格脾气比较温和的老人，我们基本不会让他们去的。（护理部主任Z3）

（三）对失智的污名化导致对激越行为干预目标与价值的忽视

社会上对失智症的污名化现象一直存在，机构也不例外。研究者发现，个别护理员在谈论失智老人的时候喜欢使用"傻子"一词，个别医护人员则更多使用"痴呆"一词。《现代汉语词典》中，傻子指的是智力低下，不明事理的人；"痴"和"呆"也有傻的意思，指人愚蠢，头脑迟钝和不灵敏。个别护理员和医护人员对失智老人的称呼强化了其对失智老人缺乏思维能力的看法，却忽略了失智老人保有的感知和思维能力，虽然有助于照顾者增强对失智老人的包容性，但也容易使他们对失智症老人尊重不足，对其需求缺乏细致的觉察。

老人打我的时候就提醒自己，他是"傻"的，"痴呆"的，不然我是控制不了自己的脾气的，就用这种心态去接受他。我看到同事因为老人发脾气，我也会这样子开导他们，我们都是这样压下去（自己的脾气）的。（白班护理员 L1）我们在失智专区上面开（展）活动会选一些简单的道具，而且是比较日常用到的，说得不好听，就是越"弱智"的道具越要给他们做。（社工 S3）

我也说不出来有什么技巧，他们又沟通不了，反正过一会儿他们又没事了，不记得了，已经忘得一干二净了。（护理班长 B4）有些还能理解表演是什么意思的，我也会带下去参加，但是那种"呆"到不知道别人在台上做什么的，就很少让他们下去了。（护理班长 B2）

本章认为，机构照顾者将失智老人当成智力低下的人，造成机构照顾者仅以减少照顾困难为目标而忽视对失智老人社会交往等需求的满足，长期而言这不利于缓解失智老人激越行为的症状。

（四）投放的物质和人力资源未能与干预激越行为适配

目前我国失智老人护理机构的空间环境设计普遍存在安全性不足、辨识性差、单一枯燥、机构感强等问题（周燕珉 等，2018）。分析发现，H老人院失智专区的空间环境设计也存在以上问题，这不仅诱发了激越行为，而且限制了机构照顾者的干预行动。封闭式的门窗设计、陈设雷同的房间布局、气味刺激和顶楼的位置带来夏天室温高而冬天室温低的问题，诱发了失智老人破坏门禁、识别不出自己的居室和床位以及烦躁不安等激越行为。在物资统一设置和安全管理的双重标准下，失智专区的生活物资和娱乐工具需要满足使用安全和方便清洁的要求，因此目前失智专区内除床上用品、餐具和体积相对较大的麻将、象棋和积木等道具，缺乏安抚失智老人的道具。机构照顾者较难找到合适的物资满足失智老人的喜好，当激越行为出现时，经常出现"哄"不好的情况。

你也看到我们失智专区的环境，就是那样子，其实不太符合失智老人

对环境的特殊需求。(医务部主任 Z2)

社工部主任那次来,说我们这一层味道太大了,我们也尽力搞清洁了,没办法呀,一是吐痰、随地大小便的现象还是不少的;二是这层窗户都封起来了,通风是差了一点,加上现在是夏天,天气那么热,闷的啊。你看我们哪个护理员的衣服不是湿的?这么搞,老人也是一身汗。(护理班长 B3)

有些老人不愿意待在那里,他就跑,刚来的时候到处都是封住的,他们偶尔还是清醒的,他就说这不是我的家,我要回家。厉害一点的老人,还会砸门,很难劝的。(护理班长 B1)

在人力资源配置方面,即使 H 老人院提高了失智专区护理员的选用标准,但是依然面临着护理员与失智老人的配比较低的问题。1 名护理员需要照顾 8 名失智老人,并且中班和夜班安排的护理员人数少,大多数情况只有 1 名护理员值班,当护理部人员充沛时才会配备 2 名护理员值班。购买社工服务的经费减少,以及疫情期间社工人员流动性增大,使社工人力缩减。2016 年扩建以来入住的老年人数量倍增,但是依然仅配备了 1 名康复师,其需要负责付费康复项目、与社工部合作开展健康教育服务,这便导致原本设定的为失智老人提供免费康复服务的项目被搁置,因此 H 老人院在干预激越行为时难以发挥优质人力资源的优势。

失智专区现在只有 9 名护理员,少了一个白天管房的,人手还是比较紧张的。(护理班长 B1)

失智专区上中班和夜班的人确实是很辛苦的,一个人顾得了房间里面的,就顾不了外面大厅的。(护理班长 B2)

院里就配了 1 名康复师,我手上现在有 20 多个老人申请了付费的康复训练,需要我每天推着仪器去生活单元给他们做康复。社工那边最近也约了我,给老人讲一些健康管理的课程,失智专区那边能够兼顾到的不多。(康复师 Y7)

2018 年至 2020 年,老人院购买了 12~14 个社工岗位人员服务,加上实习生,我们顶峰时期可以有 16 个人开展服务。后来经费降低了,我们只能配 10 名社工,加上疫情期间本地有病例时,社工要住进老人院,有家庭

的人都选择离职了。现在我们很缺人手，不能像以前那样每天去失智专区开展服务。（社工部主任 Z1）

在物资配置上，H 老人院在购买社工服务时没有为失智老人的康乐活动工具拨付专门经费，添置生活物资时也是根据全院老人的基本需要统一购买，而没有根据失智老人的身体功能和心理需求购买特殊用具。经费不足和配置物资未充分考虑到失智老人的需求限制了机构照顾者对失智老人的安抚效果。护理员和社工应对激越行为时，因缺乏合适的物资而感到"有心无力"。

我们买物资都是一起买，只是看你的东西买回来用在哪里而已，也不会说特意留一笔经费给失智专区，有需要就提出申请。（社工 S3）

我觉得给老人点东西玩，他们打架的就少了，织毛衣或者玩玩具，他的思想如果已经是在做东西上，他就不会这样去想别的。有时候东西不够分，他们就在那抢来抢去的。（护理班长 B3）

此外，目前 H 老人院提供给护理员、社工和护士的与失智老人相关的培训依然存在机会少、覆盖面小、时间短、内容和方式缺乏针对性，以及未充分与接受培训者的知识和能力相结合的问题。究其原因，一是教育系统、民政部门和各大机构提供失智症照护相关培训较少。失智专区的护理员大部分参加了民政部门或者其他公益组织开办的失智症照护培训，而医务部和社工部较少有参加此类培训的机会，并且他们在专业教育过程中都未接触过干预激越行为的知识。二是护理员的培训以短期考证为目标，课程体系设置上不完善，培训的内容集中在科普失智症和失智老人基础生活照料、安全和医疗救治方面，较少涉及激越行为的影响因素、非药物干预疗法等知识和技巧。这样的培训安排，难以满足护理员、社工和护士干预激越行为的需求。

我们最希望将失智专区的工作人员全部派出去学习，持证上岗，但是这种班和课程不是经常会有的，也不是我们想（去学习）就能够得到满足的。（护理部主任 Z3）

我们上学的时候没有专门开失智老人这门课程，实习轮科室也没轮过。我们医务部给护理员做的培训更多的是疾病怎么处理，比如跌倒了怎

么弄，糖尿病、慢性病老人的护理这些。(护士 Y6)

我们护士也没开专门的培训，只是外面医院过来我们这边讲课，让我们了解失智症病情之类的。(医务部主任 Z2)

我自己在线上学习比较多，看文献或者公众号，我觉得入职的时候是很有必要培训这个的，但是讲了很多行政的东西，例如怎么请假和调休。社工主任和督导以前有给护理员讲失智老人心理层面的知识，也会涉及一点激越行为的，就是不会那么详细。(社工 S1)

(五) 一线护理员权威性资源不足限制了对激越行为的干预能力

社会对护理员职业认可度低和机构照顾者薄弱的业缘关系都削弱了他们干预激越行为的综合能力。护理员的年龄与性别、阶层、城乡等社会不平等体系的交织作用形塑了其蒙受社会的歧视和污名的境遇，照料老人也被视为"肮脏的工作"(吴心越，2021)。护理员反映，他们向家属反馈失智老人存在的激越行为并且需要作出调换居室的安排时，部分家属不愿意接纳建议，而由更高层级的护理部主任出面沟通更容易让家属接受这样的安排。"以前有个老人不愿意换房，我们护理员说了不管用，家属认为领导都没说话，就是我出的鬼主意。这种情况就不能以我们的身份跟他讲。"(护理班长 B1)

良好的业缘关系能使护理员在干预激越行为时获得信息共享和帮助，然而护理员的业缘关系比较薄弱，能够为他们提供支持的更多是 H 老人院内的管理者、同工和督导，较少能够获得 H 老人院外部因合作关系所建立的支持。同工、院内督导、管理者及培训时认识的同行都是增进护理员认识激越行为及提升其应对技巧的重要资源，但是本章发现护理员对这种支持的获取非常有限，主要体现在提供方由于自己掌握知识和信息的不足，有时候未能充分考虑到失智老人的身心情况及失智专区的结构而出现提供的建议或方法不适用的情况。护理员表示，虽然会有外出培训和交流的机会，但是较少结识同行护理员，当遇到激越行为时，更多的是求助院内工作人员，不过这也容易导致视野的局限性，在干预激越行为的理念和技巧上较难获得突破。

二、照顾者对机构结构的消极接受

H 老人院现有的一些规则和资源对机构照顾者干预激越行为起到制约作用，但机构照顾者在照顾实践中一定程度上采取了消极接受结构的态度，主要体现在机构照顾者对干预激越行为知识和技能的正式学习表现较为被动、对干预激越行为设施等投入不足抱有理解态度以及强调家属对干预激越行为的责任。

（一）对干预激越行为知识和技能的正式学习表现较为被动

机构照顾者接受的失智症培训和教育都比较基础，而且培训的机会少、培训时间短，培训的内容未能充分考虑到机构照顾者的能力、认知特点，以及缺乏在具体实践中的指导。多名护理员反映，虽然接受了相关的培训，但是实际工作中难以运用相关的知识点帮助自己干预激越行为，有些护理员认为这是因为自己受教育水平低和年纪太大了，大脑再也容纳不了新的知识。他们在培训中了解到布偶疗法、缅怀疗法、感官刺激等非药物干预方法能够帮助失智老人缓解激越行为，但是由于护理工作量大以及缺乏实践的指导，使他们较少尝试类似的专业介入方法。"当初就学失智老人的脑子里面是怎么想的，说得太笼统了，我也听不懂，总之他就是脑子'坏'了，要我们多理解他。我现在也快退休了，没有那么多精力去学这些，学不动了，我的脑子好像也被灌了糨糊一样，装不进去了。"（护理班长 B3）部分社工认为目前没有强制性要求参加社工部的督导和其他部门的护理培训，更多的是社工提出督导的需求，社工机构才会安排督导的机会，学习的系统性、主动性不足，更多的是工作中遇到激越行为造成的问题时再被动地去收集相关的资料，造成当需要应对激越行为的时候，才发现自己缺乏应对技巧。"我希望同工多分享跟激越行为有关的案例，让我们知道遇到类似这样的情况时，他们是怎么处理的，因为现在更多的是被动地学习，楼层出现了某种激越行为，我需要去应对，才去找这方面的知识。如果没有这样的情况，就不需要去了解那么多，等我遇到的时候，我可能就来不及反应了。"（社工 S2）医护人员则认为医务室主要关注与医疗有关的护理问题，如安全用药、健康管理、慢性病康复等基础服务，对于激越行为的应对更多的是护理部的工作，而且院内并没有配备精神科的医生或护士，为应对激越行为提供的药物只是发挥镇静催眠的作用，目的是方便护理员照顾。因此，当老人出现认知障碍或疑似行为症状时，更多的是建议家属带老人去专科医院就诊。不过治疗失智症的药物效果不明显，加上费用昂贵，目前院内只有4~5个失智老人有服用药物的经历。"我不是精神科出身的医生，只能在失智老人太躁的时候，开一些安眠的药物，有需要就让家属带去专科就诊。"（医务部主任Z2）综上所述，机构照顾者对正式学习干预激越行为的知识和技能表现得较为被动，这不仅阻碍了他们学习更多干预激越行为的技巧，也限制了他们干预激越行为时可供选择的应对技巧的范围。

（二）对干预激越行为设施等投入不足抱有理解态度

H老人院是公立保障性老人院，其服务收费相对较低，保障老人身体安全的照顾目标和提供基本的生活照料是一切照顾行动的出发点。H老人院根据老人的身体健康状况和活动能力分为4个护理等级：一般照顾护理、介助护理、介护护理和介护护理+[①]。大部分失智专区的老人需要的是介护护理+服务，并享受长期护理保险补助。按照房间的床位数，入住双人间的失智老人每月应收费用1150~1750元，入住四人间的失智老人每月应收费用1063~1400元（见表1-3）。机构照顾者认为，在H老人院的性质和失智老人服务收费较低的双重影响下，H老人院提供给失智专区的硬件条件已经足够好了，如果没有政府其他资金的投入，较难增加失智专区的配置性资源用于干预激越行为。因此，机构照顾者认为失智专区的资金投入与照顾水平对等是家属、老人和工作人员都能够接受的情况。因此，对于激越行为干预的投入不足，机构照顾者抱有理解的态度。

之前评估专家说黄色的墙体更好，就审批了一个改造墙体的项目，但是当时的经费只够刷2层，后面经费一直没有到位，所以剩下的楼层没有

---

①　介护护理（全照顾护理），适用对象：身体健康情况较差，存在轻度老年失智症状，活动受限明显，个人如厕、洗澡等活动功能部分丧失的老人。介护护理+（特殊照顾护理），存在以下情况之一的老人：1.身体健康状况差，长期卧床；2.患有器质性病变，部分功能减退或消失；3.脑血管意外瘫痪，大小便失禁，心肺功能障碍；4.存在老年失智症状；5.其他需要提供介护护理+服务的老人。

改动。我们是公立的，建设最初的目的就是兜底，没有改名字前还是叫敬老院呢，我们收费那么低，能够提供给失智老人的资源就只有这么多了，很多私立老人院的失智区装修得很漂亮啊，我们没有人家那么好的条件。我们社工这边链接到的捐赠，我第一时间优先问护理部主任，失智区需要什么，捐赠和失智专区需要的物资能够匹配是最好的。（社工部主任 Z1）

表1-3　H老人院服务收费标准　　　　　　　单位：元

护理等级	房间	床位费	护理费	伙食费	合计	长护险减免金额	应收金额
介护护理＋	四人房	350	1500	600	2450	1050~1387	1063~1400
	双人房	700	1500	600	2800	1050~1650	1150~1750

（三）　强调家属对干预激越行为的责任

机构照顾者认为，老人表现出失智症状特别是激越行为后，家属应承担相应的医疗投入和追加照顾资源。如家属消极对待，老人院只能被动承受失智老人未能得到适当医疗和照顾资源的后果。H老人院会对失智老人的认知水平、精神行为症状和躯体功能进行初步诊断，当发现失智老人的病情恶化或者出现的激越行为较以前更加严重时，医务部会建议家属带失智老人外出就诊。然而，现实中大部分家属因治疗失智症的经济压力大或者对失智症缺乏正确的认识而选择放弃药物治疗。"我们发现老人入住后有激越行为时，医务部会报告给家属，建议带老人去神经内科就诊，有些家属会比较理性地处理，就诊后开药回来吃。有些家属会把责任推给医务部，要我们这边开药，我们最多也就是开安眠类和镇静类的药物，没有治疗失智症和激越行为的药物。"（护士 Y1）当失智老人发生激越行为后，摔伤、跌倒和侵扰他人的风险加大，护理班长有义务通过拍摄事发视频、电话告知或者发送书面的告知书给家属，要求家属进行照顾决策。"失智的老人有这种行为后，我们肯定要跟家属说清楚，毕竟父母是你的，我把这些行为可能带来的利害关系都告诉你了，你自己决定是请专护、去医院就诊还是退院回家。我们能做的就是及时告知他们老人的情况。"（护理班长 B1）

三、机构照顾者对激越行为进行干预的局限

（一）设施不足导致房间内激越行为难被发现

H 老人院根据政策的服务安全要求对失智专区的安保系统进行完善，然而目前失智专区只在公共活动区域如电梯口、走廊和吃饭的大厅安装了电子监控，失智老人的居室内没有安装，因此护理员难以发现失智老人在居室内出现的激越行为，只有当失智老人出来在公共活动区域参加活动或者被要求到集中的场合时，在护理员和社工的视线范围内的激越行为才能被及时发现和采取干预措施。护理员表示，在几位卧床或坐轮椅的失智老人身上都发现了瘀青，怀疑是同房间内活动能力较好的失智老人在夜间出现打人行为所致，然而居室内没有视频监控作为证据，而且夜班护理员只有一人，即使增加了巡房的频率也难以及时发现。对此，护理班长只能通过重新分配失智老人房间和加装防护门等方式尽量减少这类攻击性行为的发生。

（二）部分时段人力不足导致对激越行为管控不足

目前 H 老人院所有的生活单元都存在护理员与老人配比不足的问题，失智专区也缺少一名白班管房的护理员。护理员人数不足，容易出现需要独自干预激越行为的情况。根据 H 老人院生活照料事项时间安排，白班管房护理员上班的第一件事是为自己负责照料的 8 名失智老人提供洗漱和洗澡的工作，这容易出现白班管房护理员全部在房间内工作，只剩下 1 名责任班护理员在大厅内照看活动的失智老人的情况，当失智老人出现躯体攻击性激越行为时，责任班护理员自己较难处理。尽管配备了副中班护理员，但是部分失智老人有早起（5：00 左右）的习惯，夜班护理员在 5：00—6：30 这一时间段需兼顾居室内生活照料工作和大厅内失智老人活动监管任务。

（三）干预知识与技能不足导致对一些激越行为干预效果不佳

虽然护理员通过培训和实践经验的积累与分享具有一定干预激越行为的技巧，但是当失智老人出现一些新的或不易改变的激越行为时，护理员一般难以应对。一名失智老人因病申请外出住院了一个多月，当他返回

时，护理员发现他出现了过往没有的"言语或行为的性骚扰"行为，对此，护理员凭借自己的生活经验，认为可能是失智老人脑部受到刺激或者家属在老人生病期间提供了太多补品导致的，便建议家属减少给老人喝滋补汤的频率。当工作中遇到失智老人有性骚扰倾向时，更多的是采取恐吓的方式应对，但是效果一般。"他以前没有这个现象的，自从他住院回来，好像很兴奋一样。我在想，是不是他在家的时候头撞到柜子，刺激到了，还是生病住院的时候吃得太补了，他这个样子我也控制不了，只能吓唬他，说等会儿用剪刀剪掉它（生殖器）。"（白班护理员 L2）

尖叫、咒骂和发出奇怪声音的语言激越行为让护理员感到挑战性较大，较难用劝说和教导的方式打断失智老人。当护理员无法阻止失智老人咒骂和尖叫时，更多是采取让其独自待在居室内的方法，减少音量太大对他人的影响。"语言攻击对我来说是很有挑战性的，有个阿姨嘴巴很毒，我真的管不了她，她老是骂人家。"（护理班长 B3）

第七节　优化老人院激越行为干预的社工介入策略

根据以上的分析，本章分别在政策层面、老人院层面和个人层面提出优化应对激越行为的对策，以期提升对失智老人的照顾质量。

一、政策层面

（一）呼吁政府为失智老人服务提供政策和资源支持

失智老人对照顾资源的需求具有特殊性，照顾困难比一般失能老人更多、更复杂，不论老人院还是家庭，都迫切需要政府提供政策和资源支持。对失智老人应分级划定照顾人力标准、入院费用标准，并按护理级别提供补助以减轻失智家庭经济负担，同时使老人院有资源配备相应的人力和设施，为老人院接收、有效照顾有激越行为的老人提供条件。此外，加强对老人院各专业工作人员的失智老人服务培训、提供医疗协助及完善干预激越行为的应急管理制度，能够有效帮助老人院提高对失智老人的服务水平、提高失智老人的生活质量。

(二) 呼吁政府针对失智老人激越行为优化老人院管理制度

政府对老人院的管理制度应考虑到失智老人的特殊性而作出安排。首先，空间环境设计应满足失智老人的特殊需求，目前的管理制度要求空间布置简单、统一，强调身体安全的保障，未能兼顾舒适、个性化等心理需求，成为诱发激越行为的重要影响因素。失智老人需要添置色彩鲜明的装饰品以增加居室的可辨识性，餐具、桌椅和娱乐用品也需要根据其认知功能而专门设计，还需要引入能够识别、通报激越行为的有效监测设备，以减少失智老人的激越行为和照顾风险。此外，宜将老人院对激越行为的预防、干预行动纳入评估指标，以促进老人院预防和控制激越行为能力的提升。

二、老人院层面

(一) 推动跨专业联动干预激越行为

因老人院多推行楼层责任制度，使激越行为的干预责任最终落在护理员身上，社工和医护人员较难及时为护理员提供有效支持。社工需要推动护理部、医务部和社工部之间的信息共享，以提高医护和社工对护理员求助的响应。需要构建快捷的信息共享平台促进三个专业的联动，并对医护、社工介入激越行为进行激励制度的改进，才能较好地解决护理员干预激越行为力量不足的问题。

(二) 完善家属与机构照顾者的沟通和合作制度

家属与机构照顾者之间的有效沟通，对更好地实现干预激越行为，提升失智老人机构生活质量起着重要的支撑作用，因此，老人院需要促成家属与机构照顾者的连接。社工应该积极引导护理员与家属的沟通和连接，运用多种沟通途径，如护理员与家属面对面交流、打电话和使用网络沟通工具等，推动家属参与干预激越行为的行动，如家属与机构照顾者分享过往的照顾经历、共同参与失智老人的认知和康复训练等。

(三) 提高培训的可获性、有用性

机构照顾者能够获得与失智老人照顾相关的培训，但存在培训机会少、覆盖面小、培训时间短、培训内容和方式缺乏针对性以及未与接受培

训者的知识和能力相结合等问题。老人院应链接资源，争取培训机会，让护理员、社工和医护人员都能够学习到与激越行为有关的知识。此外，还需要根据本院照顾者在实践中面临的实际困境，提供针对激越行为识别、评估和干预的案例讨论与分析，基于本院环境提高团队应对技巧。

三、个人层面

（一）为照顾者提供心理关怀服务

护理员、社工和护士每天面对复杂且频发的激越行为，容易造成较大的身心压力，不仅妨碍自身的精力恢复，也会影响其对照顾对象的态度。社工可通过个案的方式为失智专区的护理员、护士和责任社工开展心理辅导服务，帮助他们平复情绪，提升其心理调适能力，增强其应对工作压力的信心。社工还可以小组等形式定期为失智专区的工作人员开展减压活动，让他们在放松的游戏中获得有效的休息和纾解压力。

（二）拓展和强化应对激越行为的社会网络

机构照顾者面对干预激越行为的挑战时，需获得社会网络的支持。家庭成员、院内护理员、社工和医护人员以及社工链接的志愿者都可以直接为失智老人提供支持，他们彼此的沟通、分享、互助不但能够分担照顾负荷，也可以给予彼此以精神支持。老人的家庭成员和志愿者只能在特定时段来院，平时较难参与干预激越行为的行动，社工应创新工作路径、利用网络和现代信息技术动员支持网络的力量，让他们为干预激越行为提供必要的物资补充、信息支持、陪伴和情感性支持等，如社工可以引导家属拍摄情境性视频，为失智老人营造家属"在场"陪伴的氛围；社工也可以通过网络互助平台，向社会人士、企业、机构等募集失智老人安抚道具，以补充院内物资；还可以链接志愿者在线提供音乐治疗等。

附录 A 失智老人激越行为观察表

房号	老人编号	性别	年龄	文化程度	职业	入院时间	发生的激越行为	ADL（100分）	备注
602	L01	女	87	文盲	务农	2021.01	1. 收藏东西（纸巾） 2. 不适当地处理物品（晾用过的厕纸） 3. 游走 4. 打东西（游走时用手敲打不锈钢栏杆）	80	逻辑思维能力较好
	L02	女	86	文盲	务农	2016.11	1. 咒骂 2. 烦躁不安	0	轮椅
	L03	女	95	—	医生	2018.03	尝试到不同的地方（爬床）	0	卧床
	L04	女	90	小学	海员俱乐部工人	2013.12	重复语句/问题（嘴巴嘟囔着不知道说什么）	80	视障
603	L05	男	67	文盲	—	2019.03	1. 吐痰/唾沫 2. 咒骂：骂人（同桌老人、清洁工、社工） 3. 打人 4. 抛东西（骨头、汤勺）	65	
	L06	男	71	文盲	工人	2018.01		10	卧床
	L07	男	50	—	—	2017.08	发出奇怪的声音	0	"三无"/心智障碍
	L08	男	66	文盲	—	2016.08	做重复的动作（拍掌、不喜欢坐凳子，可以站几个小时）	60	

续表

房号	老人编号	性别	年龄	文化程度	职业	入院时间	发生的激越行为	ADL（100分）	备注
604	L09	男	86	小学	—	2019.06	1. 行为的性骚扰（喜欢摸自己的老婆，被同楼层的老人投诉好色） 2. 吐痰（社工开展认知训练时，吐痰在道具上）	20	轮椅
	L10	男	87	文盲	务农	2008.01	行为的性骚扰（摸护工的贴身衣物，被投诉）	0	卧床
	L11	男	88	小学	—	2021.11	1. 游走 2. 做行动性性骚扰 3. 推人/东西（推坐轮椅的老人围着栏杆转圈圈） 4. 尝试到不同的地方（隔离时，跑到楼下去）	60	
	L12	男	83	小学	工人	2019.06	1. 尝试到不同的地方去（自己乘坐电梯跑下楼） 2. 游走 3. 打人（罗护理员） 4. 收藏东西（藏葡萄到衣服里面）	45	
605	L13	女	99	文盲	拾荒	2011.01		0	卧床
	L14	女	87	小学	务农	2021.01	1. 经常无理要求关注或帮助（过生日都会哭丧着脸，越有人关心越喜欢扁嘴，不理她的时候不会出现哭的表情） 2. 吐痰	10	轮椅
	L15	女	87	文盲	务农	2019.04		20	轮椅
	L16	女	72	文盲	—	2021.07	重复动作（拍掌）	5	轮椅
606	L17	女	80	小学	—	2020.07		10	轮椅
	L18	女	85	文盲	服装厂工人	2018.01		10	轮椅
	L19	女	88	小学	—	2019.08		15	轮椅

房号	老人编号	性别	年龄	文化程度	职业	入院时间	发生的激越行为	ADL（100分）	备注
606	L20	女	84	小学	环卫工人	2022.07	1. 打人（与同房老人打架） 2. 咒骂或言语性攻击 3. 投诉（说护理员忘记打饭给她，其实5点多的时候刚吃饱）	85	新入住
607	L21	女	87	文盲	—	2014.09	—	10	认知正常
	L22	女	95	文盲	饭堂工人	2017.04		5	轮椅
	L23	女	78	—	—	2015.09	1. 抛物品（把同房老人的鞋子扔到草坪上） 2. 尝试到不同的地方去（溜进储物间玩消毒粉） 3. 毁坏物品（抠桌子）	30	
	L24	女	95	文盲	—	2019.01		5	卧床
608	L25	女	81	小学	—	2019.05	重复动作（叠被子）	45	
	L26	女	80	小学	—	2020.11	1. 收藏东西 2. 紧捉他人（强行喂社工喝自己喝过的牛奶） 3. 打人（与同房老人打架）	80	
	L27	女	87	文盲	务农	2019.11	1. 打人（与同房老人打架、拿着衣架打光仔） 2. 撕破东西或毁坏物品（撕床单、被套、枕头套）	90	
	L28	女	78	小学	—	2019.06	1. 收藏东西 2. 吐痰	85	
609	L29	男	79	小学	—	2019.11	发出奇怪的声音（在床上呻吟，发出同一音调的声音，听不清楚是什么意思）	0	卧床
	L30	男	84	初中	—	2019.08	毁坏物品（把桌垫撕成一条一条的）	0	卧床

房号	老人编号	性别	年龄	文化程度	职业	入院时间	发生的激越行为	ADL（100分）	备注
610	L31	女	79	小学	—	2019.08	1. 游走 2. 打东西（用力拍墙、桌子） 3. 尝试到不同的地方（喜欢进去护理站乱摸东西）	30	
	L32	女	85	小学	—	2019.12	1. 投诉（没有饭吃，嫌饭太少了） 2. 重复问题（一直询问社工，她的同房老人是不是自己的亲戚，房费怎么缴纳） 3. 毁坏物品（拆卸房间内的风扇、洗手台下的柜门）	80	
611	L33	女	84	文盲	—	2019.05		0	卧床外出住院
	L34	女	89	—	—	2017.04	1. 游走 2. 重复问题（向社工借钱） 3. 不适当地穿衣服（穿别人的衣服）	70	
612	L35	男	88	高中	造船厂工人	2019.04		10	夫妻轮椅
	L36	女	83	初中	造船厂工人	2019.04		10	
613	L37	女	87	小学	务农	2022.07	1. 投诉（为什么不让她回家） 2. 踢东西（门） 3. 重复问题（询问自己的儿子和女儿什么时候来接自己、询问时间、询问是否有人可以一起回新会）（重复父母不让自己读书） 4. 咒骂或言语性攻击	90	新入住

续表

房号	老人编号	性别	年龄	文化程度	职业	入院时间	发生的激越行为	ADL（100分）	备注
614	L38	男	81	初中	数学老师	2022.06	1. 打人（护理员喂药、洗澡的时候打护理员；与光仔打架） 2. 毁坏物品（拆下房间内的电视机） 3. 尝试到不同的地方（白天和晚上都喜欢随便进其他女性老人的房间；尝试爬上阳台的防护网、翻窗） 4. 游走 5. 咒骂或言语性攻击	70	新入住
615	L39	女	89	文盲	—	2019.06	咬人（护士为她处理伤口，她觉得很痛，希望护士停止，但是护士依然帮她处理伤口，便咬护士）	10	
	L40	女	93	文盲	收购废品	2017.04	1. 游走 2. 重复问题（寻找拐杖）	75	
616	L41	女	78	文盲	—	2018.09		5	卧床
	L42	女	94	小学	—	2019.04	收藏东西（把饼干藏到床边）	15	轮椅

附录 B　访谈对象信息表

表 1　护理员基本信息表

职务	受访者编号	性别	护理资格证	备注
护理班长 B	B1	女	初级养老护理员；失智症照护证书	失智专区第一任护理班长；从业 6 年半；失智区工作 7 个月；50 岁，今年退休
	B2	女	中级养老护理员	失智专区第二任护理班长；从业 12 年零 7 个月（2010 年 1 月）；失智区工作 2 年（班长团队工龄最长）
	B3	女	中级养老护理员；失智症照护证书	失智专区第三任护理班长；从业 13 年；失智区工作 11 个月；今年 47 岁
	B4	女	初级养老护理员；失智症照护证书 + 院外培训	失智专区第四任护理班长；从业 3 年多；失智区工作 1 年（三班倒 + 护理班长）2022 年 3 月成为护理班长，8 月 1 日进失智专区
失智专区护理员 L	L1	女	高级养老护理员；失智症照护证书	白班管房；从业 12 年；失智区工作 1 年（在其他老人院的失智区工作 7 年）
	L2	男	高级养老护理员；内部护理员督导；失智症照护证书	白班管房；从业 19 年；失智区工作 3 年
	L3	女	初级养老护理员	三班倒；从业 5 年；失智区工作半年
	L4	女	初级养老护理员	三班倒；从业 5 年；失智区工作半年
	L5	女	初级养老护理员	三班倒；从业 5 年；失智区工作半年

续表

职务	受访者编号	性别	护理资格证	备注
失智专区护理员 L	L6	女	初级养老护理员	白班管房；从业 4 年；失智区工作 1 年
	L7	女	高级养老护理员；内部护理员督导（曾）	白班管房；从业 17 年；退休返聘 1 年；失智区工作 3 年
	L8	女	初级养老护理员	白班管房；从业 5 年；失智区工作 3 年
隔离区护理员	L9	男	无	从业 4 个月；原失智专区一个护理班组，后跟随隔离区班组工作

表 2　医护人员基本信息表

职务	受访者编号 Y	性别	备注
失智专区、福楼责任护士	Y1	女	失智专区现任护士，从业 5 年
寿 11、12 楼责任护士	Y2	女	3 个月轮岗失智专区一次，从业 2 年
寿 7、8 楼责任护士	Y3	女	曾为护理员提供失智症照护知识培训，从业 10 年
寿 13、14 楼责任护士	Y4	女	3 个月轮岗失智专区一次，从业 3 年
长护险负责人	Y5	女	H 老人院工作超过 10 年
寿 9、10 楼责任护士	Y6	女	3 个月轮岗失智专区一次；为护理部提供护理知识培训，H 老人院工作 10 年
康复师	Y7	女	H 老人院工作 3 个月，曾在私立老人院工作 6 年
医生	Y8	男	H 老人院工作超过 10 年

表 3   社工访谈信息表

职务	受访者编号 S	性别	H 老人院工作年限	备注
寿 7、8 楼社工	S1	女	2 年零 5 个月（2020 年 3 月入职，2019 年 6 月毕业便从事社工）	非自理项目负责人（认知训练"知行坊"）
寿 9、10 楼社工	S2	女	2 年零 2 个月（2020 年 6 月入职）	职工服务负责人
失智专区社工	S3	女	3 年零 9 个月（2018 年 11 月入职）	行政主管；2021 年 9 月接手失智专区服务
寿 11、12 楼社工	S4	女	3 年零 2 个月（2019 年 6 月入职）	新入住长者服务负责人
福楼社工	S5	女	3 年（2019 年入职）	项目副主任，8 年社工服务经验

表 4   各部门管理者基本信息表

职务	受访者编号 Z	性别	H 老人院工作年限	备注
社工部主任	Z1	女	6 年	曾经担任一线工作，MSW
医务部主任	Z2	女	10 年	——
护理部主任	Z3	女	12 年	曾是医务部护士，调岗到护理部担任主任

附录 C 激越行为量表

Cohen-Mansfield 激越问卷
请您在以下所列行为中，选出在过去两个星期，该行为发生在被评估者身上平均出现的次数。0=未曾出现，1=每周<1 次，2=每周 1~2 次，3=每周≥2 次，4=每天 1~2 次，5=每天≥3 次，6=>3 次/小时。

序号	激越行为	未曾出现	每周<1 次	每周1~2 次	每周≥2 次	每天1~2 次	每天≥3 次	>3 次/小时
1	打人（包括自己）/东西	0	1	2	3	4	5	6
2	踢人/东西	0	1	2	3	4	5	6
3	紧捉他人	0	1	2	3	4	5	6
4	推人/东西	0	1	2	3	4	5	6
5	抛物品	0	1	2	3	4	5	6
6	咬人/东西	0	1	2	3	4	5	6
7	抓人	0	1	2	3	4	5	6
8	吐痰/唾沫	0	1	2	3	4	5	6
9	伤害自己或他人	0	1	2	3	4	5	6
10	撕破东西或毁坏物品	0	1	2	3	4	5	6
11	做行动性性骚扰	0	1	2	3	4	5	6
12	漫无目的地踱步/游走	0	1	2	3	4	5	6
13	不适当地穿/脱衣服	0	1	2	3	4	5	6
14	尝试到不同的地方	0	1	2	3	4	5	6
15	故意跌倒	0	1	2	3	4	5	6
16	吃/喝不适当的物品	0	1	2	3	4	5	6
17	不适当地处理物品	0	1	2	3	4	5	6
18	收藏东西	0	1	2	3	4	5	6
19	收集东西	0	1	2	3	4	5	6

序号	激越行为	未曾出现	每周<1次	每周1~2次	每周≥2次	每天1~2次	每天≥3次	>3次/小时
20	做重复的事情	0	1	2	3	4	5	6
21	烦躁不安	0	1	2	3	4	5	6
22	尖叫	0	1	2	3	4	5	6
23	言语或行为的性骚扰	0	1	2	3	4	5	6
24	咒骂或言语性攻击	0	1	2	3	4	5	6
25	重复语句/问题	0	1	2	3	4	5	6
26	发出奇怪声音	0	1	2	3	4	5	6
27	投诉	0	1	2	3	4	5	6
28	唱反调	0	1	2	3	4	5	6
29	经常无理要求关注或帮助	0	1	2	3	4	5	6

| 第二章 |

老人机构适应影响因素研究

——以广州市 C 老人院为例

欧幼冰　李颖奕

第一节　引言

　　我国是世界上人口老龄化程度比较高的国家之一，老年人口数量众多，老龄化速度快，因此应对人口老龄化任务极重。我国老年人口呈现出老龄化与高龄化、空巢化、失能化、家庭小型化"五化叠加"的特点，由此所带来的养老、医疗和长期照料问题异常严峻。为了应对人口老龄化、高龄化挑战，习近平总书记多次对养老工作作出重要指示，党的十九大报告也指出要积极应对人口老龄化，构建养老、孝老、敬老政策体系和社会环境，推进医养结合，加快老龄事业和产业发展。近年来，国家高度重视养老工作改革发展，不断加快顶层设计步伐，先后出台了《关于加快发展养老服务业的若干意见》《民政部办公厅、发展改革委办公厅关于开展养老服务业综合改革试点工作的通知》《民政部关于开展公办养老机构改革试点工作的通知》等政策文件，这标志着我国养老政策体制机制在持续发展和完善。

　　我国目前正在加快速度建立和完善以居家养老为基础、社区服务为依托、机构养老为补充的养老服务体系。虽然机构养老在养老服务体系中处于补充地位，但因为我国的老年人口基数比较大，高龄老人所占的比例也比较高，机构养老的需求规模比较大。张美丽（2012）认为，年龄越大、受教育程度越高的老人越倾向于机构养老。随着人口高龄化、空巢化、失能化、家庭小型化的不断加深，未来需要入住养老机构的老人数量也将不断增加。以一线城市广州市为例，截至 2017 年底，广州市户籍 60 岁及以上老年人口达 161.85 万，占户籍人口的 18.03%，居民平均期望寿命达到 81.96 岁。其中 80 岁及以上老年人口为 26.2 万，占 2017 年老年人口总数的 16.2%（广东省民政厅，2018）。目前，广州市共有养老机构 187 所，床位 6.4 万张，每千名老人床位数 40 张，居于全国前列，民办养老机构床位 4.4 万张，护理型养老床位 3.2 万张（广东省民政厅，2018），但在公办养老机构入住评估轮候平台显示，广州市 C 老人院的排队人数有 5900 多人。

在众多老人对养老机构存在需求的同时，老人入住养老机构的种种问题也值得关注，特别是老人在入住养老机构初期的适应问题，将影响到有需求老人是否可适应机构照顾。由于养老机构的生活环境、日常活动安排以及周围人际交往氛围与老人原先在家中的生活环境有一定的差异，他们刚进入新环境时出现心理、生理等方面的不适应的情况在所难免，并且这一适应的过程相对较为漫长（DEGENHOLTZ，2015）。部分老人在搬进养老机构时出现适应不良和适应困难的情况，老人在身体、心理、社交等方面出现不适和障碍。在这一过程中老人的适应不良问题如果不能得到很好的处理，会对其日后在养老机构中的生活带来一定的障碍，进一步给其晚年生活、身心健康以及与健康相关的生命质量带来负面影响（REKER，1997）。有研究表明，入住养老机构的老人由于适应不良等问题，患上抑郁和焦虑等心理问题的可能性较高，并且这一现象还呈现不断上升的趋势（HOOVER，2010）。在家庭养老功能不断弱化、机构养老服务需求随之增加的形势下，各养老服务机构如何提供有针对性的服务以协助老人适应生活环境的转变，关系到老人对养老服务的顺利使用，关系到我国社会对人口老龄化挑战的应对成效。因此，笔者选取了广东省五星级养老机构——广州市 C 老人院为研究场域，深入考察老人机构适应的影响因素，为社会工作有效介入提供实证基础。

广州市 C 老人院始建于 1965 年，全院占地面积约 115 亩，总床位 1200 张（其中内设医院医疗床位 150 张），主要为政府供养人员、失能、失智及在家养老有困难的老人提供适度普惠型养老服务，服务内容和功能包括生活照顾、医疗康复、失智护理、社会工作和临终关怀等。目前在院老人平均年龄 85 岁。自建院以来，广州市 C 老人院针对老人多层次、多样化的需求开展相应的服务，在提升自身服务水平方面与时俱进，取得了多项工作的"率先"。一是率先在全国实施公办养老机构入住轮候评估机制，为广州市政府供养人员、低保低收入老人、高龄、失能、失智和失独老人提供了公开、便捷、有保障的机构养老机会，在老人的需求评估实践上有了较为先进的基础。二是率先实施医养结合型发展战略，既关注老人养老的需求，也重视老人医疗的需求，并在服务中将医疗和养老有效地结合起来。广州市 C 老人院于 2017 年开始就使用市地方技术规范《老人照顾需求等级评定规范》作为老人入院时评估不同身体状况的老人照顾需求等级的工具。该规范包括一级护理、二级护理、三级护理不同能力级别的老人的医疗照护情况、疾病状况、社会支持等方面在内的照顾需求评估要求、指标、实施等内容，覆盖了老人老化的全生命周期的照顾需求等级评定，评估结果可更好地指引养老机构提供符合老人照顾需求的服务，以协助老人更好地适应并享受机构生活。广州市 C 老人院会根据该规范执行评估，按照评估结果将入住的老人分为一级护理、二级护理、三级护理的级别入住有相关服务功能的园区，并提供符合老人需求的机构适应、关系调适、照顾安排、心理支持、危机干预、机构参与、社区协作、老年教育、政策倡导、失智认知康复和临终关怀等一系列服务。三是率先引入社会工作专业服务，该院从 2003 年开始探索社会工作服务，经过 16 年的发展，该院在老年社会工作实务开展、老年社会工作品牌建设、老年社会工作标准化建设等方面均处于全国同行领先地位。

广州市 C 老人院在养老服务实践过程中，积累了丰富的促进入住老人机构适应的经验，为国内的养老机构提供了较好的借鉴经验，吸引了众多养老机构来院参观学习。因此，选取广州市 C 老人院作为研究老人机构适应影响因素的案例，对于其他养老机构的服务具有很重要的参考价值。

第二节　文献回顾

一、老人机构适应的过程

Brooke（1989）的研究认为，承认和促进适应是一个需要时间和分阶段进行的战略过程，并提出老人适应老人院生活的过程一般分为四个阶段：无序、重组、关系建立和稳定。Brooke（1989）指出，老人一般可以在入住老人院的8个月内经历并完成以上适应阶段，但当老人在其间遭遇情绪或身体上的挫折时，他们往往会（至少是短暂地）回到混乱的阶段。Rantz等学者（2001）通过研究提出，对老人来说，机构养老的适应过程是老人从家迁移到养老机构这一事件的持续反应，包括个人建立关系及在新环境中达到平衡的持续努力，一般分为三个阶段：（1）混乱期，一般发生在老人刚进入养老机构的最初6~8周；（2）调适期，大约发生在入住后的第3个月，属于过渡期；（3）稳定期或称为接受期，一般发生在入住后的第3周至第6个月，老人逐渐进入稳定。章丽英等学者（2013）通过对入住老年公寓的老人进行调查后提出的阶段类型与Rantz等提出的相似，但是时间长度不同：（1）混乱期，入住第1天至第1个月，这个阶段的老人因入住养老机构在心理、思绪和生活方面都呈现出混乱的状态；（2）熟悉适应期，老人入住后的第15天至第3个月，此阶段的老人开始熟悉机构环境、生活作息、工作人员和院友等，通过熟悉逐渐适应；（3）稳定期，从入院第3个月到第6个月开始。王贵生等学者（2013）在关于老人机构适应的研究中得出的结论为：老人在入住第1年（前14个月）左右可能出现不适应的状况，随着对环境和自己心理过程的调节，逐渐适应机构生活。

二、老人机构适应的影响因素

（一）老人对入住机构这一特定转变的感知

对老人来说，生活场域的变化可能会是其关键的生活事件，是老化过程的重要转折，会影响老人的晚年生活（ABELES et al.，1976—1977）。

如果老人将这个转变视作压力来源，这个压力可能促使老人采用更积极的态度去应对，也可能让老年人陷入消极、无力的状态中，从而影响入住的适应情况。Chenitz（1990）在描述影响人们对老人院接纳反应的条件时指出，当老人认为入住老人院是自愿的、可取的、重要的或可逆的时，他们更容易接受入住老人院这个事实；当老人认为入住老人院是被永久地"抛弃"时，他们要么拒绝留在那里，要么无可奈何地消极接受。Caplan（1964）、Parad 和 Resnik（1975）在研究老人机构适应的问题时用了危机理论，并认为如果老人是突然地、意外地入住老人院，那么老人会更倾向于认为入住老人院这个转变是重大的压力诱发事件，入住老人院便成为一种危机事件。当老人因为身体突发疾病或其他原因，在没有任何预告的情况下入住养老机构时，容易感觉生活受到危机挑战，会更加紧张和不安。

因此，老人对特定转变的感知，可以体现在是否认为转变是关键的生活事件，是否认为是自愿的、可取的、重要的或可逆的，是否认为是危机和挑战，这些都会影响老人在新环境中的过渡和适应。

（二）老人所处的系统特征

曹琰（2014）通过以往研究分析影响老人机构适应的因素除老人自身的因素，也包括老人的亲朋好友、养老机构其他老人、养老机构工作人员、养老机构环境等。吴春莹（2017）通过研究认为，影响自理老人机构适应的因素，除自理老人生理和心理上会遇到适应困难，以下两方面也会影响老人机构适应：（a）机构环境适应方面：换房后的生活适应问题、转区后的适应问题。（b）人际关系适应方面：同房关系适应问题、夫妻关系适应问题、家庭关系适应问题、老人与工作人员关系适应问题。崔思凝2012 年采用 MOOS 影响因素模型，研究老人机构适应的影响因素，并强调获得社会支持水平越高的老人适应能力越好。Caplan（1974）提出，新入住养老机构的老人，若能快速地建立起新的人际支持网络，得到身体康复方面或心理精神方面的支持和服务，那么老人便能更有效地应对压力，并能提高适应机构的能力。因此，影响老人机构适应的因素还有老人所处的系统的特征，具体包括亲密关系、家庭系统、朋辈网络、机构或单位支持等，具有较强支持系统的老人能较好地适应转变。

（三）老人的个人特征

Porter（1992）用现象学的研究视角探索搬进老人院的老人体验及如何适应的经验。Porter通过对243位入住老人院的老人进行访谈结果得出，影响新入住老年人适应养老机构的因素除独特的迁移环境，还有老人主观认为自己与老人院环境之间的契合度、老人个人的过往经验和个人的信念。梅陈玉婵等学者（2017）认为，老人如何应对不同的压力情况，取决于他们的性格类型。Nolan等学者（1996）提出老人的入住意愿可以包括对入住机构的期待、参与决定的程度、可替代方案的选择及入住前的讨论四个因素。影响老人适应机构生活的决定因素是老人是否对入住机构有所期待。曲道政（2016）在研究社会工作介入养老机构老人适应问题时，指出影响养老机构老人适应的主要因素有：老人自身的观念、养老的意愿、自身的身体状况等个人方面的因素。Rabiner和Hipskind（1997）通过基线研究和5个月的随访研究发现，老人身体的疼痛和不适对适应态度有负面影响，可以认为它干扰了适应。Lawton和Nahemow（2001）的适应模型侧重于个人的适应能力，该模型认为个人的能力（例如，感官和感知能力、认知能力、日常生活能力和自我意志力）是机构适应的决定因素。崔思凝（2012）指出，老人机构适应的影响因素包括个人特质、机构环境、入住意愿、对生活的控制程度及应对策略。Lisa Groger（2002）基于对非裔美国人的定性访谈，探讨了老人如何适应老人院的生活，Lisa Groger认为，老人能否适应老人院的生活取决于老人应对转变的策略，应对转变的策略有顺从的、抗拒的、被动的、主动的。心理学家Willis（1996）也指出老人应对转变的方式会影响老人的适应情况，一般老人的应对方式或策略有两种类型：（a）有计划的、积极的模式（感觉内在有能力支配者），一位有内在控制能力的老人，会觉得自己对周围环境仍有控制和支配能力。（b）回避、故意忽略的模式（感觉自己是受外力支配者），这类老人处理压力的方式是忽视或否认，他们让自己的生活受外在环境支配，将他们生活中发生的大多数事情归因于他们能力之外的力量，他们对一切压力逆来顺受，不认为自己有能力可以对生活作出一些改变。

因此，影响老人机构适应的因素还有老人主观感受、老人个人的过往经验、个人信念、性格、身体状况、入住意愿、对生活的控制程度和应对方式等个人特征。

综上所述，影响老人机构适应的因素有来自老人自身对特定转变的感知（是否认为转变是关键的生活事件，是否认为入住是自愿的、可取的、重要的或可逆的，是否认为是危机和挑战），还有老人的支持系统（包括亲密关系、家庭系统、朋辈网络、机构或单位支持等），更有老人的个人特征（老人主观感受、老人个人的过往经验、信念、性格、身体状况、入住意愿、对生活的控制程度和应对方式等）。

三、理论视角

Schlossberg（2015）基于"人类发展生态学理论""关键生活事件框架"等理论，以大量的实证研究为依据，提出了人类适应分析模型。Schlossberg认为，成年人在不断地经历转变，尽管这些转变并不依任何特定顺序发生，也不是每个人都以类似的方式经历各种各样的转变。Schlossberg在人类对特定事件的适应——包括正常的生活转变和极端困难的情况等方面已经做了许多实证研究工作。这些研究表明，个体对变化的适应能力各不相同，对一个人来说，地理位置的变化或迁移可能代表着一个巨大的机会，而对另一个人来说，这可能意味着失去支持和身份。此外，同一个人可能对不同类型的变化有不同的反应，甚至对生活中不同时期发生的同一类型的变化也有不同的反应。人们对转变的反应和适应如此不同，同一个人在人生的不同阶段也能作出不同的反应和适应，有些人相对容易适应，而另一些人却承受着严重的压力。Schlossberg提出影响过渡（转变）适应的三组主要因素：（1）特定过渡或转变的特征；（2）过渡前和过渡后环境的特征；（3）经历过渡的个体特征。所有三组因素共同作用产生结果：适应或不适应。适应在一定程度上取决于一个人对自我和环境（尤其是人际关系支持系统网络）的假设在过渡前后的相似程度或差异。Schlossberg的人类适应分析模型所指的影响因素既包括个人所处的环境系统对适应的影响，也包括个人特征和个人对转变的感知对适应的影响，更强调过渡前后个人认知和环境系统的差异对适应的影响（见图2-1）。

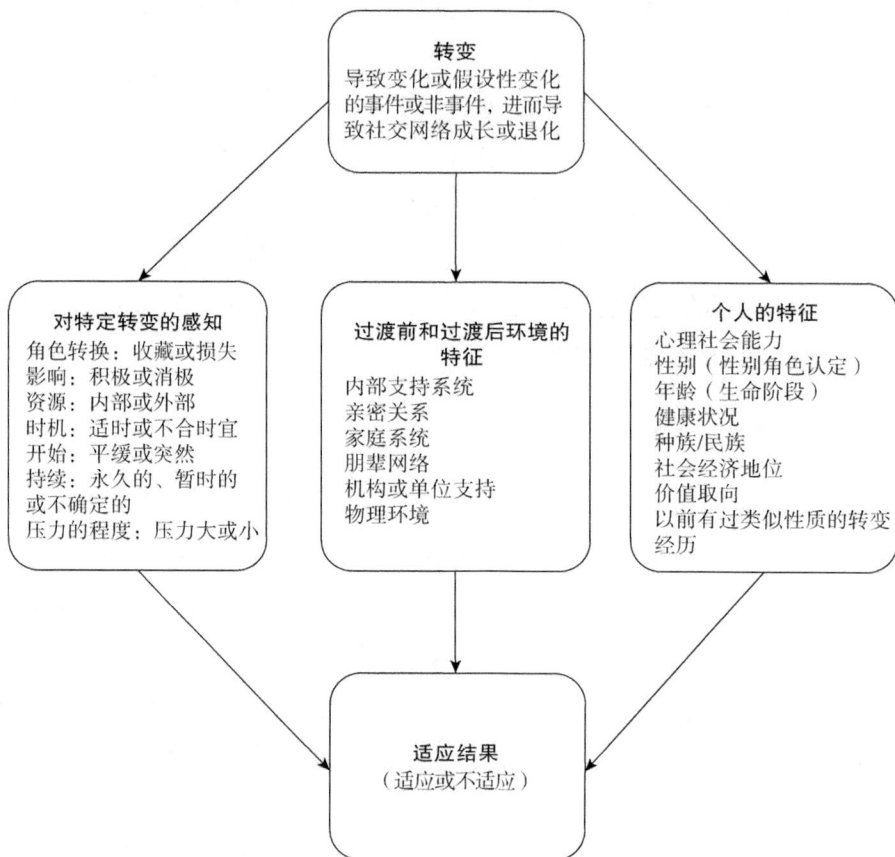

图 2-1　Schlossberg（2015）提出的人类适应分析模型

研究者根据这一模型，以广州市 C 老人院不同护理等级的老人为研究样本，设计了老人机构适应影响因素的调查问卷和访谈提纲，以研究了解老人机构适应的影响因素，探索介入的策略和建议。

第三节　研究设计

本章以广州市 C 老人院为研究场域，利用定性研究方法，通过半结构式访谈法了解老人机构适应的状况及其影响因素。通过对 17 位老人和 2 名工作人员、2 名家属的访谈，详细了解老人在适应前、适应中、适应后不同阶段的心理动态、个体感受和经验历程，从而归纳提炼出相关的影响因素。

一、研究对象

研究者在抽样的时候，结合前面文献综述中不同学者提到的会影响老人机构适应的因素，根据性别、年龄、入住时间、入住原因、是否计划内入住、护理级别和适应结果等差异来抽取样本，尽量体现研究对象的整体异质性。

在抽取样本时，对"适应结果"以《广州市 C 老人院入住适应评估量表》的评估结果作为参考。该量表是由国外的老人院适应量表（The Nursing Home Adjustment Scale，NHAS）和国内的老年心理社会适应量表（The Geriatric Psychosocial Adaptation Scale，GPAS）、老人机构养老适应问卷等几份信效度较高的量表整合形成的。整合后的量表能够从生理、心理、社会、环境等方面反映老人的适应情况。评估结果会以分数为计量分成 5 个阶梯，即"非常不适应""适应较差""适应一般""适应良好""非常适应"，以反映老人的适应情况。老年人在入住广州市 C 老人院的 3 个月内，社工会通过机构适应项目的服务对其进行辅导，以协助老人更好地适应老人院的生活。在入住 3 个月后，社工会对这些老人采用《广州市 C 老人院入住适应评估量表》评估老人的适应情况。社工会针对"非常不适应""适应较差""适应一般"的老人继续采取进一步的机构适应服务。

接受访谈的 17 位老人，入住老人院时间为 2 个月到 1 年，其中 15 位老人意识清楚、无认知障碍、能进行有效沟通，2 人分别患有轻度、中度的失智症，但可以进行一定程度的沟通。受访者中年龄跨度从 60 岁到 92 岁，需一级护理老人 6 位、二级护理老人 6 位、三级护理老人 5 位。此外，受访者中有 12 位老人入住老人院是在预期计划内的，5 位老人是计划外入住。有 8 位老人在入院 3 个月内接受机构适应项目服务后，经过《广州市 C 老人院入住适应评估量表》评估显示"适应良好"和"非常适应"；7 位老人经 3 个月的机构适应服务后，评估显示"适应一般"和"适应较差"；2 位老人评估显示"非常不适应"，其中 1 位老人在第二个月退院。

为了从不同角度了解影响老人机构适应的因素，本章邀请不同专业的工作人员参加访谈，包括 1 名社工、1 名护理员和 1 名医生，他们均在院内工作有 4 年以上，对老人院工作方式、制度等较为熟悉，也对被访老人比较了解。此外，由于 C12 老人和 C17 老人分别患有轻度和中度认知障碍，故邀请了这 2 位老人的家属加入访谈（见表 2-1）。

表 2-1　受访老人基本情况

序号	姓名	能力等级	性别	年龄	性格特点	是否计划内入住	适应情况	入住原因
C1	叶××	三级	女	77	健谈开朗	是	非常适应	减轻子女负担
C2	苏××	三级	女	60	健谈开朗	是	适应良好	"三无"老人，由街道送来
C3	叶××	三级	女	74	比较开朗	是	非常适应	在家跌倒风险大
C4	陈××	三级	女	67	比较开朗	是	适应一般	"三无"老人，由街道送来
C5	梁××	三级	男	86	健谈开朗	是	非常适应	减轻子女负担
C6	李××	二级	男	83	比较内向	否	适应较差	家属无法照顾
C7	陆××	二级	女	84	健谈开朗	否	适应较差	家属无法照顾
C8	王××	一级	女	92	比较内向	否	非常不适应	"三无"老人，由街道送来
C9	刘××	二级	女	79	很内向	否	非常不适应（退院）	跌倒骨折
C10	刘××	二级	女	89	健谈	是	适应良好	减轻子女负担
C11	李××	二级	女	87	乐观开朗	是	适应良好	家住 7 楼，无法上下楼梯
C12	谢××	二级	男	79	健忘	是	适应一般	患有轻度认知障碍
C13	侯××	一级	女	70	比较开朗	是	适应良好	失独老人，家中无人照顾
C14	潘××	一级	男	62	比较内向	否	适应较差	患有多种疾病需医养结合机构照顾

续表

序号	姓名	能力等级	性别	年龄	性格特点	是否计划内入住	适应情况	入住原因
C15	谢××	一级	男	75	不健谈、脾气较暴躁	是	适应较差	患有多种疾病需医养结合机构照顾
C16	原××	一级	男	69	性格开朗	是	适应良好	中风后左半身偏瘫
C17	吴××	一级	女	82	较内向	是	适应一般	患有中度老年失智症

二、研究方法

（一）参与式观察法

研究者在该院从事社工工作 8 年，与机构老人有频密的互动，并建立了良好的关系，在日常工作中能较好地观察到该院老人接受服务的情况和真实适应状况。同时，研究者也切身参与机构适应项目的服务，对服务的过程与效果有深入的了解，有利于开展相关的研究。

（二）文献研究法

开展研究前，为了更全面地了解老人机构适应的情况，研究者经院方同意，查阅了部分老人的服务记录。同时，研究者也通过知网、万方等数据库进行文献查阅和研究，为本章的研究奠定了良好的文献基础。

（三）访谈法

1. 数据采集

经访谈对象的口头知情同意进行深度访谈，每次访谈持续 30 分钟至 45 分钟，访谈通过录音和逐字记录形成文字稿。在收集数据过程中，及时对数据进行文字转录和分析，根据分析结果确定接下来要收集的数据。访谈尽量抽取具有差异的老人作为访谈对象，以尽可能了解适应的影响因素。当在数据收集的过程中发现新收集的数据与已有数据重复、未出现新的属性、维度或关系时，结束数据采集。

2. 数据分析

就访谈对象的话语对有意义的数据片段进行分类和编码，发展和验证不同的因素和类别，概念化各类别之间的关系，提炼关键词。

第四节　入住前影响老人机构适应的因素

关于老人机构适应的过程和阶段划分，研究者依据在广州市 C 老人院工作 8 年的社工服务经验，比较认同 Brooke、Rantz 和王贵生等学者关于调适期和稳定期的划分标准。另外，根据实践经验，很多老人在入住机构前，因为自愿或非自愿、有计划或无计划等原因，在得知要入住老人院的事实后，就已经开始有积极或消极的情绪和行为反应，而这些反应也会决定老人的入住适应过程和适应时间。因此，研究者根据实践经验，结合文献综述，在本章将影响老人适应结果的适应过程分为以下 3 个阶段：（1）入住养老机构前期；（2）过渡期（入住第 1 天到第 3 个月）；（3）稳定期（入住第 3 个月到第 6 个月）。

尽管社会上很多人认为老人随着年龄的增长和身体的衰弱，逐渐会失去生活的自主性，但在多年为老服务实践中可发现，老人即便身体状况差，只要具有清醒的意识，依然很希望能够把握生活的自主性，参与对个人晚年生活的安排。入住养老机构这一决策中是否体现老人的个人意愿，会影响其后续机构适应的情况。

（一）是否自愿入住

在访谈中发现，大多数老人入住老人院是因为身体状况下降或疾病导致其不能自理，需要人照顾，而自愿或被动地选择入住老人院。多数老人的身体失能是逐渐发生的，老人在经历疾病和身体功能衰退的过程中，有可能对照顾问题的解决方式进行考虑，如果他们意识到因难以自理而需要依赖他人照顾时，在权衡家庭照顾能力后，有的老人会认为机构养老方式较为可取，在确有需求而入住后，他们在过渡时期往往持有更积极的态度，行动上也更愿意去探索入住的新环境，并与院友和工作人员进行互动，而这些行动又进一步促使他们对老人院生活产生积极的感受。而被动或非自愿入住的老人，在后续的适应上会更倾向于采取消极的态度和行为。一些老人对老人院的设施和自家住房的条件进行比较，发现入住老人院将更加安全和方便，如老人院有无障碍通道、有电梯，一些护理条件好的老人院能够提供一定的医护设备，可以避免老人频繁出入院，这种认知增强了老人入住老人院的意愿。

C3：老了，很容易跌倒啊……家里很小，杂物也多，我在家里跌倒过几次，还好没有骨折，不然麻烦就大了，老人最怕的就是跌倒了。我知道老人院里有很多适老化设施、无障碍通道，我住进来可以避免跌倒，所以我自己跟子女说还是住老人院好了。

C11：以前家里分的房子没有电梯，我腿不方便，就把自己的房子租出去，租了有电梯的房子跟孩子同住。后来老伴走了，我就跟孩子们说我想住进老人院，这样就不用担心腿脚不方便下不了楼了。

C14：我有哮喘又有慢阻肺。我很多时候都需要用到吸氧设备，大多数时候处于生病的状态……不住在这里，我一个人在家里都不知道该怎么办，以前总是要来回地跑医院……您知道往返家和医院是件多糟心的事情吗?! 我现在就只能住在这里了，至少还不用跑医院，身体这样子没办法。有的选择，我肯定不愿意来。

在访谈中发现，大部分的老人是因为身体失能状况已经超过家人或监护人（"三无"老人的监护人一般是户籍所在地的街道办）的照顾范围而入住老人院，这些老人中有部分是不愿意入住机构、希望居家养老的，但家属或监护人向老人提出他们缺乏提供适当照顾的能力，因此这些老人必须入住老人院，这时老人就会在非自愿的状态下入院。由于从认知或感情上未能接受入住机构，他们在前3个月的适应期中需要更多的辅助服务才能较好适应。

C6：我并不想住老人院，但子女总劝，说忙，没时间照顾。之前把我送进去两家老人院了，我都不喜欢，住了两三个星期就退院回家住了。这次住进来这里，住了两个多月了，还是没习惯，主要是想住在自己家里，金窝银窝不如自己的狗窝啊，可是子女都不让我回去，我只能先试着再住住。

C12：我这两年确实身体差了很多，但并没有到要去住老人院的程度，我想在家里有女儿帮忙煮饭、洗澡，我就可以了。可是她说照顾不了，非要我住进来。住进老人院就等于等死了，我不想等死啊，我根本不想住进去，但女儿还是让我来了，哎……只能将就一天是一天了……

非自愿入住的老人，容易产生抵抗的情绪，影响其机构适应。抵抗包括顺从的抵抗或强有力的抵抗，顺从的抵抗被描述为极度的绝望和无助或被动的退缩；强有力的抵抗包括更具有攻击性的姿态，如拒绝洗澡或吃饭，或表现出愤怒和暴力行为（BRANDBURG，2007）。非自愿入住老人在入住初期常会表现出消极的行为和情绪，其中顺从抵抗的方式表现为退缩、哭泣、悲伤、表达无望和无助等，哭泣是非自愿入住老人的常见反应，老人一般不愿与家人讨论这些情绪反应，部分老人还会出现疲劳、食欲不振和失眠的症状。

社工A：C7是不愿意住进来的。刚住进来的前两个星期，每天都要收拾她的行李（准备）回家，然后就坐在房间里哭。

护理员A：大多数老人是自愿进来的；有少数是不愿意住进来的，在前几天会比较低落，睡眠较差，没什么胃口，也不愿意说话。我们一般会多点耐心陪着他们聊聊，也会和家属了解老人的饮食喜好，尽量做好护理。

医生A：在新入院的老人当中，有一部分会因为适应不良出现疲劳、食欲不振和失眠的症状。这些老人大多是非自愿入住的。

有的老人会采用强有力的抵抗行为，如拒绝洗澡、吃饭、服用药物或接受这些活动的协助，甚至对工作人员进行言语和身体上的攻击。言语上的攻击包括尖叫、怒骂等；身体上的攻击主要包括扔食物或物品，用手推开工作人员等。老人C9的家属没有征求老人的意愿就代替老人作出入院决定，尽管工作人员提供了很周到的服务，家属也频繁探访，老人最后仍然选择了退院。

C9：刚得知这是老人院的那一刻，我气得手都抖了，打电话把儿子、女儿都骂了一遍。工作人员来劝说时，都被我骂了一通，非常生气。后来越想越生气，真想直接死了算了，是社工一直陪着我、劝我，我才没冲动。最后没办法，我还是退院回家了。

可见，老人是否自愿入住老人院，对老人入住后的适应情况影响很大。一般主动自愿入住的老人，入住后遇到的适应问题会更少，且更有意愿克服一些适应的困境，更容易适应机构生活；而非自愿入住的老人，缺乏应对新的环境和挑战的动力，容易采取逃避或者对抗、消极的态度来应对适应问题，因而在入院前期会遇到更大的困难。

（二）是否计划内入住

对入住老人院提前进行计划的老人往往适应得更好。由于社会的快速发展和变化，"养儿防老"的传统观念已经在悄然发生变化。越来越多的老人基于对后辈的疼爱和对家庭情感的重视，不愿自己的养老问题成为后辈的负担，因而会提前为生活照顾进行计划。提前进行计划的老人对后续的机构选择、入住决策以及机构适应，都更加主动。

C1：那时我意识到我不能再和孩子一起生活了，他们总要花时间照顾我。他们应该有自己的生活……不能因为我而限制他们的自由，这是不好的，我不想成为他们的负担。

C5：我和妻子很早就想过住老人院的问题了，这样可以摆脱家里烦琐的事，减轻儿女们的负担。也跟子女商量过，他们也表示同意，陪我们去看了很多公办及私立的老人院，来这里看了两次，最后综合各方面的考虑后，确定住这里。因为是经过前期很久的思量，又去实地看过很多家老人院后选择这里的，所以适应得很好，证明自己的选择是正确的。

C10：自从我住在这里，我女儿就放心了。我为什么会一早就计划老了要住进老人院？因为以前我妈妈自理不了的时候，是由我来照顾的，我知道她经历了什么病痛，每餐我都为她做饭、喂她吃饭、护理身体，太累了。我不想我女儿也要经历照顾我的过程。她受过高等教育，有很好的工作，她应该享受工作的满足感，不应该浪费时间来照顾我。

从未对入住老人院进行计划的老人在入住初期容易陷入混乱，影响适应进程。由于过往没有对入住老人院这一生活安排进行考虑，他们在因疾病等原因需要在短时间内作出照顾安排的决定时难以面对，更容易表现出对入住老人院的失落和不满。

C6：虽然最后我也同意了住进来，但心里还是很失落的，没想到这么快住进来，也没啥准备，临急临忙就住进来了。开始几天都不想理我女儿，只想一个人待着，也不想说话。对工作人员也挑肥拣瘦，觉得她们都不好……后来慢慢地熟悉了环境，工作人员不断地拉我聊天逗我开心，就开始好些了。

C2：我很快就适应这里了，大概3个星期吧，因为来之前我先了解过了，也计划了怎么样重新摆放我带进来的东西，也计划了住进来后怎么过一天的生活。我和隔壁的刘姨是同一天办理入住手续的，我看她就挺难适应的。

一般情况下，家属安排老人入住老人院前都会征求老人的意见，也会采取一些行动让老人参与入住的决策，如参观老人院、了解各种养老设施、报名等候等进行计划入住的行动。但是在一些情况下，家属可能会不征求老人的意愿就作出入住的决定，如由于突发性疾病或跌倒等意外事件导致老人身体功能急剧下降需要机构养老和康复，这时老人由于疾病等原因难以参与入住机构的决策过程，家人甚至未与他们进行协商，而直接由家庭成员或医生等专业人士为其作出入住老人院决定。这种情况下入住老人院的老人，在初期会因为太突然容易陷入巨大的情感冲击而较难接受。

C7：在公园里跌倒，脑出血，也骨折了，被送到医院治疗。等手术后清醒过来，孩子们都来看我，在病床边就跟我说，为了让我术后更好地康复，帮我选了一家环境很好的有医院的老人院入住。我当时还糊里糊涂的，想着就听他们安排吧。出院当天，他们就直接送我过来老人院了，因为从来没想过老人院是什么样子的，一进来，我就不习惯，跟在家里不一样。

（三）是否参与入住决策

当老人有意愿入住老人院，并参与考虑怎么选择合适的老人院时，老人会因为这一选择是其自行作出或参与决策的，从而感到入住老人院是他们的主动选择而非完全的生活失控，不仅对入住机构的决定更能接受，也会对所选择的养老机构更有认同感。老人在参与入住决策的过程中可以获取老人院的相关信息，既能在认知层面对老人院的设施、环境、生活安排等情况有一定了解，降低入住后的陌生感，也能在心理上降低入住后面对养老机构新环境的压力和焦虑。

C1：来这里之前，我参观过很多家老人院，现场看了环境和服务，最后选择了这里，住进来后发现自己还挺有眼光的。这里因为是公办养老院，价格便宜，服务又很人性化，毕竟是政府的单位。我以前那些老友都说我有眼光呢。我现在还交了几个老友，可热闹了，谁说住进老人院就孤独哩。

C16：老伴走了以后，我没人照顾，孩子们就给我请保姆。但我觉得还是住老人院好，所以就自己上网了解了市内的各家老人院，让孩子们去给我看看怎么样，后来他们看完说这家好，给我很多现场拍的视频看，我也觉得挺好的，就跟他们说决定住这家了。住进来几个月了，感觉很好啊，住在这里每天不会有那么多烦琐的事，不会有保姆每天问我想吃什么菜，让我想得头疼，有个什么事也能有医生在身边，我觉得住老人院方便，所以很快就适应啦。

如果老人及其家人对入住机构提前有所准备，老人比较容易有机会参与入住决策。但在访谈中发现，由于入住机构与传统的家庭养老观念相悖，子女通常不愿对这一问题进行讨论，从而降低了老人参与相关计划和决策的可能性，造成了更多老人在缺乏认知和情感准备的情况下入院，对老人入住后的适应过程不利。

第五节　过渡期影响老人机构适应的因素

一、老人个人层面影响机构适应的因素

(一) 个人的养老观念

个人的养老观念，会非常直接地影响其养老方式的选择。一旦因为各种不可抗拒的因素而需要入住老人院时，如果老人本身的养老观念是排斥机构养老的，那么他们在入住后的失落感和被遗弃感往往会更加强烈，不但不愿意积极适应，还可能产生抗拒情绪和行为。如老人C9，她长期对老人院抱有负面认知，把入住老人院视作被抛弃、耻辱，因此极难接受这一照顾安排。

C9：我小时候经常听到我已故的母亲跟我奶奶说："你对我不好，我就把你扔去老人院，不照顾你。"所以从小我就觉得，住进老人院就是被遗弃，被人不要了的，我以后坚决不要住老人院。没想到，真的有一天，我被我的儿女给骗进了老人院，这是我一生的耻辱啊！即使在家里他们照顾不了我，我死，也要死在家里！

还有的老人虽然对机构养老缺乏好感，但耻辱感亦不强烈，在现实需要的权衡下，对入住老人院能够接受，并因为认识到机构照顾具有专业、安全、有医疗服务等特点，不会将接受机构养老视作被抛弃等可悲的境遇。

C2：像我这样的"三无"人员，最后的归属也只能是老人院，政府还是为我们考虑得比较周到的。能住进老人院，也算是晚年有了安定的生活，起码生活有人照顾了。

C15：如果不是因为病痛，我才不会选择在老人院养老。正常的养老应该是在自己的家里或社区里，有住了几十年的熟悉的家和社区环境，还有熟悉的亲人朋友。但因为多病，没办法，只能选择有医疗条件的老人院，随时可以急救，保命要紧啊。所以住进来后，我知道这是我现在的身体状况需要的，也就安心适应了。

C13：现在的孩子都忙着冲事业、忙着教育下一代、忙着社交，根本就没有时间照顾我们老人啊。我们不能靠年轻人照顾，还是要靠专业的养老机构。我早在退休前就想好自己的养老问题了，所以选择了这里，也适应得很好。

（二）老人的健康和自理能力状况

多名访谈对象都是因身体衰弱导致自理能力下降而入住养老机构的。从自理能力较好转入需要长期护理的生活状态，对老人而言，是很具有挑战的。与此同时，老人还要从熟悉的家庭环境转移到机构生活，这对于他们是更复杂和困难的过程。

入住老人院后，身体状况较差、患有多种病痛的老人，常因为病痛的困扰或失能的不方便无暇去主动适应养老机构的环境或建立社交网络，这会妨碍他们熟悉环境和得到情绪支援。因此，这些老人更需要工作人员表达关心、及时了解老人的需求，对老人适应机构提供协助。

C7：我以前喜欢唱歌、跳舞，但由于身体状况变差，跳不了了，感觉没有了兴趣爱好，没有什么可以消遣的，也就很难认识朋友，这让我很不习惯。

C14：我这躺在床上的，都是靠工作人员帮我的，起居生活都是护理员帮我，外面发生了什么也是靠工作人员来给我介绍。对于出了房门的人和环境，我都还是陌生的。

C15：一旦因为病痛起来，我就有很大脾气，对所有人都不满，不想去了解同房，也不想去了解外面，更别谈适应这里了，疼痛都顾不来了。

（三）老人的心理社会能力和抗压能力

心理社会能力（psychosocial competence）指个体由内到外的各种综合能力，具有良好心理社会能力的个体不仅能有效地处理日常生活中的各种需要和挑战，而且能够保持良好的心态，在同他人、社会和环境的相互关系中表现出良好的适应性及积极的行为能力（UNICEF，WHO，2002）。国内学者倾向于将心理社会能力看成是个体在不同的社会环境中与他人进行有效交往及对社会发展变化具有良好适应的心理素质和能力（林崇德，1999）。抗压能力又叫心理承受力，是适应、抵抗和应对压力的一种能力，也是个体在面对逆境时所产生的能有效调节与承受心理压力的能力（李志，2004）。

在访谈中，有老人表示自己这几十年来的人生经历已经使自己锻炼出了很好的心理素质和抗压能力，这些人生经验和磨砺出来的能力让他们能够应对不同的意外或变迁，也帮助了他们适应在养老机构的生活。

C1：这几十年的米饭不是白吃的，还有什么没经历过呢?！我已经练就了很好的心理素质了，就搬进老人院这个事，虽然环境变了，但还是能适应的，不是太难的事。

C5：比起晚年搬进老人院住，还正当青壮年的时候，我遇到的难事，可比这个难多了，那才是需要很好的抗压能力才能过去的坎，我可都扛过去了。所以，住进老人院遇到新环境陌生人的这些问题，虽然有点压力，但我的抗压能力也是很好的，一下就适应了。

与之相对的，对自己心理社会能力和抗压能力评价低的受访者，对适应老人院生活的信心也较低。C7诉说自己过往都是由丈夫解决生活中的困难，现在要独自面对巨变，感到非常焦虑，比较难以习惯和适应。

C7：这几十年，我一直都是家庭主妇，都是我老伴在外面给我们挣钱养家，有个什么难事，都是老伴挡在前面给我们解决的，从不用我操心。可他走了，剩下我一个人，要自己住进老人院，叫我怎么住得惯，我结婚后几十年都住在我们的婚房，没离开过……我心理素质是比较差的，也很少跟别人打交道，胆子又小……这可让我怎么在这里好好住。

（四）老人的个人性格

受访者认为，开朗、外向、乐于与他人交往的性格特点有助于适应新环境，很快与他人认识、熟悉，交上朋友，能够帮助他们克服对老人院的陌生、寂寞等负面感受。

C1：我这人性格去哪都是好的，一下就能跟人熟络起来，所以很快能熟悉陌生的地方。

C2：去到哪都一样，不懂就多问，多些交流，活跃一点，就能很快交到新的朋友了，有朋友在新的地方就不寂寞了。

C5：我认为性格决定命运啊，所以我这性格，年轻的时候，去到哪大家都喜欢，老了也一样，去到什么陌生的环境，都能很快交到朋友，适应陌生环境对我来说并不难。

而相对内向、少与人交流的老人，不愿向他人袒露内心感受，对于入住后的不适应，只能独自承受。

C9：我这人比较闷，不怎么出声，有个什么心思也很少说，所以来到这里，我非常不习惯，我都没跟孩子说出来，更不会和不认识的其他老人说。

（五）老人对入住老人院的感知

老人入住老人院以后，他们对老人院生活的感受和主观认知会影响其主动适应的意愿。在本次访谈中，发现老人对入住老人院的负面感知主要体现在机构生活规则令其不适，特别是个人生活空间不能避免工作人员的进入和室友的干扰，及失去长期积累的物品、脱离过往的人际互动和休闲活动等，从而产生过去生活的连续性被中断的感受。入住后的积极感受主要来自被良好照顾、获得关注等。

1. 机构生活意味着与过往生活割裂

入住老人院后，由于脱离原有生活环境及新环境的生活条件差异，多位老人提及在老人院的生活令他们感到与过往生活发生割裂，缺乏连续性，主要原因包括生活习惯、个人重要的物品、家庭角色、社交网络等难以延续。

老人院的多项管理规则和服务安排遵循标准化程序，以完备的规则保障老人集体生活的良性运作，但这也要求入住者遵守院内的规章制度、与他人同住房间、要接受工作人员进出自己的生活场域。查房、在规定的时间吃饭等规定容易让老人感到在一定程度上失去生活的自主性，需要与他人分享房间也使一些老人感到不如家里舒适，还有可能影响睡眠，导致身体不适感出现。

C6：在家里可以很放心地睡觉，在这里护理员要查房，进出我的房间，没有安全感，半夜会醒来看有没有人进来，半夜醒来次数多了，白天就犯困想睡觉，不想跟人聊天。

C7：刚住进来的时候，护理员晚上进来查房，虽然她已经很轻声了，但我还是醒了，醒了就睡不着，会胡思乱想，影响心情。

C8：半夜，住我隔壁的老人总要起来上厕所好几次，每次她起来我都会醒，很烦。为什么老人院就不设置单人房呢？虽然知道双人房可以有个伴，但我真的不习惯半夜被吵醒。

C10：过去，我会和熟悉的街坊到经常去的茶楼喝早茶，现在的早餐都是工作人员准备好端到饭桌上的，这里的生活都是已经安排好的，一开始有点不习惯……来到这里就要过集体生活，有一定的管理规章制度，我就要遵守。我是喜欢自由的人，不想什么事都要人管着。房间的东西，我在家里可以随便放，但在这里不可以，都要收拾干净。吃饭的时间，也是有规定的，太规律了。

C11：什么时候参加活动、吃饭都已经安排好，要服从院里的安排。

由于个人空间少，老人的多数物品无法带到老人院，不仅生活用品只能用老人院统一安排的，而且一些喜欢的东西也不能留在身边，让老人感到随着与这些物品的分离，他们也与长久的生活乐趣、记忆分离。

C4：用了几十年的熟悉的生活物品都没法带进来，要重新用这里的。那是几十年的记忆啊，都没啦。

C13：这里私人空间很小，我喜欢的一些收藏都不能搬过来，只能留在家里，没有了这些收藏乐趣，就没意思了。贵重的东西也带不进来，也没地方放，总觉得少了点什么。

另外，有的老人会因为入住老人院而减少或失去与家人、朋友原有的互动机会，难以履行过去的角色，从而产生生活方式被中断的感受。

C15：住进来后，子女都很少来看我了，好像自己被家人孤立了……

C7：我喜欢自己做饭，但来这里后不能做饭，很麻烦。以前还能邀请朋友一起来我家试一下我的厨艺，现在不行了，那帮朋友也不来看我了。

C1：之前我还能带孙子，现在住进来了，很少见到孙子，少了儿孙之乐啊。

2. 入住老人院意味着生活条件的改善

有部分老人认为老人院提供了他们在家里得不到的支持和安全，老人院提供舒适的环境、科学合理的伙食搭配和专业便捷的医疗护理社工等专业服务，这些设施与服务让他们摆脱了在家里生活时面临的艰难挑战。还有部分老人认为，在老人院里一切服务都围绕着他们，他们感觉自己是工作人员关注的焦点，而在家生活时则无人关心。

C1：在家里只能看看书，这里除了看书，还可以唱歌、做手工、喝茶、听听电台、听听中央新闻，老人院的生活更加丰富多彩，我觉得还挺能照顾到我们老人的感受的。

C2：我喜欢安静，以前在家里很少下楼，也没有什么活动。现在有社工组织的一些我们老人喜欢的活动，比如做手工、看报纸、唱歌等，我都很喜欢，反而喜欢热闹了。

C3：我有一次提出来希望早餐增加面条这个选择，第二天早餐就给我提供了面条，在家里可没办法马上就吃到。

C5：以前在家里没有什么活动，到这里活动还挺多。刚来的时候，社工组织我们参加重阳节活动，各种慰问活动，后来在社工开办的书画班里我开始练习书法和画画，现在每天都在自己的房间练习，消磨时间，觉得挺好……我一有什么不舒服，按一下床头铃，就会有护理员护士来看我，送我到隔壁的医院看病，完全不用排队。以往在外面看病，单挂号和排队，就很折腾我这把老骨头……

C10：这里活动多，可以去唱歌和饮茶，这两项我拿手啊，又可以拿积分，可比一个人憋憋待家里好，还能预防老年痴呆呢。

（六）老人的应对方式

1. 下定决心主动适应

有些老人会意识到自己的态度能够对适应的效果有所影响，而不是全然被动地承受事情发展的结果。在权衡确有入住的必要后，他们会采用种种方法调整自己的认识和态度，经常被提到的认知改变有把老人院当作"家"，及采取一些具体的行动，如按照社工的安排多参加活动、多与别人交往等，以改善自己在院内的生活感受，增进对老人院的情感认同。

C1：我告诉自己既来之则安之，必须习惯这里！然后我就开始尝试按照社工安排的参加活动，后来发现这里还是很有趣的。

C4：我必须使自己开心并适应，但这并不容易……已经是别无选择了，就只能这样。所以我下定了决心，必须让自己尽力适应和开心。

C7：我是有过挣扎的，有想过回去的。但最后我还是决定当这里是最后的家，然后好好过。当我这样想的时候，调整了自己的心态，就好了。

C8：一开始我有点失落，但已经是一定要住在这里了，就必须接受。无论如何我都下定了决心住进来，就需要去适应。其实这里也没比家里差太多，这取决于你怎么看……

C13：我试着和同房间的老人聊天，试着和同楼层的聊天，他们原来也很好聊的。

C11：我有什么需要就主动和工作人员说，他们会关注和照顾我，慢慢地我开始觉得工作人员很好。在这里有人照顾，比在家里好。比如我有几天觉得腿部突然无力，马上找到护士姑娘，她就送我到医生那里检查了。

C14：我开始主动打电话给子女，问一些家常，和孙子视频，这样就不会觉得跟他们失去了联系。

2. 运用珍贵物品延续过往生活寻找归属感

珍贵的财产可以作为维持当今世界与过去世界之间联系的一种手段，从而帮助个人在其生命中保持历史上的连续性（WAPNER et al.，1990）。珍贵物品代表着过往的经历、回忆、价值观，也能为老人带来一种过往生活的连续性、舒适感和归属感，让老人能因为该物品而联想到过往的生活，找到延续过往生活习惯的舒适感和归属感，更好地适应现在的生活。老人携带入院的物品中，有的能够引起其对家人的回忆，对老人维系与过往生活的延续感起到支持作用。

C14：我带了我的家族谱和四代同堂的合照，刚入住的时候觉得心情不好就会拿出来看，心里就安慰了。这个合照是很重要的。

C10：住进来后，有女儿给我买的平板电脑，以前在家没怎么用，现在当它宝贝一样，用它看视频、和女儿通话聊天，又可以看孙儿的照片，我在房间基本都会抱着平板，日子也就过得挺快的。

C7：老伴留给我的玉镯子，我心神不定的时候就转一转，就好像他还陪着我，所以说无论如何我都要戴着这镯子进来，住院也要戴着，医生让我取下来，我都要求戴着。

3. 借助过往搬迁经验提高适应的效能感

入住机构与搬迁到新的居住环境的经验有一定程度的相似性，老人能通过回顾以往的搬迁经验，增强他们对适应机构生活的信心。

C1：我有三个孩子，一个月轮流去一个孩子家住，所以我的居住地变动很频繁，老友们要找我经常要先打电话问我在哪里，呵呵……来到老人院适应也快。

C10：我老伴走了之后，我就搬到女儿家住，住了 2 年多吧，后来才申请来这家老人院。搬到不同地方住，这个我还是有点经验的，怎么收拾行李，怎么布置新的落脚点，这些都不是什么难事。

二、养老机构层面影响老人机构适应的因素

（一）养老机构的环境和设施设备是否令老人满意

在访谈中发现，养老机构的环境和设施设备是否令人满意，是老人在开始入住机构时最直观的体验，也是影响老人入住体验和感受的重要因素。11 位访谈对象都提到，这家养老机构各方面的条件都比其他公立养老机构好，所以能在这家机构入住是比较幸运的，对这家养老机构设施环境条件的认同让他们更愿意主动去适应。访谈对象提及的影响因素主要集中在居住环境和设施设备上，有公园方便进行晨练和散步、房间布置温馨、建筑物标示清晰，有安全防走失系统、防滑的地面、扶手等。

C1：院里有个大公园，绿化面积很大，每天早上我都会在公园里晨练和散步，这让我感到很舒服。以前在社区住的时候，早上还要坐公交车去公园晨练，现在不用了，直接就在院子里，适合我们这些老人家啊。

C2：这里环境确实很幽雅，好难得老人院可以有这么大的面积，房间也很温馨，布置得像居家一样，挺不错的。

C10：这里的房间布局都比较清晰，每栋楼每层楼都有清晰的标志，让我们这些眼花的老人家不容易走错房间。还有，这里有防老人走失的门禁系统和电子定位设备，特别适合患阿尔茨海默病的老人，等我哪天老到记忆力不行了，估计也要靠这个才不会走丢。别小看这些，这能解除我们老人家的顾虑啊。

C3：你知道的，我容易跌倒，也是担心在家里跌倒才住进来的。这里的走廊、电梯、房间、浴室地面都是用防滑材料铺的，让我很放心。

C11：我腿脚不方便，有时候想站起来练走路，必须有扶手我才敢站起来。在家里总是靠扶着桌子、椅子，来到这里后，我发现很多地方都有扶手，走廊、卫生间、房间都有，这挺方便我的。外面的路也很方便我轮椅出入。虽然在老城区到处是街坊，但我住 7 楼，没电梯，轮椅走不了，天天待在家里出不来，有个什么意外还没人知道。

（二）养老机构的服务是否满足老人的特殊护理和医疗需求

入住养老机构的老人，大部分是患慢性病、半失能、全失能或失智的

老人，这些老人除生活护理、社交康乐、心理关怀等基本的养老需求，更迫切的是疾病诊疗、康复保健、医疗护理的医疗需求。因此，养老机构能否满足老人养老和医疗需求，对于老人是否愿意接受机构生活具有重要的影响。

C15：他们（老人院）能给我提供营养流食。因为我吞咽有问题，在家吃得不够饱，又容易呛到，很危险。如果不是来这里有流质餐食，我早就走（离世）了。

C16：我在家里做不了饭，照顾不了我自己，在这里有人照顾我，还有人和我聊天并帮助我。真的不错……你知道我中风偏瘫了，这里有医院有康复服务，医生和康复师会给我做一对一的康复，不用跑去外面的医院，麻烦……也让我看到部分身体机能恢复的希望啊。

C7：这里有医院啊，我这种身体状况，一周跑2次医院，儿子工作忙没办法陪我去，我自己在医院都分不清方向了，刚好这里有医院，就不用麻烦我儿子了，还有护士全程陪着我看病，免了我的后顾之忧，住这里有安全感啊，在家里有个意外都没人知道。

（三）养老机构的服务质量是否让老人满意

帕拉苏曼等将服务质量定义为从顾客角度出发，基于顾客期望与实际感知绩效的比较而对服务的一种主观评价（陈晓丽，2019）。受访老人对老人院的服务质量评价主要来自对餐饮、住房、休闲活动组织、服务的可靠性、工作人员对待老人的态度等方面。老人院的管理规范有效，使以上方面得到这些较高的评价，不但老人之间口耳相传、鼓励朋友入住，还令入住老人更有决心进行生活环境转变的适应。

C1：我很满意这里的生活，这里真的是生活无忧，吃和住都很让人满意，工作人员对我又很好。住进来后，不需要买菜、煮饭、搞家务卫生，更有足够的时间去参加活动了。

C5：以前以为老人院的生活很沉闷，但住进来后，我发现这里的生活很丰富。做早操、跳舞、唱歌、打太极，一天时间都排满了，也认识了一些朋友，感觉自己比以前开心，现在才是享福的状态。

C10：他们（老人院）会以各式各样的方式照顾我，比如我的饮食习惯、我喜欢的活动、我的康复计划、我身体疾病的管理，他们都在做，这让我觉得我是安全的、被关心的，所以我就放心在这里住下了。

C13：房间一点异味都没有，工作人员对我态度很好，我就觉得这里是养老一个不错的选择，自己觉得比较安心。

C10：我有个老友住了进来，说这里是五星级的，各方面的服务都非常专业，每天社工又安排了很多活动可以参加，不会闲着没事做，我就赶紧跟着排进来住了。确实各方面服务都不错。

家属A：我爸一开始是不愿意住进老人院的，是带他来参观，他见到这里的环境和伙食后，才肯住进来的。他刚开始住进来也不适应，不习惯群体生活，但他总唠叨着这里的各方面服务挺好，再试试住一段时间看看。后来他经常和我们讲他住这里开心的事情，也没再提不习惯了，我想应该是适应了。

（四）养老机构是否提供协助老人机构适应的专项服务

广州市C老人院的机构适应服务主要是为新入住机构的老人提供适应导向、评估和辅导服务，并联络转介相关的服务和资源给有需要的老人，协助其尽快适应和融入机构生活。该项服务会从老人入住之日起开始，由专职社工提供以下的机构导向服务：对机构的规章制度和管理须知、广州市老年医院的诊疗科目和就诊流程、园区环境及设施（如护士站、活动室、房间等）的说明；介绍认识园区相关员工及说明其职责（如管理层、跨专业团队等）；对园区日常生活时间表（如活动、剪发、就餐、睡觉等）、园区请假、销假制度、院内外的出行交通方式的说明；介绍认识老人（如同房、邻居等）；介绍如何寻求帮助（如按呼叫器等）。社工也会在日常生活中不断巩固老人对机构的熟悉度，如在集中用餐的时间通过不同座位的安排，让新入住老人可以通过和不同的老人一起用餐而认识更多的朋友。

在做完导向服务后，社工会重点了解老人入住机构的原因、个人习惯及喜好、身体、日常生活作息、情绪以及心理社交状况，并对其日常生活起居照顾需求和心理状态进行评估，据此确定老人的照顾重点，给照顾者（护理员、护士和健康顾问）提供服务时作参考。在老人入住的1个月内，社工至少要探访老人4次，探访面谈主要是了解老人的机构适应情况，重点记录其适应需求和问题，并为其介绍院里的相关服务和资源。4次面谈后，社工要对新入院老人的适应状况进行评估。评估的方法主要包括老人自评、工作员专业观察及量表评估、相关人员反馈等；评估内容主要包括对机构生活的认知和评价、心理情绪状况、行为问题改善程度、参与活动情况、同其他院友和人员的交往互动情况、同家人朋友的关系状况等。

在老人入住的2个月内，社工会为其举办机构适应小组和珍贵物品分享小组。在珍贵物品分享小组中，社工会鼓励老人向小组成员展示和分享他们所珍惜的物品，以及该物品的价值、意义，促进老人之间的互动和相互支持。同时，社工也会在这几方面开展工作：（1）通过网络视频等方式，拉近新入院老人与家属、亲友的距离；（2）引进学生义工资源，与新入住老人结对探访；（3）通过会员积分等形式，鼓励新入院老人积极参与活动，并引导其加入兴趣小组；（4）在老人居住环境方面，社工会协助老人根据自己的喜好布置床头装饰、摆放物品等，对于老人认为重要的、珍贵的物品，如家庭合照，社工会为其制作合照相框或相片墙。受访老人和家属反映，入院适应专项服务切实满足了其需求。

C5：我住进来的第一天，社工小姑娘就给我介绍了院里的规章制度、院友、日常生活和活动安排，还带我参观了全院各个园区，印象特别深刻的是她带我去参观了社工中心，根据我的兴趣爱好告诉我活动室的位置，这很重要啊。另外，社工姑娘一周还来找我谈心一两次，看我适应得怎么样，非常人性化。

家属B：我妈妈一开始住进来，还是有很多行为问题的，对于失智老人来说，我知道让她熟悉新的环境是很困难的。但院里安排我参加了一次会议，有负责我妈这个床位的医生、护士、护理员和社工，他们问了我关于我妈的很多情况，制订了很详细的照顾计划。还经常邀请我和我妈进行视频聊天。进来一个月后，我发现我妈就没有跟我说要回家了，慢慢地，也不会像一开始那样经常走错房间或发脾气，我觉得是慢慢适应了。大概过了4个月吧，我去看她的时候，她已经没有焦虑和不安的表现了，看上去很平静，我觉得差不多快适应了。

```
┌─────────────────┐
│    老人新入住    │
└─────────────────┘
         │
┌─────────────────┐
│   院舍导向服务   │
└─────────────────┘
         │
┌─────────────────┐
│  院舍适应状况评估 │
└─────────────────┘
         │
      ◇───────◇
   根据适应需要，制订个
   案/小组/活动服务计划
      ◇───────◇
         │
┌─────────────────┐
│  根据个案/小组/活动 │
│   服务流程介入    │
└─────────────────┘
         │
┌─────────────────┐
│  院舍适应状况评估 │
└─────────────────┘
         │
      ◇───────◇
    个案/小组/活动      是
   服务后是否适应
      ◇───────◇
    否│
┌─────────────────┐
│ 联系家属/相关部门， │
│ 经三方同意，协助老人退院 │
└─────────────────┘
         │
┌─────────────────┐
│  结束适应专项服务， │
│    资料存档      │
└─────────────────┘
         │
      ( 完结 )
```

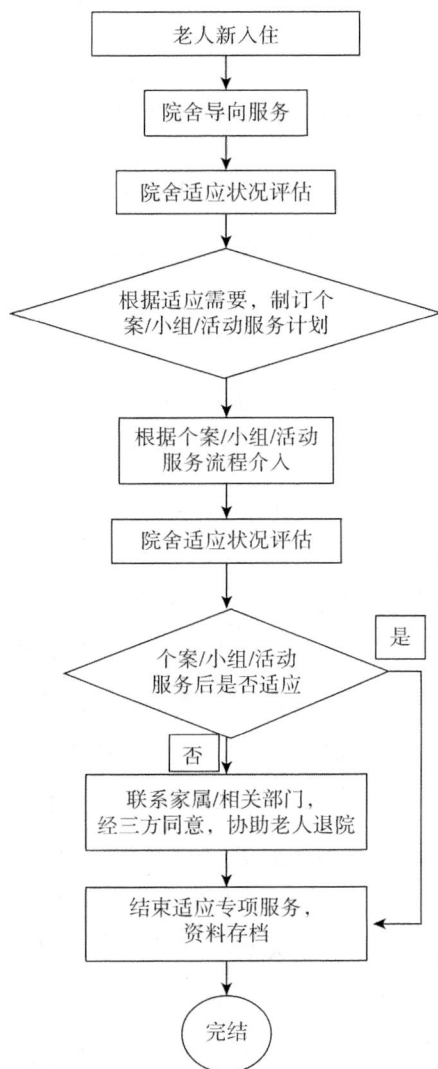

图 2-2　广州市 C 老人院新入住老人机构适应专项服务流程

　　广州市 C 老人院的机构适应服务从 2009 年开始实施，每年约为 150 位新入院老人提供机构适应专项服务。该院委托第三方进行的 2019 年服务满意度调查结果显示，有 92% 的老人及其家属对此项服务表示非常满意，认为可以帮到自己或家人。特别是对"熟悉环境""认识院友""参与活动""调适情绪""增进与家属关系"等机构适应专项服务的内容他们均认为很有帮助。因而，在新入住老人适应过渡期，社工为其提供机构适应专项服务对老人适应机构具有重要的促进作用。

三、社会支持网络层面影响老人机构适应的因素

入住养老机构老人的社交网络主要由与亲友的关系、与院友的关系、与工作人员的关系构成。这些交往对象对他们的机构生活适应起到了重要的支持作用。

（一）与亲友的关系

对于中国老人来说，家庭提供的支持极大地提高了他们的生活满意度（KAM，1996）。老人住进老人院后，由于地域、家属忙碌等原因，和家属相处的时间相比之前在家里会少很多，这会让老人产生失落感，认为自己在家里没有了家庭地位，或是认为其被家里人忽视，甚至产生被抛弃的感觉。特别是当家人外出度假或未能在与老人约定的时间探访时，老人更容易变得困惑或消极。这种感受会令老人产生消极的情绪，导致其更难调动起积极性来应对适应新环境时遇到的问题，从而出现适应不良的情况。在访谈中，我们发现家属探望次数较多的老人，在适应机构上更能发挥主观积极性，适应得更好；家属探望次数较少的老人，容易产生消极的情绪影响其适应。C5 老人入住老人院后，在 2 个月内就适应了老人院的生活，而他认为住进来后，家里人更加关心他且经常来探望他，令他很开心。而 C6 老人，因为住进老人院后，和家人的联系减少了，从而影响了心情，经常会闹情绪不吃饭或发脾气，刚入住的第 1 个月一直吵着要回家。C13 老人因为和老伴一起入住老人院，有老伴陪着，两个人都适应得很好。

C5：我有两个女儿，对我都很好。我住进老人院后，她们怕我无聊，知道我喜欢练习书法和画画，给我买了这些笔墨纸砚。每周都来看我，和我说家里发生的事。我觉得她们比以前更关心我了，可能是不想让我因为住进来了就和家人没有了联系吧。

C4：我女儿 24 岁去了美国洛杉矶，很少回国，没来看过我，但会给我打电话。虽然说打电话就很有心了，但我还是希望可以见一见她，看她胖了还是瘦了。还好我老公每星期一来看我一次，会煲汤带给我，还会带

些杂粮，这让我很欣慰，不会觉得自己被抛弃了。

C6：我有好几个孩子，所以子孙多，但我老伴要帮忙带孙子，没时间照顾我。住进来后也很少有时间来看我，只能每天打个电话给我。他们是很忙，但我住进来后，好像就跟他们分开了，觉得自己好像就不是这个热闹的家里的一分子，这让我很难受。

C13：我与老公一起住在老人院，家人经常来看我们，并每天会打电话跟我们聊天，因为有老公陪着一起住，也没觉得有太大不同。

（二）与院友的关系

入住后，老人能否与院友特别是与同房老人建立起良好的关系，对于老人适应机构生活起到直接的作用。Porter（1992）研究了老人院中老年人间的亲密关系，并得出结论认为新入住老人与其他老人的互动虽然在深度和强度上受到限制，但为新入住老人自身提供了相当大的支持和陪伴。

C6：我跟我的同房关系很好，他是全国劳模，他对他的老婆是很好的，经常照顾他老婆。我和他的关系比较好，这在我适应老人院生活上帮了很大的忙，如果不是因为每天可以和他聊聊天，估计我又退院了。

C7：我和我的同房老友关系是很好的，院里也有好多老乡，感觉很亲切，院里的工作人员也不错，这让我觉得很熟悉，像住在小区一样。

C10：我在这里交了义工、社工朋友，也交了很多老人朋友，跟同住的老人关系也很好。我以前学过拼音，所以会玩微信，很多老人崇拜我，要我做老师。我还教会了同房玩智能手机。我觉得住这里比一个人住家里发呆好啊。

从养老机构的设施设置和人员构成来看，养老机构类似于一个小型的老人社区，老人在这里集中生活，自然会建立起一个属于老人的社交网络。施教裕、王秀珍（2001）的研究结果发现，团体参与对老人的身体健康、情绪、自我认知及支持网络等皆有显著的增进作用。而兴趣爱好对老人来说经常能起到精神寄托的作用，吸引老年人参与相关活动。广州市 C 老人院的社工在实践中发现，以兴趣爱好为本组建老人小组，可以帮助他们建立起稳定的人际交往关系，形成在院内的社交圈，而新的社交圈子又能协助老人在过渡期更好地适应机构生活。

社工 A：我们已经基于老人的兴趣爱好，建立了万岁艺术团、千岁献计献策团、老年大学学委会、老年义工队、粤曲乐器小组、唐诗小组、编创小组等 10 多个老人康乐兴趣类、文化类、能力建设类的团体，参加的老人有 200 多人，有效地帮助了这些老人在入院时建立新的社交网络，促进他们更好地适应机构生活。例如，C3 在刚入院时感到很不适应，一直待在房间不外出活动。我们了解到 C3 过去是一位老师，喜欢读书、看报。于是，我们在跟他熟悉后，鼓励他参加读报小组，C3 在几次小组活动后，找到了兴趣相投的朋友，参加小组活动也比较主动了，愿意分享自己的想法，后来跟小组里认识的朋友一起参加别的活动，聚起来聊天，明显安心多了。

（三）与工作人员的关系

在老人院中，与老人接触时间最长的是护理员，所以护理员在老人的机构适应方面扮演着重要的社会角色。对于工作人员是否能与老人建立良好的关系，工作人员的服务态度是关键，在服务过程中表达出对老人的关注、尊重和理解，老人才会更容易接纳工作人员。工作人员及时地响应服务需求，对于初入住的老人来说非常重要，包括在老人有需要时协助其穿衣、洗澡，及时响应床头铃，以及帮老人拨打必要的电话。

C6：有一天下午，有个护理员进来说："现在您愿意去洗澡吗？如果您觉得方便，我就现在协助您洗澡。"这让我觉得她很尊重我，我是可以选择的。以前我住过一家小的老人院，帮我洗澡前啥都不问，直接在我衣柜里找衣服，也不会问我想穿什么衣服，就直接把我推进去洗澡间，这让我接受不了，我又不是哑的，当我不存在吗！

C16：我一有什么事，按一下床头铃，马上就会有护理员来我房间，这让我很放心。慢慢地我也就愿意相信她们了，有个什么事也会交代小 X（护理员的名字），现在她是我的依靠啊。

C10：有一次夜里起来夜尿，我摔在厕所边，头晕按不了铃，刚好护理员来查房发现我了。是她救了我，不然现在你肯定见不到我。万幸的是有这些护理员，要是在家里，我估计要到周末才会被发现。

工作人员主动向老人介绍自己的从业经验和专业特长，让老人可以根据自身的需要及时找到专业的工作人员来服务，这一点对于老人入住调适期间的适应具有重要的影响。当工作人员能够理解老人的需求并主动、有效地提供协助，老人就会对工作人员产生信任感，慢慢地老人和工作人员就能建立起良好的互动网络。

C1：刚来报到时，我啥都不认识，是 L 姑娘（社工）带着我参观全院和认识老伙计们的，我现在能有几个聊得来的老伙计陪着，也是 L 姑娘介绍的呀，她介绍的人都是和我志同道合的，很好啊。

C7：刚开始我不愿意住进来，住进来后心情很差……社工姑娘总来陪我聊天，帮我解除顾虑，还给我和女儿建了个群，帮我和女儿视频、发照片，这可好了……我以前可没和女儿聊过这么多。

第六节　稳定期影响老人机构适应的因素

一、老人居住房间的调整

老人在经历了入住调适期后，开始熟悉并适应机构的生活。这个阶段，如果老年人因为与同房间居住院友产生矛盾而需要调整房间，或因身体疾病需要调整到医疗园区居住，就有可能因为居住房间的更换而再次陷入混乱、无序的状态，出现不适应的情况。

（一）与同房间老人之间产生矛盾导致需要调整房间

老人入住养老机构后，和同房间老人的关系，直接影响到老人日常的情绪和适应状态。在经过调适期的磨合后，如果同房老人之间还产生矛盾，无法一起居住的，那么院方就会为其中一名老人调整房间，更换新的室友。这个时候，更换了房间的老人，需要重新适应新的环境，包括新的房间环境或新的园区环境，以及与新的同房间院友的关系。

C6：我本来以为和同房间的 Z 伯可以好好住下去，但他夜间睡觉打鼻鼾，很吵；他这人脾气也暴躁，还爆粗口，这种人，我真的没办法和他一起住，好不容易住习惯了，后因为小事他又发脾气，所以我申请了调整房间。后来我就住到现在这间房了，现在和新室友李叔住，先试着住一段时间看看吧，还没习惯，这间房间的朝向和我原来住的那间不一样。

（二） 因疾病治疗需要由养老园区转入医疗园区入住

大部分医养结合的综合型养老机构会根据老人的身体状况分别设立养老区和医疗区进行分区域服务和管理，以便更有效率地提供适合老人护理等级的服务。广州市 C 老人院设立了养老园区和医疗园区，当养老园区的老人因突发疾病等原因导致身体功能衰退到全失能的状态时，一般需要转到有完善的医疗设施设备的医疗园区居住，以方便根据老人的病情开展及时的医疗介入。老人从养老园区转入医疗园区，意味着他们需要再次搬到新的居住环境、面临新的身体状况更差的院友，这对他们来说，相当于重新适应新的环境，而且医疗园区的设施和氛围更像医院，缺乏居室的温馨舒适感，对转入的老人来说存在不同的适应挑战。如果出现不适应的情况，老人可能会有拒绝吃药、不配合治疗或放弃治疗等行为表现。

C13：这个园区和我原来居住的养老园区不一样，房间的床头总是放着吊针的吊架、一抬头就能见到呼吸机，像医院一样，我很不喜欢、很不习惯，不像之前那个房间有家的感觉。

C15：我身体不行了，随时需要呼吸机，所以转来这里了。现在和我一起住的这位，也是只能躺在床上，经常要打针，也没什么好交流的。之前在养老园区住，同房间的李叔还会和我看电视、聊报纸时事……现在有些不习惯啊……

医生 A：大部分由养老区转过来医疗区居住的老人，他们最关心的是什么时候能康复转回养老区，即使有的老人知道自己病情严重，需要长时间住在医疗区，但他们依然希望医生可以在病情稍微有好转的情况下马上把他们转回去养老区居住。对他们来说，这里（医疗区）像是医院，他们不习惯这里的环境。如果需要长时间住这里，他们又要花好长一段时间才能适应医疗状态下的生活。之前就有过老人因为不想在医疗区治疗，想回养老区，吵闹、不吃药，也不配合打针和检查的情况，我们社工介入辅导了几次，老人才慢慢地适应配合治疗。

二、同房间居住的老人离世

经过一系列的机构适应专项服务后，一般老人入住养老机构从第 3 个月到第 6 个月开始，就进入适应稳定期，这时老人通常已经和同房间居住的院友建立起了良好的关系。这个阶段如果同房间居住的老人突然离世，会引起同住室友一系列的情绪和行为反应，一般同房间居住者会表现出失落、无奈、伤心等情绪，有的老人会有哭泣、害怕、恐惧、拒绝住在这个房间等行为表现。如果社工不及时介入进行哀伤辅导和情绪支援服务，老人可能重新陷入不适应的状态。

C4：李姨早上起床还和我说今天下午一起去做手工，可在中午吃饭的时候就说心口痛，护士送她到院内医院，没想到，心梗抢救不了，就走了……我接受不了啊……好好的一个人……我总觉得她还在房间里，我一回房间就会想到她，我不想再回那间房住了……所以我申请到其他不熟悉的楼层住，不看到熟悉的东西就不会想起她。

C7：住这里，最担心的就是同房间的老人去世，她走了一了百了，可我会不习惯、会心惊、坐立不安，还会时不时想起她……如果同房间的老人走了，我就没办法在这里住了，我要回家住一段时间才行。

三、老人自身遭受重大的创伤性事件或意外

虽然经过一段时间的调整，老人能基本适应老人院的生活，也建立了稳定的社会网络，其机构养老的生活基本处于平稳的状态。但如果在这个阶段老人遭受了重大的创伤性事件或意外，可能又会让老人陷入混乱、无序的生活状态，有些老人也会因此又出现适应不良的状况。

社工 A：C14 老人在入住老人院 6 个月后，能较好地适应机构生活了。但前段时间他突然接到其儿子车祸去世的消息，陷入无尽的悲伤中，要求请假回家。据其女儿描述，回到家中的 C14 一整天都抱着儿子的相片，无神地呆坐着。其女儿担心老人一人在家会出现问题，于是把他送回老人院。但回院后的 C14 老人，也是抱着儿子的照片呆坐，不吃饭、拒绝洗澡，冲护理员和其他老人嚷嚷，要求回家。这个阶段，我们社工给予了老人哀伤辅导的服务，陪着老人逐渐走出丧子的阴影，慢慢地老人才重新过上有规律的老人院生活。但这件事告诉我们，必须充分重视重大的创伤性事件或意外对老人机构养老生活带来的影响。

第七节 结论与建议

一、老人机构适应影响因素

影响老人机构生活适应情况的因素在不同阶段有所差异。在入住前，老人是否具有主动选择的权利会影响老人实际入住机构以后的适应情况，这一阶段的适应促进重点是向老人提供养老机构资讯、与老人对入住利弊进行探讨，令老人对养老机构有更多认识、打破其对养老机构的刻板印象，并让老人更多地参与入住决策，体会到自己具有对生活的掌控感、具有自主性；在过渡期，影响老人机构适应的因素有老人个人层面的（个人价值观或养老观念、健康或自理能力情况、心理社会能力和抗压能力、性格、对入住老人院的感知、应对方式等）、机构层面的（养老机构的环境和设施设备是否适老化、养老机构的服务是否能满足老人养老和医疗的需求、养老机构是否提供协助老人机构适应的专项服务、养老机构的服务质量是否让老人满意）、社会支持网络层面的（与亲友的关系、与院友的关系、与工作人员的关系）；在适应稳定期，影响老人机构适应的因素有老人居住房间的调整、同房间居住的老人离世、老人自身遭遇重大创伤性事件等。

二、协助老人机构适应的对策建议

（一）入住前期，开展养老机构入住的咨询、宣传、评估和培训服务

1. 为老人和家属开展入住咨询服务

如果老人不同意入住却又有现实需求，社工可对老人进行以下引导：（1）引导老人思考目前自身切实的养老需求，以及家庭能力是否可以达到；（2）引导老人思考自己接下来在老人院的生活期待和需求，规划好入住老人院的生活；（3）让老人知道只要他们充分就自己的想法与需求和工作人员沟通，在老人院也可以尽可能地控制自己的生活；（4）告知老人，社工会通过相关的活动和服务，提供平台和机会，让家属继续来院关爱和

入住前

个人的生活自主性

是否自愿入住

是否计划内入住

是否参与入住的决策

过渡期（入住第一天到第三个月）

个人层面的影响因素

养老观念

健康及自理状况

对入住老人院的感知

社会心理和抗压能力

性格

应对方式

养老机构方面的影响因素

环境和设施设备是否适老化

服务是否满足老人养老和医疗需求

是否提供机构适应专项服务

服务质量是否让老人满意

社交网络方面的影响因素

与亲友的关系

与院友的关系

与工作人员的关系

稳定期（从入住第三个月到第六个月开始）

老人居住房间的调整

同房间居住的老人离世

老人自身遭遇重大的创伤性事件

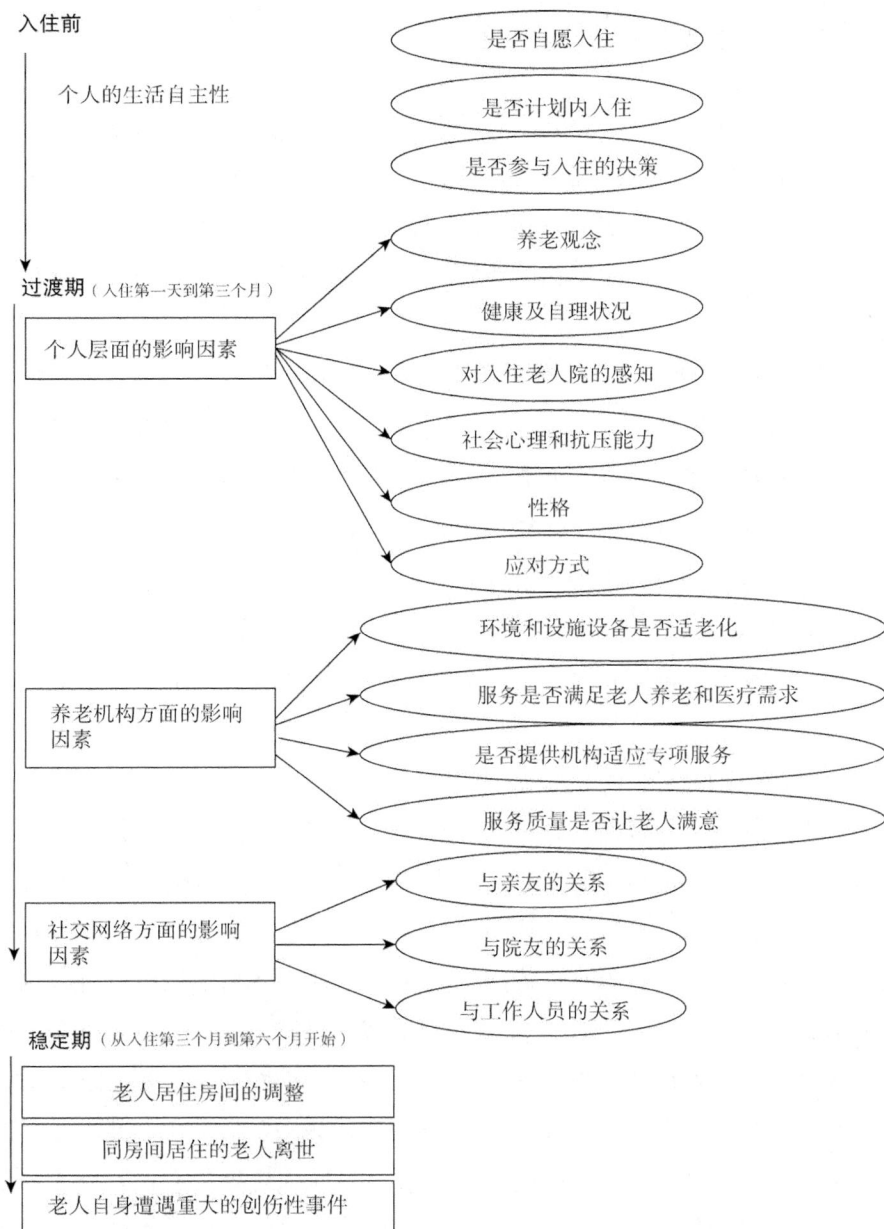

图2-3 老人机构适应的影响因素

探望，免去老人对其家庭关系会因为入住老人院而隔断的担忧；（5）了解老人喜欢的院友类型，告知老人可根据其偏好作合适的室友配对选择。

如果老人有计划入住老人院，社工可通过参观介绍、宣传小册子介绍、体验入住等活动，让老人熟悉老人院的环境、服务、生活和工作人员，这可以减少他们对未来入住的焦虑。

为家属开展相关入住咨询服务的时候，社工可建议或指引家属与老人针对入住老人院一事进行充分的沟通，让家属了解，如果没有和老年人进行充分沟通，或没有征求老人的同意强行让老人入住老人院，可能会导致老人拒绝入住或入住后拒绝接受治疗、拒绝接受服务、陷入消极抵抗情绪等后果。

2. 举办老人院开放日等宣传活动

当搬入老人院成为现实选择时，提供机会使老人能够在入住前了解和熟悉老人院新环境，可以帮助老人做好入住的准备。因此，老人院的社工可以定期举办开放日活动令社会人士可进入老人院参观，为有潜在需求的老人和家属进行机构环境和服务的介绍，方便即将入住的老人熟悉新环境。开放日活动也是向家属倡导让老人参与入住决策的重要性的良好时机，可建议家属陪同老人一起参观老人院，根据老人的需求选择合适的养老机构。

3. 初步评估老人的适应能力

在老人住进老人院之前，社工可以提前了解老人的性格、偏好、过往经验等，了解老人的适应需求，评估老人的适应能力，以便入住后有针对性地进行服务介入。可以通过以下几点初步评估老人的适应能力：（1）了解老人过往完成过的其他具有挑战性的生活事件，评估他们应对挑战的能力和方式，以及优势和长处；（2）在过去成功经验的基础上，评估老人能否应对当前入院适应的挑战；（3）评估老人重新建立社交网络关系的能力。

4. 培训一线员工熟悉老人机构适应的影响因素和服务技巧

如果老人院的一线员工能充分了解从家庭转到机构的变化对老人的影响，那么他们就能更好地理解老人入住过程中出现的适应不良的状况，更好地采取有针对性的措施。社工可以通过工作坊或培训的方式，让一线员工更好地理解新入住老人需要面临的转变和适应影响因素。工作坊或培训的内容可以包括：（1）了解老人出现适应不良的表现，提高员工对老人适应不良的症状识别能力，如情绪低落、失眠和流泪等；（2）了解老人机构适应的影响因素，通过服务促进老人与老人院环境匹配。

（二）过渡期从老人自身、机构服务供给、社区资源链接方面协助老人适应机构

1. 微观层面，鼓励老人采用积极的应对方式适应机构生活

老人个人层面影响机构适应的因素有：老人对生活的自主性、性格、健康状况、价值观、对养老机构的感知和应对方式等。在老人从家中过渡到养老机构的这个阶段，老人已入住机构，这时应鼓励老人充分发挥主动性，采用积极的应对方式认识和适应在养老机构的生活。社工可以通过个案辅导让老人建立对老人院生活的正面认知，以促进其采用积极的应对方式。可以采用以下几条"老友记主动适应指引"：（1）主动进行生活内容的选择，如装饰自己的房间、选择自己喜欢的餐饮和喜欢参加的活动；（2）主动了解老人院的整体服务系统，并知道怎么从中获得相应的服务来满足自己的需要，如当老人认为饮食不合胃口时，知道如何找到营养师来反映情况，并根据其个人需求定制适合自己的饮食套餐；（3）了解如何寻求工作人员的帮助以满足自己的需要；（4）主动尝试与他人相处，表达自己的情感和想法，寻求与亲友、院友和工作人员的支持关系；（5）主动参加感兴趣的活动，重新建立社交网络。

2. 中观层面，提高养老机构的服务供给能力

养老机构的服务供给能力包括是否能提供适老化居住环境和设施设备、是否能提供专业的养老服务、是否有良好的运作模式等。社工可以建议机构在居住环境和硬件设施配备、人才与资源的配备、医养结合专业化服务、运行模式等方面提供更好的保障，以促进老人顺利过渡到机构生活中。

（1）为老人提供适老化的居住环境和设施设备

对机构老人居住环境的适老化设计需从安全性、环境熟悉性、社交及隐私性等方面考虑，这样才能方便半失能、全失能老人的居住和日常使用，也能减少老人从身体逐渐衰弱到全失能的过程中对于入住养老机构的担忧和顾虑。

确保环境的安全性，可以从防跌倒、防走失、方便轮椅出入等方面考

虑。如地面采用防滑材料；在走廊处、电梯里、卧室、马桶旁、洗浴室等老人参与活动的地方，根据老人的需求选择安装扶手和感应式夜灯；配备用于失智老人身份识别相关的设备、门禁系统或电子定位设备等防走失的设施设备。

老人房间的设计应能营造温馨、舒适、居家化的氛围，提供老人熟悉的环境等以支持其过往生活的延续性。允许老人根据自己的喜好布置床头装饰，摆放老人认为重要的、珍贵的物品等，如家庭合照。尽量避免频繁地更换老人的房间，使其在家庭式的安稳氛围中生活，以维持稳定的适应状态。

注重社交及隐私性。养老机构的公共活动区域的环境布置应能保护服务对象的隐私，维护老人的尊严，尽可能营造老人与老人之间、老人与家属探访交往的场所环境及私密性，以促进他们进行自主社交活动。

（2）提供专业的服务协助老人适应机构生活

一是开展机构适应专项服务。为新入住老人提供适应导向、评估和辅导服务，社工需要评估老人对入住老人院的情绪反应（例如，抑郁、悲伤和压力）；和老人一起探讨适应老人院的应对策略，如促进其建立新的社会关系的方法，提供匹配需求的环境和服务，持续关注老人和新环境的互动结果。

二是通过个案、小组、活动等方式重建老人的社交网络。首先，社工要帮助老人巩固家庭支持网络，创造机会和平台让老人与家属保持联系。过渡期增加家属探访的频率，让老人原有的家庭支持得以延续；其次，社工可以通过个案辅导、小组或活动等促进老人参加兴趣小组、学习小组、社交小组等，通过活动参与为老人搭建机构内人际网络；最后，社工可以对院内工作人员进行适应知识教育，强调工作人员与老人建立积极、信任的工作关系的重要性，促进老人与工作人员的关系建立。

3. 宏观层面，加强社会倡导，促进照顾文化的转变

由于受到我国"养儿防老"传统文化的影响，社会上依然有一些人认为将老人送到养老机构接受照顾是不孝的表现，有些老人也会在养老观念下认为被送到老人院就是被遗弃，一些家属也因为送老人进养老机构感到

内疚或无奈，这个过程有可能导致老人和家属的关系疏离。社工除在服务上给予老人和家属支持，促进其良好关系的重建，更要在社会上倡导正确的养老观念，强调在高龄期接受专业化机构照顾的必要性和现实性，从而改善老人的入住感受。

（三）稳定期开展老人生命教育并适时进行危机干预

1. 开展老人生命教育服务

对待生命的看法往往影响着养老机构中老人如何度过生命中的最后一程。对老人进行生命引导教育，让老人可以正确理解生命，以平和的态度对待自己和院友身体的逐渐失能直到离世。社工可以为老人组建对生命的感恩和分享类的支持小组，以利于养老机构的老人以泰然的态度对待生活和死亡，不令自己因为机构内院友的离世而长期陷入消极的情绪中，影响正常的机构养老生活。在生命教育知识普及中，可以在老年大学中增加相关的课程，邀请专家开展相关的讲座，也可以开展生命教育类小组活动。

2. 适时进行危机干预服务

当处于适应稳定期的老人遭遇重大的创伤性事件或意外时，社工要及时发现并开展辅导服务。当老人因创伤性事件或意外陷入抑郁、混乱、自伤或伤人，甚至有自杀倾向时，社工需要马上进行危机干预。在危机干预过程中，社工除协助服务对象增强抗逆力、应对危机和解决问题，还要从老人的生活环境入手，充分调动老人重要的社会支持系统，如亲友、院友或信任的工作人员，让他们也关爱和支持老人，协助老人获得更大的力量去应对和处理危机。

｜第三章｜

老人院失智老人护工的
照顾压力及应对研究

——基于 DG 市某老人院的调查

陈　瑜　李颖奕

第一节　引言

2013 年 12 月 5 日，由英国伦敦国王学院精神病学研究所和国际失智症协会（ADI）发表的《关于 2013—2050 年失智症的全球影响报告》指出，全球失智症人口达到 4400 万，未来有明显的增长趋势；到 2030 年，患者人数将上升至 7600 万；到 2050 年，这一数值将达到 1.35 亿。全球失智症的情况远比预期严重。受失智症困扰的不仅仅是患者，由于失智症患者的症状特点，其护理困难已经成为老年人照顾的难题之一。随着我国快速老龄化、高龄化，失智老人的长期护理问题已经成为我国一个突出的社会问题，并将随着失智老人的增多而日益严峻。

据统计，中国有超过 4000 万残障和失智老人，其养老金和医疗问题影响着 1 亿户家庭。[①] 在家庭成员无法照顾的情况下，机构养老成为失能失智老年人重要的养老方式，护工成为失智老人的直接照顾者。20 世纪 90 年代，我国护工行业兴起，大量护工来自农村，进入社区、家庭、老人院、护理院、医院等场所工作，他们是社会养老服务的最终落实者和执行者，是直接影响社会养老可持续发展的一个关键要素。如今，老人院护工

---

① 为我国失能失智老人撑起"保护伞"［N］.人民政协报，2016-3-18.

是我国养老机制中护理人员的一部分,是护士的扩展和补充(卢慧芳 等,2007;王海燕,2015)。然而,现在老人院护工的工作模式,基本采用"一对多"和"24小时连轴转"的方式,既不够人性化,也不具有可持续性,对老人的有效护理造成负面影响(王海燕,2015)。与此同时,个别老人院护工虐待老人的事例被媒体大肆渲染,容易导致社会大众对护工群体持有负面的刻板印象,忽略了护工在照顾老人过程中所面对的各种困境和压力。在我国养老事业发展方面,完善和发展护工的社会福祉亦是不可忽视的社会议题,更是提升老人照顾服务质量的重要突破口。

研究者在 DG 市某福利院的养老部门实习期间,经常接触24小时贴身照顾老人的护工。在为护工开展的一个减压小组活动过程中,组员们分享照顾老人的心路历程,多次提及"压力大",其中一位照顾失智长者的护工更是痛哭流涕地说:"感觉没人理解我们的压力!"在社工为这些护工开展减压活动后,研究者进行活动成效调查发现,多数护工认为平时参加的活动只是"热闹一时",自己的工作压力仍然难以减轻。护工的眼泪和话语,使研究者思考他们在老人院照顾失智老人的过程中到底产生了怎样的压力体验,减压活动为何对他们起不到实质性作用。研究者在实习的过程中发现,他们主要是从农村进城劳务的四五十岁的外来工,长期在机构全天封闭式照顾老人,工作和生活环境重叠,无法从照顾压力中脱身。尤其是照顾失智老人的护工,他们面临和失智老人的沟通困难,有的因受到失智症老人的滋扰而苦恼。同时,他们除了请假,全年几乎无休息日,工作和生活都受到老人院的严格管理,要遵守院方制定的多种规章制度。虽然护工照顾工作规模庞大且处于高压状态,但经查阅文献,研究者发现国内关于老人院护工群体的压力研究很少,在中国知网以"护工压力"为主题搜索,仅有11篇文献;对于照顾失智老人的压力研究多数以家属照顾者为调查对象,护工这一照顾群体被忽略。因此,研究者决定以照顾失智老人的护工为调查对象,尝试揭示他们在老人院照顾失智老人的经验和由此产生的心理感受,从中探究他们如何建构压力情境,以及考察和分析他们应对压力的过程和效果。本章希望通过对以上问题的考察,为社会工作服务有效介入提供依据,为机构养老服务相关制度和政策制定提供参考。

第二节　文献回顾

国内已有的老人院护工人员照顾失智老人压力的相关文献较少，在中国知网检索主题词"护工"，共显示出 1708 篇文献，多数文献是关于护工的管理、培训、制度等宏观层面的研究，对于其照顾压力，特别是照顾失智老人造成的压力研究较少。

一、老人院护理人员的压力状态与相关因素

众多定量研究对国内养老护理员的压力及其相关因素进行测量和分析，都指出老人院护理人员面临中等程度的压力，社会支持度不高。与其压力有关的因素包括：①工作环境和性质。因为老人院是充满各种变化和挑战的服务场所，要解决的问题包括生理、心理、社会等各方面，护理人员要兼顾多种角色，如照顾者、沟通者和受管理的工作者等，此外，护理的工作性质具有长期性、重复性，以及失能失智老人的照顾难度较大，老人院的环境和性质充满各种压力刺激源。②专业能力。因为专业人才的缺乏导致护理人员的工作效能较低，而且现有的大多数护理人员文化程度不高，专业技能低，缺乏医护和精神慰藉层面的护理能力，难以适应老人日益增长的护理需求。③人际关系。护理人员要处理和老人的关系、和同事的关系、和老人家属的关系等，其中，护理人员和老人之间的关系是最重要的压力源。④护理人员的个体特征，包括年龄、性别、婚姻状态、健康程度、受教育程度和人格特质等。⑤差错事故。如担心个人工作差错导致老人摔跤、走失或者身体状况恶化。⑥社会地位感。社会对护理工作的认可度较低，停留在端屎、端尿、服侍人的传统观念。⑦薪酬待遇。多数老人院护理人员的收入水平较低，他们对薪酬不满意，且有的护理人员不能在老人院入编，和在编的其他护理人员做同样的工作却拿不同的薪酬（何贵蓉 等，2001；郑娜 等，2011；何慧娴 等，2015；袁群 等，2015；玉婷 等，2017）。

二、老人院护工照顾失智老人的压力状态与相关因素

失智老人照顾研究的对象集中于家庭照顾者，而研究内容多数是通过量化研究了解照顾失智老人的压力及其相关因素。Edvardsson、Sandman and Nay（2009）对居住在失智症护理机构内的334名护理人员的工作压力进行了评估，发现失智症患者护理人员的工作要求很高，承受着很大的压力，其压力的相关因素有环境、员工受教育程度、反思实践和员工年龄。郑娜、沈军（2011）发现老年失智症的特殊症状给护理员带来了很大的压力：包括生理、心理和社会隔离的压力；生理压力表现为睡眠不足、工作疲劳，心理压力表现为因无法应对失智症的异常行为而紧张，社会隔离压力表现为缺乏交际、缺乏与家人的联系。Dietrich、Rößler 和 Bellmann（2014）依据从德国巴伐利亚州住院护理机构收集的调查数据研究住院失智症患者的护理人员的主观负担，发现个人变量（年龄、性别等）、院内层面的变量（时间压力、工作不安全感、工作组织）对于护理人员的主观负担的影响至关重要，且失智症患者的护理人员可通过失智老人的躯体疾病、精神疲惫、精神萎靡和精神障碍四项健康指标来预测自己的工作压力。护理院环境的复杂性对失智症患者护理人员的压力产生影响，陈义媛（2013）从劳动过程论分析，认为老人院护工受到时间、空间和情感的控制，为了应对这种压力，他们运用内部资源在日常生活中发展隐性抗争的策略，寻找完整的主体性。对护理人员提供持续性照顾的支持，以及改善组织和环境的变化，更可能有助于护理质量的长期改善（KUSKE et al., 2009）。

三、Lazarus "压力-应对" 理论模型

Lazarus 和 Folkman（1984）提出认知交互理论模型，以下简称"压力-应对"模型（如图3-1所示）。该理论模型认为，压力既不是环境刺激，也不是人的性格特征，更不是一种反应，而是需求以及理性地应对这些需求之间的联系。由此可见，压力是个人和环境之间的一种特殊的动态关系，个体将这种特殊关系主观判定为超出自身承受能力的过程，造成了

对自身社会福祉的损害；不同个体可能有不同的主观判定，从而决定了不同的压力认知过程。Lazarus（1990）对于该理论模型的主张是：①压力主要是主观的现象而不是客观的现象；②压力最好是作为看似微小的烦恼而不是重大的灾难来衡量，即"压力源"是生活中小的烦扰事件，不一定是对个体产生威胁的生活大事件；③任何压力测量都应该评估压力的内容或来源，而不仅仅是程度；④主张在压力量表中增加对心理内容的强调，并更关注个体更大的适应环境；⑤主张应该放弃对压力的单一的测量，增加阐述个体产生压力及其应对的过程，以扩展对个人如何处理积极和消极经验的理解。

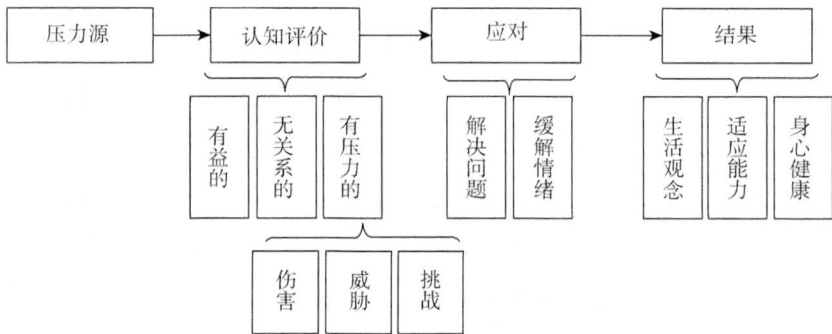

图 3-1　Lazarus "压力-应对" 模型

从"压力-应对"模型过程来看，"压力"是个人对情境作出的主观判定和评估。"判定"分为初级判定、次级判定和再判定。初级判定指判断情境的性质对自身的影响，是否不相关，如有影响，是积极还是消极，即对"压力源"的认定；次级判定，指判断自己的个人资源、社会支持资源和物质资源能否做出有利的应对行为，是否能主观能动地改变情境；再判定，反映"适应的后果"，根据情境的更新而重新判定或者改变原来的判定（时雨 等，2009）。判定的认知过程如图 3-2 所示。"压力-应对"模型中"压力源"是生活中引起烦扰的事件，通过不断的积累来消耗人们的体力和精力，最终导致人们身体健康的危害。"应对"是通过改变自身的意识或行为以满足充满紧张性的内外环境要求的过程，它通过对压力的正确评价和运用应对策略以求适应压力，按功能可分为两大类，分别是注重情绪的应对方式和注重问题的应对方式，注重情绪的应对，是指将应对的重点放到情绪上，努力减轻情绪的压力反应；注重问题的应对是指个体重点关注自己所面临的问题或压力源，评估压力情境并设法改变或解决（王庆妍 等，2013）。"适应的后果"反映了个人应付压力情境的福祉，主要表现在适应功能、生活满意度和身心健康三个方面：①适应功能是个人完成不同社会角色，适应社会的方式；②生活满意度也称幸福感，指个人对自己和生活环境的感受；③身心健康是指身体和心理方面的健康情况（陈树强，2003）。

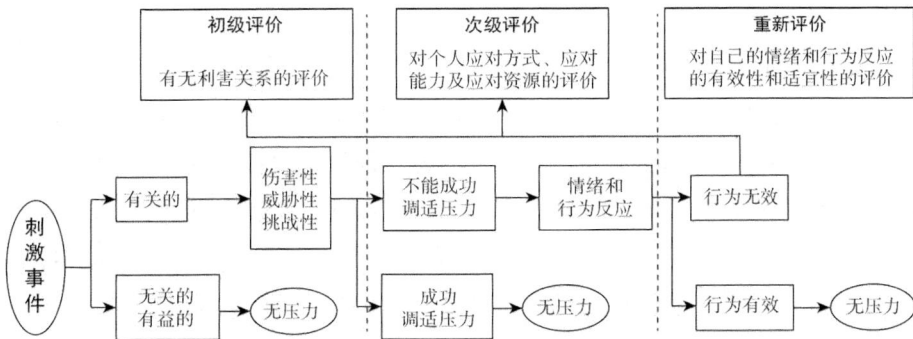

图 3-2　Lazarus 的三级认知评价过程

第三节　研究设计

一、概念界定

（一）失智症

失智症指患者出现持续时间较长的智力损害，具体表现为记忆、计算、思维、定向力和情感障碍以及不同方向人格的改变，并出现社会活动参与能力和自身活动能力的减退。失智症最明显的症状是记忆力减退，语言能力和方向感等功能也渐渐降低，随后出现妄想、幻视幻听、游走以及忧郁等行为，意识时而清醒、时而模糊。晚期的失智症患者可能会失认，完全失禁，吞咽困难，完全丧失走路、说话、吃饭这些基本的行为能力。

（二）护工

"护工"这个词源自日本，可翻译为照顾人员、看护人员、护理人员，指能为日常生活自理困难的老人或者其他身心障碍人士提供个人服务的人，这些服务与医疗、护理、保健和生活等有关系，能尽可能地满足受照顾者在身体、心理、精神、社会等方面的需求，提高受照顾者的生活质量。本章对于"护工"的界定，是指在我国由医院病人或者其他受照顾者家属聘请的工作人员，区别于长期受专业训练的护士，能减少护士的工作量，主要负责给予患者基本的陪护，承担患者的生活护理及部分简单护理工作。

（三）压力

本章所指的"压力"，是基于 Lazarus 的认知交互理论视角，认为压力既不是环境刺激或人的性格特征，也不是一种反应，而是个人的需求以及理性地应对这些需求之间的联系（RICE，2000）。完整的压力概念包括的要素有：①压力源（stressor）：导致压力的事件，独立于外在个体的刺激。②压力反应：压力导致个体产生的生理、心理和行为。③压力结果：压力对个体产生的持久性影响。④应对资源：影响个体对压力应对的个人资源和环境资源（时雨 等，2009）。

二、研究对象

本章选取对象为"护工"，具有两个属性：工作场所在老人院，以及工作为照顾失智老人。研究者所在的 DG 市某老人院设有 130 多张床位，向有机构养老需求的全体老年人开放，不局限于面向"三无"老人，且收费维持运营。该老人院的护工分两种模式，一种是院方雇佣，另一种是由入住老人的家属雇佣，但两种护工均受院方管理。这些护工多数是中年妇女，无相关资格证，拥有丰富的照顾工作经验，但接受的专业训练较少，仅限于失能老人的卧床、推轮椅和换尿布等简单的技巧，对于失智症的照顾技巧缺少培训。

三、研究方法

本章选择质性研究方法，因为本章主要是为了探索和描述护工对照顾压力的感受以及应对过程，侧重对主观感受的深度挖掘和对行为过程的完整了解。质性研究具有擅长探索的特点，能让研究者获得参与者的内心体验，能够确定意义是如何通过文化并在文化之中形成的，具有动态性以及能够发现而不是验证变量，并拉近研究者和研究对象的距离（陈向明，2000）。根据本章的目标，质性研究方法更加合适。

（一）收集资料的方法

1. 半结构式访谈法

半结构式访谈法是介于结构访谈和无结构访谈之间的一种收集资料的方法，是指通过研究者与研究对象面对面的交谈方式，按照一个粗线条的访谈提纲进行的访谈，访谈者可根据访谈时的实际情况对访谈的程序和内容作出调整，给被访者较大的表达空间。本章依据 Lazarus "压力-应对"模型，制定访谈提纲，包含压力源、压力反应、压力应对方面的问题；研究者在 DG 市某老人院社工部门实习期间，抽取本章所需的访谈对象，与其进行面对面的访谈，经过研究对象的同意进行录音或者笔录，确保资料的真实还原。

2. 参与式观察法

参与式观察法指研究者深入研究对象的生活背景中，在实际参与研究对象日常生活的过程中所进行的观察。研究者在 DG 市某老人院社工部门实习，于举行活动和个人探访期间，经常接触到研究对象并与之交谈，观察他们在院内照顾老人的工作和生活过程。

3. 文献法

在 DG 市某老人院实习期间，研究者广泛收集与本章主题相关的管理制度、社会工作个案服务计划书、小组服务活动计划书等文书材料，为本章的研究提供翔实的材料依据。

（二）分析资料的方法

本章在呈现访谈等资料时对访问对象和涉及的老人、机构管理者等相关人员均使用匿名的方式。在分析过程中，将录音整理成文字稿，按照研究框架寻找重要陈述，再从中归纳相关主题词，最后把分散的主题词组合成一套主题。

四、研究框架

本章根据研究者对研究对象在老人院场域里工作和生活环境的观察，将研究对象与外界互动的情境分为三种，即研究对象和失智老人的互动情境、研究对象和家属的互动情境、研究对象和老人院管理层的互动情境。在这三种情境下，根据 Lazarus 的"压力-应对"模型，分别考察研究对象的压力源、认知评价，以及研究对象采取何种应对策略克服压力情境、缓解或消除负面的压力反应，从而反映研究对象和所在的外界系统是如何交互产生压力的，揭示其压力来源、主观能动性和领悟外界社会支持的应对策略需要调动的个人经验。最后，本章依据研究结果，以认知交互理论为视角，探讨社会工作介入研究对象压力的过程，即社会工作服务可以如何更深入地干预和缓解研究对象照顾失智老人的压力。

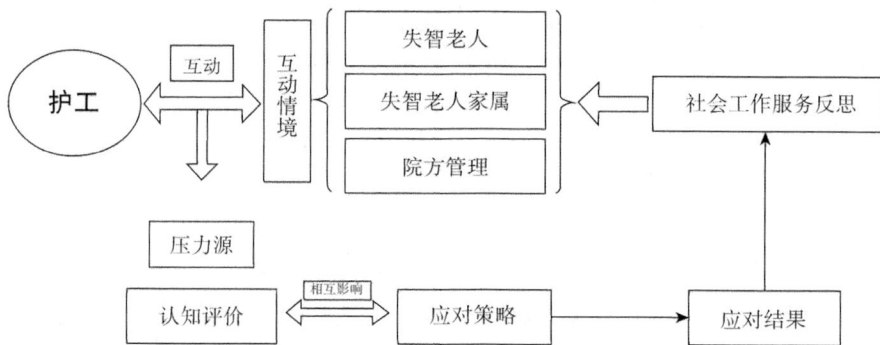

图 3-3　本章研究框架

第四节　护工的压力源

一、护工照顾失智老人日常生活方面的压力源

（一）失智老人抗拒照顾

失智老人因为认知障碍导致生活难以自理，且由于失智程度不同、失智症状的表现具有差异性，所以照顾的需求也不尽相同。然而，照顾好失

智老人的进食、吃药、洗澡和上厕所等日常生活需求并非易事，因为大多数护工要应对失智老人的抗拒行为，使失智老人配合生活照顾是项重大的挑战，成为照顾失智症老人的重要压力来源。

1. 抗拒进食

被访的大多数护工认为照顾失智症老人进食的过程是困难的，不仅因为陪同老人吃饭耗时较长，还因为要遭到老人的抗拒甚至责骂。

我一帮她打好饭，她就对我说："叫我吃，你怎么不吃？你自己就知道去饭堂打好的，让我吃坏的，吃你吃过的！你心很狠毒！"心里真是窝火！我就哄她，饭菜都凉了，怎么叫她都不肯吃。然后她就跟我到饭堂，要拿到我打的饭才肯走。最后她还不让我倒她吃（不）完的饭菜！有时又要把我和她的饭两份合起来，一人一半才肯吃，如果我不吃，她也不吃。（H1）

H1 护工不得不违反院方的管理要求，如带老人 L1 到护工的饭堂打饭、将两人的伙食合二为一等。她遭受老人的责骂，需要克制情绪，想尽办法解决老人 L1 拒绝进食的问题。

我煮好饭给她吃，放桌上，她不吃，老说要吃粽子，甚至一下子把做好的菜全部推倒，我又要重新做。她说吃粽子的时候，我和她说吃太多粽子会消化不良！她是不听的。（H3）

老人 L3 不吃饭堂的伙食，H3 护工不仅要亲自下厨，还要劝阻其少吃难消化的东西，然而老人并不听从，且容易发脾气，将护工做好的饭毁掉，护工很难让老人正常吃饭。

（院方和家属）规定要她吃东西的，不给她吃又不行，叫她吃，自己都有罪，难呀。比如另一个失智的，饭菜放在面前就知道自己拿，我这个，放在前面不叫就不吃的，不信你中午来看，不叫她吃，她就把饭菜挪来挪去的。有时她把饭菜随手乱扔到窗外，说她也不听，还不承认是自己丢的。（H4）

H4 护工认为让老人 L4 顺利吃饭是件最困难的事，因为她要反复叫老人吃饭，有时要解决老人乱扔饭菜的问题，这个过程中她需要付出很多心力。

他只能睡在床上让我喂饭，经常"啊啊"大叫，连吃饭也要"啊啊"叫很大声，我要哄他，比如我说我很疼他的，让他不要整我，不然我就辞工啦，这样他才稍微乖一点吃饭。（H5）

她不肯吃饭，爱吃零食！吃饭的时候要我一口一口地哄着，喂着，吃得很慢，我要弄很久，很麻烦的。（H7）

有的失智症老人需要护工一勺一勺地对其边哄边喂饭，如老人 L5 因为身体高度失能，又需要被护工 H5 哄着喂，否则就不愿意吃饭，而老人 L7 因只爱吃零食而抗拒吃饭，H7 护工只好亲自喂饭。护工认为边哄边喂老人吃饭需要耗费大量的时间和耐心。

2. 抗拒吃药

多数失智症老人由于身体问题需要定期服药，但他们通常忘记甚至拒绝服药。为了老人的健康，护工必须反复提醒老人，他们感到最为困难的是要应对老人拒绝吃药的情况。

阿婆脚关节痛要吃药，医生开了药后，第一次喂药她肯吃，第二次喂药就死活不肯吃，坚持说自己没病，让我吃。四妹会过来帮我（叫她吃药），但有时怎么叫都没办法，有一次，四妹被弄到发火，把药全都扔了！我不敢吭声，只好捡回来，觉得阿婆确实不舒服，是需要吃药的，最后我慢慢哄，她还是吃了。（H1）

高血压很严重，早上她要吃药，不肯吃的时候，是要哄她的。比如吃完药你就可以看你的儿子啦，有时哄得了，有时哄不了。（H8）

她会常扔东西，比如给她吃药，她就用力丢掉，散在地上到处都是，我静静地看着她，然后她就自己捡起来，才说吃药。（H6）

在这个过程中，每个护工根据其所护理的老人抗拒服药的具体情形来作出应对，有的会求助他人，有的会尝试转移失智老人的注意力，或者静观其变，但这些方法并不能保证有效。

3. 抗拒洗澡

身体失能的失智症老人需要护工亲自给他们洗澡，此外，有些行动能力正常的失智症老人由于认知障碍，也不能独立洗澡。但他们经常不配合护工，使帮助老人洗澡也成为护工的巨大挑战。

叫她洗澡是拗不过她的，很麻烦！比如你叫她冲凉，她说干吗要洗呀！我最怕夏天叫她洗澡，不洗很容易臭的！我说隔了一晚必须洗，她还是不肯，我就让四妹下来帮忙，还好她会听四妹说。冲凉时，她把肥皂往身上擦了一遍又一遍，水都冷了，谁要是想拿走肥皂，别说我，她连自己的女儿都要骂！每洗一次澡，她要走出来看好几次，比如脱了两件衣服就要出来，到了洗澡听到声音，又走出来看，就是看你拿她的衣服没，走了没，关房门没。（H1）

我照看的阿公冲凉知道害羞，不让我帮忙冲，要是他自己洗，一洗了头就忘记冲凉！经常冲不好的。（H2）

他之前请的（护工）叫不了他冲凉，人家经过都闻到他（身体）有股味。不过我照顾后，慢慢哄他就肯洗，好像哄小孩，需要很多耐心才行。（H4）

最困难的就是帮他洗澡的时候，让值班室的人帮忙，他们不耐烦，就不想再找他们了。之前有个临时工十多天不帮他洗澡，把他皮肤弄得有问题，一碰就痛。刚开始我帮他擦身子，一碰他，他头脑不清醒嘛，认不得人，就以为我弄他是不好的，不高兴了就用手拍打我，让我走开，不然就啊啊大叫，吵到其他房间都能听见，我听得很烦。（H5）

一些失智老人不能理解洗澡的必要性，抗拒洗澡，但是不洗澡会导致身上有异味，甚至造成皮肤病，护工用各种方式给老人洗澡或擦身，但仍然需要克服过程中的各种情况，如老人不断要出去或者动手打护工。

（二）处理失智老人的便溺

有些失智老人会出现便溺异常的状况，为此，护工不得不一边忍受着难闻的气味一边忙于清理老人的粪尿。

H2 护工要应对老人随意乱排粪便的情况，当老人身体不舒服时，这种情况出现的次数就增多。

照顾这个阿公，就是帮他整理粪便很麻烦，到处乱拉屎。刚照顾他时，我不懂，他到处乱拉屎，一天拉 4 次……平时我要不断盯着他，他就好点。（H2）

H7 护工要应对老人尿失禁的情况，刚开始照顾老人缺乏经验，不知如何防止老人外渗尿液，后来摸索到包尿片的方法后，却要设法帮家属节省尿片钱。

> 她经常尿裤子，我一开始没经验，用那个卫生巾垫着会漏。后来我听说可以把尿片剪一点出来，给她垫着，这样宽大一点，就要好一点。用那个尿片以后，现在没有打湿裤子，又很干净。但是那个尿片的话，要节省一点，就是有时候吧，有点小小的臭气。如果不节省那个尿片的话，就肯定不会有这个臭气。（H7）

H12 护工要应付老人玩弄粪尿的情况，要不断地清洁老人的粪尿，这会增加其工作的疲劳感。

> 老人经常玩屎玩尿。拉了屎，要用刷子沾着，在走廊里刷来刷去，谁说她，她会反应很激烈，打人骂人，我说不了，院里其他人也管不了，我几乎每天都在清理她乱倒的粪尿。（H12）

（三）应对失智老人的乱走动

失智症会引发老人经常乱走动的行为，不仅增加失智老人意外摔倒、迷路走失、干扰院里其他房间的老人等的风险，也增加护工对游走老人的照顾难度，如有的护工几乎全程跟随老人走动难以停息，有的护工要紧随在老人身边，否则将受到老人的家属和院方领导的责备，甚至要为老人的摔倒负责任。

护工都认为老人的摔倒是随机事件，尤其是失智老人因意识模糊而经常乱走动，然而，为了配合院方的管理监督，他们仍然要尽可能地跟随失智老人。

> 老人摔倒，我可负责不了，要我负责的话，我就不做，很大胆地让家属不满就出去到处说。试问在这里做的有几个敢负责？老人自己坐着也有摔倒过，我不用洗衣服洗碗打饭吗？哪里能 24 小时盯紧？（H2）

> 那时写的合同是保证她安全，叫我签，我当然不签了，我怎么保证她安全？你有事，你自己走路都要摔跤了，你说是不是啊？（H4）

其中，H1 护工和 H4 护工感到陪同老人出行是令她们左右为难的事情，因为若不陪同会担心老人的安全问题，而若坚持陪同则易引起老人的反抗情绪。

你管不了她，但她要管你的，比如她要去哪里，但又不方便走，有时我想帮忙拉她，她不让。我一拉她，她就发脾气，又想骂我了。我肯定不能走，有时要跟着她，防止她出意外呀。反正令我感到压力最大的，就是担心她突然摔跤，家属还要我负责。（H1）

院里那些主管什么的，看到阿婆在房里，我出来站一会儿，就问阿婆在哪呢，要我跟牢，其他人整天也问。但是有时呢，我跟她紧一点，她说："你又不是我爸我妈，你跟着我干什么？"然后她又要闹的。你说叫我怎么办？（H4）

（四）照顾失智老人的难度增加

老人随着病程发展，认知能力进一步下降、身体机能也更加衰弱，更容易生病，而陪护老人入院治疗会引起老人更多的不适和不安定，护工在医院难以休息、更加劳累。担心照顾对象的失智失能程度变深、增加照顾难度，也成为护工的压力来源。

老人身体一年不如一年的啦，一个不同一个，他儿子来看到，都觉得他越来越痴呆了，什么话都叨叨。天气冷了，他要在外面走来走去，我怕他没穿好衣服，冷坏身体，要看病。他去医院吧，我日夜基本都没睡，去了才几天就瘦了好几斤，因为他在医院，有一根管子吸住他心口，就整晚痛得哇哇叫，还要我不断地陪他去厕所，反正整晚都有人会进病房，吵得我睡不着。（H2）

（五）失智老人的干扰行为

护工对失智症的认知具有一些负面标签，如"头脑迷糊""经常发神经""乱说话""乱打人"等，并以此作为照顾失智症老人将会面临许多困难的心理准备，劝导自己少和老人计较，从而逐渐调适老人不合理行为带来的负面情绪。然而，对于护工而言，老人的某些失智行为仍具有干扰性，包括扰乱心情、生活和工作等。"难受"是护工面对失智症老人失控言行的干扰时最常表达的词汇。

1. 失智老人的谩骂

一些失智老人会有语言攻击行为，护工把失智症老人对自己的谩骂视为需要忍受的过程。他们虽然明白失智老人的认知能力已不正常，但仍然常常受到失智老人谩骂的刺激并产生强烈的负面情绪。

H1 护工反映老人头脑不清醒时会责备自己是"小偷"或者"不得好死",护工听到这类谩骂后感到"很恶毒"。

整个福利院就她最难照顾!我觉得最麻烦的就是被她骂,我年初一都要被她骂,她骂人很毒的。(H1)

骂护工的老人当然有,尤其是患痴呆症的老人,骂得很厉害的都有。像隔壁的一个痴呆老人,已经出了 4000 块工资请工人,但换了好多个(护工)。她这么骂:"你是农村人!请注意你的身份!"有一次我经过,看她睡得不舒服,建议她垫个枕头,她骂我:"关你什么事!多管闲事!"她有时居然咬护工,脾气是很急躁的!换我,再多钱都不会做。(H2)

陈义媛(2013)研究护工受劳动控制的过程,指出老人与护工的城乡对立以及阶级关系的痕迹通过两者互动的日常生活细节把压力强加给护工。H2 护工认为如果老人因护工的农村出身而进行谩骂,她绝对无法忍受,宁愿辞工也不愿意受这般委屈。

她儿子来探望她时,她说我勾引她儿子!那些粗口都说得出来。我说:"你讲这么难听,到底是真的痴呆还是清醒地骂我,你儿子才来探望你几次呢?一个月就一次,我怎么泡你儿子?"她说我这种什么……反正很难听。我觉得受不了,就告诉她儿子,她儿子听了很扯火的,将她骂了,但她儿子骂她,她也不完全怕,有时怕。(H3)

老人 L3 每逢其儿子探望时,都会对 H3 护工有性方面的语言攻击,H3 护工表示无法忍受才和老人吵架,要维护自己的名誉清白。

2. 失智老人的躯体攻击

还有的失智老人会有躯体攻击行为,包括砸东西、打人等。一些护工会在照顾老人的过程中遭受攻击,如 H1 护工遭受老人的抓挠推倒,H3 护工遭受老人突如其来的扇打,H5 护工遭受老人的拍打,使护工在照顾过程中感到紧张甚至恐惧。躯体攻击令护工受到身体和精神上的双重伤害。

她发癫的时候砸烂东西,你看这个消毒柜差点被她砸烂,还骂我,叫我去死,不让我在这里摆床睡,把我的东西全部推翻,她有一次抓我的衣服,使我整个人和她一起倒地。(H1)

这个真的很难照顾，给顶过岗的人多少钱，都不愿意再来，因为她会打人的！有一次，那个顶岗的护工，低头帮她穿鞋子，突然被扇了一巴掌。我今年也试过一次。家人说她很清醒，但我不觉得，有时候看电视指着那个女人说是自己孙女，赚那么多钱。有时不记得吃药。见到经过的人会伸手打人家，蓉姐经过都被她打，一巴掌就扇过去。（H3）

他会打人的，他一不高兴就打人。有时他睡觉，我叫他，他不高兴就打我，打的时候还会啊啊地叫。（H5）

3. 失智老人干扰其他工作

护工不仅为失智老人提供日常生活照顾，也需完成院里要求的其他工作，如完成对老人的护理记录、电话的紧急联系、维护老人的出行秩序等。然而，这些工作可能会受到老人的干扰。如，H1 护工的护理记录工作表、紧急呼叫的座机电话，如果放置不隐蔽，就会被她的照顾对象损坏。为了躲避老人，她将东西放置在高处，仍然会被老人翻找，而且还影响自己的使用。

她把电话线全部扯掉！我把它放在柜子顶层藏好，还有护理记录表格，不然（会）被她撕烂。她居然站在吃饭的桌子上，那么高！她都敢站！然后用扫把往柜顶不断把东西刮出来，多会找东西呀！真气死我！嗯嗯！包括我的那张纸（护理记录表）。但东西放在柜顶也很不方便，我叫维修电工将电话安在柜台，然后有一次，我等一个人打电话来，电话响了，我要站在一张桌子上面伸手才够得着（电话），还来不及接，电话就挂了，唉，但这（电话）是锁不稳的！（H1）

4. 失智老人扰乱护工的生活

她经常在我床上搞屎搞尿，把我的东西弄脏了，看得我好恶心！最可恶的是我的衣服都会被她乱翻，还弄脏我的衣服！（H12）

通过 H12 护工的反映可知，护工的工作和生活场所都在院内，环境较为闭塞，个人生活和老人的日常活动是紧密捆绑的关系，失智症老人的一些异常行为难免滋扰护工的个人生活。

她头脑不清醒时出去大吵大闹，就赶我不让我进她房里睡，一个月有好几次！而且我的东西都不敢放这个房间了，被她找出来都会被扔（进）

垃圾桶！我想放点自己的生活用品，只好放在外面的杂物房，但我走一步，她就追一步！搞到我根本放不了（东西）。笔、钱包等，她都帮我钩出来了，说这些是她的，后来我向她拿回，她不给，等到她睡着了，我才拿回来。我的茶杯、保温瓶，都被她弄不见很多个！没办法。（H1）

H1 护工反映老人 L1 意识不清醒时会把自己赶出房门，或者抢占自己的生活用品，导致 H1 护工没有稳定的休息时间以及放置生活用品的场所，甚至个人的生活用品时常被老人 L1 毁坏，自己要出钱重买。

另外，老人常去值班室投诉 H1 护工，对护工的工作形象造成负面的影响。

她头脑要是清醒了，就到处找我，经常去敲隔壁房间的门，找不到就去值班室找我，老人经常去值班室投诉护工的。所以换成比较年轻的护工，都不会选照顾这个阿婆。（H1）

H8 护工反映老人表现的失智症较严重，经常要陪同老人 L8 走动，几乎丧失个人的自由活动时间。

当然有难做的地方！我这个要整天走来走去，说要出去找儿子，跟我很紧的，她出去也要我跟在身边的，我一整天都要陪她走来走去，甚至我自己打饭或者洗碗，都没闲过。（H8）

（六）和失智老人的沟通障碍

长期高密度的陪伴照顾工作容易导致护工心情烦闷，而且护工和失智症老人之间存在的沟通障碍问题，让护工无法通过和老人聊天的方式排解烦闷感。

和她是很难说话的，（她）动不动（就）骂人，比如早上 6 点多，我推她去外面做运动，她看到做运动的老人也骂，还要赶人家走，我只好在房间陪着她。反正我在房间不怎么和她说话，不然很容易惹她骂我。而且我不方便两个人在房间聊天，她看见会觉得我们在说她坏话。（H3）

H3 护工一方面要迁就老人的情绪，不能随意推老人出门做运动；但另一方面即使缩小了活动空间，护工也和老人无话可说。

就比如有时你很困啊，想说点东西啊，就是两个人在房子里嘛，一关住门就只有两个人了，是不是啊，想说一下东西啊，不能说。（H4）

做这份工是比较困难的，就是我没办法摸清她的脾气，好问不好答，本来想好端端地和她聊天，但她突然大声地咒骂我，如我去饭堂给她打早餐，是番薯，她问我为什么吃番薯，我说吃了对身体好，好排便，然后她就发脾气，说我这身体干吗要吃番薯，唉，总之很难和她沟通，坐在这里，我希望能和她好好聊聊天的嘛！(H6)

H4 护工和 H6 护工都有和老人表达和交流的需求，但老人由于失智症的影响不能正常地沟通，H4 护工和 H6 护工因为害怕被老人指责，所以尽量拒绝和老人交流。

H2 护工认为失智症老人骂人是因为脾性根深蒂固，即使相关家属出面劝说老人，亦不能改善自己被老人骂的情况。

老人脾气不好，乱骂护工，即使家属出面说，过不了多久，还是想骂就骂的，脾气已经是这样啦！(H2)

二、护工和失智老人家属互动方面造成的压力

为了解决老人院护工人手短缺的问题，院内的护工大多数由家属自主招聘，家属相当于护工的直接雇主。由于工作忙碌，大多数失智老人的家属去老人院探望的次数有限，停留的时间也较为短暂。同时，院内的失智老人缺乏和外界的联系和交流，存在与他人的沟通障碍，不能向家属及时表达自身的需求或者反映症状，而长期在机构中陪伴照顾失智老人的护工对老人身体情况最为了解，所以护工成为家属获取失智老人信息的重要来源。家属和护工双方的交流是以失智老人照顾为主题、相互交换信息的过程，家属可及时掌握失智老人的身体变化和照顾需求，护工也可借此向家属反映资源等协助需求。根据压力交互视角，相关学者提出个人与环境相匹配的工作压力理论，认为当个人的主观动机或愿望与客观环境所提供的满足（如工资、待遇、地位等）产生矛盾时，会造成个人的工作压力（舒晓兵 等，2002）。因此，在照顾过程中，护工和家属的互动不良亦可成为护工照顾失智老人的压力源。

（一）家属较少探望老人

对于家属较少探望老人的行为，受访的护工认为这会导致护工和家属

交流的机会减少，不利于护工更好地反映照顾老人的情况以寻求家属相应的支持，因此增加了更多的看护压力。这说明家属对老人漠不关心，缺乏为人子女的孝道。甚至有的家属将看护的责任全部寄托在护工身上，护工对家属产生谴责与不满。

> 我几乎不和阿婆的家属碰面，她有个女儿，专门负责给我工钱，都不愿意来见她妈，像八月十五这么重要的节日，都见不到她人影，就托人送来月饼，给我和她妈一人一个。其实这个月饼给不给，我没什么兴趣。可能她怕她妈发癫，知道很难请到护工的，所以也不愿意当面听我抱怨她妈有多难照顾吧！见不到家属面，我有些话想说，都说不了呀！比如我想和她女儿聊聊天，诉诉苦，都做不到。（H1）

老人 L1 的家属极少来探望老人，甚至包括中秋节这样的重要节日也避而不见，虽然送来了月饼，H1 护工却认为这种做法令她失去了应有的与家属交流的机会，她推测老人 L1 的家属这样做是故意逃避自己对其抱怨照顾老人 L1 的困难，导致 H1 护工有苦不能言，压抑了倾诉困难的需求，积压了负面情绪。

> 自从她中了风，老公从来不过来探望她，偶尔全家人带她出去吃饭，我也在，看她老公好没人情味，一句话都不和她说，连她在老人院住得怎么样，想吃什么，她老公都不过问！她家人花点钱扔给我打理就算了！见她不被人关心，即使我作为陌生人都觉得心寒呀！看着好难受的！怎么有这样做丈夫的？越想越觉得老人可怜，我的心口好像被顶住，看不过去……（受访者此时情绪较为激动）（H9）

老人 L9 的丈夫从不到院里探望的做法、对老人 L9 冷漠的言行等，让 H9 护工对老人 L9 深感同情，在心里渐渐滋长埋怨家属的负面情绪。

（二）家属对护工缺乏信任

> 我平时不能和家属接触，而且这份工是四妹介绍给我的，家属只相信四妹，不信我的。我过年要回家就找人顶班，要从我工资里扣更多的钱，不可能我自己贴钱吧，但也只能让四妹帮我传话，问阿婆的女儿多拿点钱，信不过我啰！其他工友看到都说，很少有我这样的护工，家属不亲自给我发钱，还要托四妹给我。说实话，我是老实做事的人，也想不明白家

属为什么不信任我，见不到人，说不了话，又不被人家信任，一想起来就有点失望啰，有点不开心。（H1）

H1护工几乎不能与老人L1家属碰面，即使领工资也是通过家属找另一个家属熟悉的工作人员派发的，H1认为老人L1的家属对自己缺乏信任，从而产生失落等负面情绪。

我早期将老人关电匣不让我用电的事，告诉老板，但老板不相信，我还能说什么，所以有什么事都不敢和老板说。其实我希望能让老板说说他老妈，叫她按时吃药，支持我照顾一下她，但他肯定是不相信的，我就干脆不说，甚至自己被阿婆骂受了委屈，都积在心里，所以家人来看她的时候，我就走开。他们每次来看老人要20分钟左右，这个过程他们也不能给我带好老人的任何帮助。（H6）

H6护工本想向老人L6的家属反映老人不配合照顾的情况，以获得家属的理解和支持，然而家属更倾向于相信老人，这导致H6护工压抑对家属的倾诉和求助，认为家属不能给予她任何支持。

综上所述，为了更好地为老人提供服务，护工和作为雇主的家属之间需要相互信任和配合。若家属不信任护工，首先，阻碍了两者之间的良性沟通，降低了护工向家属反映老人情况的积极性，不利于家属更全面地掌握老人的情况。其次，导致护工放弃向家属寻求帮助，产生面对照顾任务的孤独感和压力感。

（三）家属对护工的责怪

有的家属在老人的生活照顾方面对护工的要求较为细致，若护工达不到要求便会被家属责怪。

三个女儿来探望时，说看到阿婆的衣服链子全部被扯烂了，在我背后向四妹责怪我怎么不帮老人补好。其实阿婆的一颗纽扣被扯掉后我就用针线帮她钉好，但后来她又把扣子扯掉，我真是没办法再钉，最后干脆不帮她钉了！还有，她女儿拿了一本书和笔，给她写字，她全部拿来泡水，我一定要收好，不然她女儿要是知道我没放好，又会在其他人背后对我指指点点的。总之真是难服侍阿婆，家属这里要我看好，那里又要我缝缝补补，阿婆打烂我的杯子，我都没和她计较赔偿呢。（H1）

有时我叫老板买的衣服大一点，现在好小哦，纽扣扣不到，我说她。打电话给她又不接，接到她说好多"得了！"然后马上挂电话，说了几十次"得了"，我又没得罪她，听来不舒服啊。"哎哟！阿姨你说话很大声的。"她这样嫌我说话大声，可是她先大声说我的，骂我太啰唆。如果她语气好点，说："阿姨，我买去就好。"你这样说，我都不气啊！我说："不是我穿啊！我又不要你的什么，这是买给你老公穿的。"（H4）

H4护工对老人L4的家属多次强调要添置老人的衣物，但这一合理需求却未得到家属的适当回应，家属不愿提供相应物品，还表现得非常不耐烦、责怪护工啰唆，让H4护工感觉不被尊重，从而产生负面情绪。

（四）家属对护工的工资苛刻

护工虽然是照顾者，但在老人院扮演着工作者的角色，依靠家属派发的工资维持生活和提供服务。倘若护工和家属在这方面的协商不顺畅且难以解决时，无疑会增加护工的生活压力，这对于经济需求较大的护工而言，削弱了其照顾老人的动力。

照顾这个老人无论多辛苦我都愿意做，只要老板尊重我就行！但我就对她扣我那一百块钱不开心。我就问老板："老板，为什么扣我一百块钱呢？我天天帮他按摩，我出去帮别人按摩都得一百块。"老板说："我很穷的。"她这样说，我就不敢出声了。本来我都不想计较这些事，但有时老板过来嫌弃我这里那里的，让我一想起这件事，就觉得不高兴。（H5）

H5护工抱着尽心的态度努力为老人L5提供服务，然而家属以经济困难为由将原定给护工的工资数目克扣了，从而导致护工的经济压力增加，产生负面情绪。

老人的身体是会恶化的，别看这些失智的能走能吃，但记性越来越差，一年比一年难照顾，更加辛苦。好像楼下那个失智的，以前能自己上厕所，现在都不记得擦屎了，还用毛巾包着大便扔上去。不说这些，你都不知道多难做。不过，一般家属见我们做得这么辛苦，不用我们说，他们就会帮我们加工资的。有的家属就很缩骨（吝啬），我这个就是，但我不敢叫家属加工资或者给红包，比较老实，只有十几块红包，如果我不说，老板也不主动加我的工资。趁老人现在还好照顾点，我就坚持做着再说

吧，但如果老人再难照顾点，还是这么低的工资的话，我可能就不想继续做了，太辛苦，得不偿失。(H2)

随着老人 L2 失智症的恶化，H2 护工感觉照顾的困难逐渐增加，认为工资应当相应地提升，或者家属可以提供其他物质形式的支持，如节假日给予一定的经济补偿等，否则会造成自己的劳动付出和经济收入不平衡，使其照顾老人的积极性降低。

有的家属不满护工加工资的要求，会在私底下向院方领导投诉护工，致使护工得不到家属的支持并遭到院领导的责骂。H13 护工认为紧跟失智老人到处走动是非常辛苦的事情，所以提高工资是合理的，以达到劳动付出和收入的平衡。然而因为院方领导打压护工提高薪酬待遇的诉求，致使护工产生不被家属和领导理解的压抑感。

有的家属很吝啬，给领导打报告说护工要求加工资，L 姐一知道就抓护工骂，骂到人家都想走了。其实真不是我们护工贪心，是因为有的头脑痴线（粤语词汇，表示神经兮兮，不正常）的老人真的很难照顾，要跟着他们跑来跑去的，别说老人，自己跟着跟着都可能跌跤。况且老人的身体也让护工的工作一日比一日难做，要求也高了，自然也辛苦点，家属给的工资不够开饭，或者有的护工真的家里有困难，需要多赚点钱，要求加点工资也不过分吧。(H13)

在过年期间，若家属给护工的补偿达不到合理的要求，护工很难有动力在节假日留在老人院看护老人。有的家属在节假日让护工照顾老人，但对护工没有给予经济补偿。

今年还要我不回去过年，我就直接说一定要给够我工钱，我才留下。我这个家属是很吝啬的，旧（去）年我过年没回去，这个阿公的家属（对我）说好按国家规定，一日给三倍的工钱，但他只给了三天工钱，后来没了。我算好说话了，有的真的生气，感觉辛辛苦苦，牺牲了过年团圆的机会，帮你照顾老人，却只得到这么一点点的补偿，所以老板太小气的一般很难做下去。(H11)

（五）家属对照顾成本的节俭

护工照顾老人需要消耗生活用品，家属是老人生活用品的提供者，出于成本考虑，有的家属过度节俭，而提供的生活用品不足将直接降低护工照顾老人生活的质量。设法为家属节约用品的过程，实际上增加了护工的照顾压力，因为他们在提供看护的同时还要在消费方面想办法精打细算，帮助家属减少开支。

有些老人很好做，就是家属很小气，叫他买包洗衣粉，就用一个小瓶子装一点点，我说这洗衣粉要拿来搓面粉吗？怕我贪什么小便宜呢？所以那个老人换了很多护工，就是因为家属太小气。(H2)

(六) 家属对护工情感关怀的忽略

虽然护工照顾失智老人是有偿性的劳动服务，但情感关怀对他们坚持工作发挥着重要的支持作用。一些护工非常渴望家属能理解他们照顾失智老人的辛苦，并能在精神上给予他们一定的鼓励或者认可，这有利于他们平衡压力，对于他们坚守工作有推动作用。然而，有的家属对护工缺乏关怀，导致护工不便对家属宣泄照顾失智老人的负面情绪，从而积压于心。

如果我阿婆家属对我好，比如有时给一点红包，送点好吃的，或者见面和我聊聊天，让我能诉诉苦，能体谅我的辛苦，希望我继续做下去，我至少心里都有点安慰。那么，就算我被阿婆又打又骂，都会看在家属对我好的分上，更积极地面对压力。毕竟我也是能感受到人情冷暖。(H1)

H1 因不被家属信任、拒绝见面，认为家属"冷漠"，所以将看护老人L1 的压力堆积于心，缺乏支持感。她很明确地感受到，需要向家属倾诉自己的委屈和辛苦，希望得到家属的肯定和安慰，而不愿被家属忽视，仅仅作为一个工具。

老板对我还可以，说不上关心，但也没骂我，就叫我什么都要迁就她，因为带她检查身体后告诉我一些情况。家人常来看她，每个星期都三四次，我就走开，每次20来分钟。至于他们来不来，对我而言没什么支不支持，每次就那20来分钟。有一次，搬柜子的工人见到我的床摆在小阳台里，就关心我，说阿姨，你睡这里怎么睡得着，老板直接就说睡得久了就习惯啦！唉，我能说什么，就是这样，有什么关怀，打一份工而已。(H6)

H6 护工反映，家属连一个合理的床位都不肯为她提供，也不在意她照顾老人L6 的辛苦和不适，认为老人家属对自己缺乏关心和尊重。

三、老人院管理对社工造成的压力

老人院的护工照顾失智症老人的所有工作以及个人生活的场所都是在老人院中，其工作和生活都受到院方的管理和约束，形成了更多样的压力。

（一）院方对失智症老人照顾的知识和技能支持严重不足

失智老人照顾起来困难很大，且这批护工受教育程度低，难以靠自身能力搜寻护理知识，但院方没有组织有效的培训，让护工独自面对照顾困难。院内培训人员坦陈未能提供针对失智症老人照护的技能培训，不仅有院方培训人力不足的原因，也与院方相关专业技能不足有关。

我一接手这个阿公，患阿尔茨海默病的，就直接照顾了，没人培训我的，只能自己慢慢顺着他的意思照顾他，比如他说今天应该要去上班，我不会说实话，找个理由说今天是节假日不用上班。（H2）

访问者：你们是否为护工提供照顾失智症老人相关的培训支持？

培训人员：我们主要负责培训护工照顾高龄失能老人的一些技巧，还要观察其他老人的身体情况，工作量比较大，忙不过来。说实话，失智症的培训确实很有难度，我们了解也不多。基本没有培训过吧。

访问者：那你们是否为照顾失智症老人的护工提供其他相关的支持性服务？

培训人员：我太忙了，很少能和护工好好地聊天。有些照顾失智症老人的，具体碰到什么困难，我不是很了解。唉，其实我知道他们这类护工工作压力挺大的，但我有心无力啰，不知道怎么帮助他们。

由于院内培训人员对失智老人护理培训感到无能为力，不能为护工提供相应支持，护工照顾失智症老人的方法几乎完全凭借自身的经验摸索，而有些照顾困难是仅靠自身的探索难以解决的，受影响的护工照顾压力极大。

我没办法搞定这个癫婆了，经常乱打人，我觉得好难做，做得我好怕。（H3）

老人院有驻院社工，社工为失智症护工开展过小组活动，但这类活动受到护工缺乏参与时间、社工的相关资源不足的因素的制约而开展较少，也不够深入，导致护工反馈效果不太理想。

> 我们以前给失智症护工开展过几次小组，想教他们照顾失智症老人的技巧，给他们减压。但自我们入驻多年以来，能给他们开展这种活动的次数很少，第一，因为他们要看紧失智症老人，防止老人乱走，所以很难走得开；第二，因为我们的很多活动都是以老人为主，社工人手紧张，兼顾完老人的所有活动，能给护工开展活动的时间和经费就不足了。(社工)

> 我参加过 A 社工开的（失智症老人的护工互助）小组，但对我没有什么影响，最后差不多是老样子，还是靠自己想办法怎么哄（老人），自己能哄就哄，不能哄就没办法！毕竟老人之间都是不同的。小组给我们讲了一些照顾失智症老人的技巧，但我差不多忘了，反正就是让我们照顾这些老人，不要发脾气，想让我们照顾工作做得好一点。(H1)

> 我不觉得他们（社工）关心过我，他们也很少能帮到我，只是有一次我扶阿公起来，不得不叫 A 社工来帮忙而已。(H5)

在老人院中，医生被视为具有专业知识的权威，但护工在向医生求助时，却感到难以得到恰当的指引和支持。H1 护工就照顾方面的困难向医生提出过咨询，希望医生能给予解答和帮助，然而医生的回复在她看来完全不符合实际，没有体现出医生对失智症老人特征的理解，护工 H1 还因此认为自己被专业人员评价为"不积极向同伴学习"，产生委屈感。

> 有一次，院里的 C 医生经过我旁边，我想和他谈心，说老人只肯听四妹的话，不听我的。C 医生一听，就劝告我要细心点向四妹学怎么照顾老人。我听了觉得这是痴线的人，怎么学得来？四妹听了也说人人不同，学不来！我阿婆认准人，她认为谁好，谁怎么做都好。她觉得我是坏人，我做什么都被她嫌弃。只有四妹能定住她，例如我想让她洗澡，叫不动，其他老乡过来帮都不管用，只有四妹才叫得动她洗澡。有时我想带她出房门，做运动晒太阳，她死活不肯出去，最后也是四妹能拉得动她。(H1)

(二) 院方对护工的情感需求缺乏关注

多数护工认为院里无人理解他们照顾失智老人的照顾困难，导致他们的压力无处安放，积压于心，使他们感到被忽视、被孤立。他们强烈需要他人倾听，渴望他人理解其工作的难处，帮助他们纾解情绪上的痛苦，但院方没有作出相应的制度安排，使他们感到缺乏关注。

> 很少有人像你这么耐心地跟我这样聊啊，院里的人很少到我这边来，我也很少接触那些人，不认识社工。你来和我聊天，我是很开心的，不然这个心里积着很多苦，不说出来很难受。（H7）

> 社工巡房的时候，我没什么想说的，平时他们很少关心我，说了又帮不了我什么。（H8）

> 社工来巡房多数都是问老人，不问我的情况，我有时想和他们聊聊天，都很难。（H10）

> 没什么人来和我聊天的，你这样和我多说说话，能知道我们照顾的这些老人有多难，我都觉得没那么烦。（H13）

（三）剥夺护工的个人时间和空间

陈义媛（2013）提出，养老机构以及老人理想的护工类型是随时发动、随时叫停的机器化个体，是遵从雇主意志的标准化个体。护工终日在老人院内活动，工作紧紧围绕着老人，休息时床位也紧挨老人的床位，工作领域和生活区域两者重叠。护工的工作时间是按"日"计，没有明确规定每天的工作时长，他们需要随时准备回应老人的需求。由于没有人力替换的安排，而且院方要求护工紧跟老人以保障照顾对象的安全，这使护工在时间和空间方面被双重剥夺，失去喘息的空间。管理层虽然对护工的处境有所察觉，但回避了机构管理制度方面的问题，将护工承受长时间高压工作归因于个别老人对护工的苛刻。

> 有些婆婆因为性格问题，很挑剔，像那些年纪很大的，需要被照顾的婆婆不想请护工，是很看不起护工的，就是觉得护工怎么表现都不好，一定要求护工24小时随时干活，不然觉得给的钱不值！（养老部部长）

护工对于院方对老人跟紧的要求感到难以满足，护工个人生活的需求与此难以兼顾。

> 领导要求护工必须24小时盯紧老人，但我们自己也要打饭和洗澡呀，怎么保证每分每秒都能守住老人不走开？我们能看（老人）的时间，肯定会看呀！这样搞，令我们好难做到的。（H1）

工作时间和休息时间没有区分，使护工缺少休闲娱乐的机会。院方为避免护工玩手机影响工作投入，限制护工的手机连接公共无线网络，导致护工感觉日子难熬。

做这些工作觉得日子很难熬。24小时我都要对着这个阿婆，怕她乱走，吃饱了就坐在这里，也没东西玩儿，比起在厂里做劳务呢，感觉院里过得时间很长，很难过。说真的啊，在厂里做起码不用睡觉的时候对着阿婆。而且领导管我们很严的，不让护工连无线网，怕我们玩手机，是吧？（H4）

（四）动辄归咎于护工的管理方式

护工被要求遵守一系列规范，及对失智老人的照顾结果负责，如果表现得不符合行为规范要求，如"不礼貌"，或失智老人的滋扰行为引起他人不满，护工就会被视作"失职"。管理层的管理方式失于粗暴，对护工的斥责导致护工感到委屈、不被尊重。

L姐很受领导喜欢，因为她管得严。我们几乎都怕她！甚至如果我们不和她打招呼，她会追着问，就和家属说哪个护工没礼貌。最可怕的是，她经常不问原因，有道理骂你，没道理也骂你！（H1）

那些值班室的很小看我们的！福利院的工人和我相处还好，其他工人见到我，是否对我打招呼，或者是否看得起我，我都无所谓。但有些人对我说话确实难听，比如L姐见到阿婆乱走，不管什么原因，就指责我不看好老人，我很受气。（H10）

管理护工的领导采取强悍的态度震慑护工的纪律性问题，一旦发现护工的工作出现问题，不耐心调查事情便对护工斥责。

照顾这个老人令我有压力，主要是担心负责任，比如我的老人头脑不清醒，发癫骂人，会吵到其他老人，或者乱走进别人的房间，拿别人的东西，以为是自己的。毕竟在福利院里面，左邻右舍会受她影响，有的邻居甚至投诉我阿婆，领导会找到我头上，批评我，因为他们觉得阿婆是我带的，我有很大责任看管她。（H11）

（五）管理制度不保障护工的生活权利

老人院的一些管理制度虽然是出于维护管理秩序、保障服务质量，但在遇到特殊情况时缺乏变通，对护工的困境缺乏回应和解决，给护工的正常工作、生活带来不便甚至是造成对权利的损害。

说是上级领导要求才这么做的，但院里的规则，还不是人定的吗？比如说J姨，她几乎每晚都被那个老人赶出房间，不能睡觉，难道天气这么冷，我要狠心让她在门口吹冷风吗？领导还让我不要帮她！说不能让护工乱住别人房间，没有规矩。他们以为我闲着才帮的呀？半夜三更，我在睡觉，她（J姨）拜托我下去帮忙拉住那个老人，好困都要忍住，搞得我也没睡好。（H9）

H1护工有时需要工友的协助以处理老人L1的异常行为，但这种护工之间的互助行为却违反了院方的管理规定，领导在了解详情后不予变通、仍然批评、阻止护工，使护工感到领导不近人情。

老人院这几年管理得比较严，连儿女想来探望我都不可以，以前他们能进来看我，我多开心呀，现在我不能常看到自己的孩子，本来出去也难，唉，搞得人都压抑好多。（H3）

H3护工需要有自己的社交和活动空间，然而院方的管理制度不允许护工的家人进院探视，这种管理制度导致老人院更加闭塞，使护工的社会联系、情感支持进一步减少，生活更加感到压抑。

护工长时间在院照顾老人，他们最大的请假需求是过年回家，但这样会造成老人家属临时找替代者的不便和经济代价。院方新定的过年请假要求需要护工找好顶岗的人员、顶岗人员需体检，但并不出面协助护工与家属进行顶岗人员体检费用方面的沟通，使护工难以达到要求，护工感到新规是"为难我们"。

摆明着就是不想让我们请假，我们哪能自己掏钱出检查费？（H9）

T领导要过年请假的护工，自己找临时工顶岗，还要求临时工提前抽血检查，没问题才能做。至于检查费，就由我们护工自己和家属商量。四妹当场就说，这样很为难我们的嘛，因为大家都想回家过年，就很难找顶岗的人，现在还要求顶岗的抽血，真是很为难人呀！万一有的家属不愿意出这笔检查费，就更难办了！大家开会的时候叽叽喳喳，想提意见嘛，但T领导一看到就发火，很大声地让我们不要说话。（H1）

我们自己找的顶岗临时工，被要求先抽血做检查，我们护工的工资哪够垫（检查费)？而且领导要我们开口问家属拿钱，不帮我们说话的……反正，遇到我们和家属沟通费用方面的问题，院领导是不会出面协助的。我认为这是上级减少护工过年请假情况的一个办法吧。(H2)

H1 护工认为请假制度的内容和制定，并不尊重他们的意见，强制护工服从不合理的制度安排。H2、H9 护工均认为这是院方不想让他们请假而设置的障碍，为了让院里的照顾工作正常运转，牺牲他们回家过年的机会。

第五节　护工的压力应对策略

Lazarus "压力-应对" 理论中的 "应对"，亦可称为 "应对策略"，指个人注重调动自身的认知或者行为，以适应压力情境对自身内外的要求。按功能分类，应对策略可分为两种，分别是情绪缓解型应对策略、问题解决型应对策略。情绪缓解是指在无法改变压力事件的情况下，努力减轻不可改变的压力源引起的负面情绪，侧重情绪方面的应对；问题解决是指重点关注和改变个人要面对的压力情境，努力考察和分析压力源并解决压力源导致的实际问题，侧重外在环境的应对。在老人院照顾失智老人，护工面对的压力源产生于自身和失智老人、失智老人家属和院方管理等外在环境的互动，纵然在照顾过程中护工感到重重压力，却因经济需求而不愿轻易放弃照顾工作，为了能够完成这份工作，他们通常会采取一些应对策略以调节自己因照顾失智老人而产生的压力。

一、情绪缓解型应对策略

(一) 认知策略

1. 认同 "打工者" 角色，减少情感投入

据访谈了解，多数中老年护工从农村流入城市务工，因受到年龄较大或者身体较弱等条件的限制，职业选择受限，只能在老人院打工。角色认同，指个人的态度和行为与个人应扮演的角色相符合，护工的角色认同影

响其工作中的情感感受。不同于家庭照顾者，护工以有偿服务者的角色参与对失智老人的照顾，其照顾的主要动机是满足自身的经济需求，包括增加劳动报酬以养家糊口、获取养老收入、偿还家庭的经济债务等。由于日常照顾失智老人易导致护工产生负面情绪，大部分护工会强化自己对"打工者"的角色认同，将照顾老人视作赚钱的代价，避免情感投入。换言之，即护工认同自己只是扮演"打工者"的角色，主要是为了获得劳动报酬才短暂性地提供照顾，应该和失智老人保持一定的情感距离，减少甚至避免个人受到压力的负面情绪影响。

其实我见到阿婆对我又打又骂，（心里）真是很火大，但家属给了我工钱，我怎么敢发火呢？这个阿婆要是我家人，我早就反抗了。四妹说得对，我要是不穷就早不打这份工了！过得一天是一天，起码我做一年就能慢慢还债了。看在钱的分上，我只好忍住，自己调节，暗示自己打工是这样的，都有受气的地方。想着她癫了，才会骂我，要是换个正常的老人这样骂我，我肯定马上就走！而且家里等钱用，确实这份工需要做下去。看在钱的分上，不要怕！（H1）

H1护工即使清楚照顾失智症患者需要更多的耐心，但在遭受老人L1的攻击行为时，仍产生"生气""委屈"等负面情绪，甚至想反击老人L1，此时H1护工则要不断强调自己对"打工者"的角色认同，即她认为所有的照顾行为都是为了打工赚钱，不要和失智老人的攻击行为过多计较，从而劝说自己缓解负面情绪，坚守岗位。然而，打工赚钱的主要动机容易导致护工"为了钱熬日子"，使其缺乏长远的职业规划，对照顾职业的认同感较低，从而把照顾压力当成短暂性的煎熬，难以激发金钱之外的照顾动力。故大部分受访护工提及"只是熬日子""熬完就可以走了""没钱赚就走了"等想法，缺乏工作认同感。

做这一行要很有心机的，挺受气的，要有责任心，不是那么容易照顾的。我自己当打一份工啰，有的做就做，没的做就走，自己没想那么多，做得一日是一日。（H8）

但这样的认知策略并不能解决所有的负面情绪，若照顾压力超出一定范围，强调"打工者"的角色认同而需要忍受一定的负面情绪的策略也会失去作用，护工会在意失智老人子女的态度是否友善、失智老人伤害自己的程度。也就是说，有的失智老人对护工的滋扰行为特别严重，或其家属对护工缺乏尊重，会令护工感到即使有钱赚也不愿意忍受。

如果老板不好说话，老骂我，给我多少钱，我都不做！（H2）

前一年进来帮一个综合楼的护工顶班，是一个失智症的婆婆，她更难照顾，又打人又骂人，骂人很毒的，骂你老公死了，你出去被车撞死，被骂得好激气！谁敢做（照顾她的工作）？（H6）

人家都跟我说你在这里三年了还不涨工资啊？反正我从来不跟他们计较。我说，我们人一生不要完全为那个钱，人家对你好，是不是？我就总觉得她两个儿子对我好。你看她儿子，人还是很可以的。（H7）

即使有的家属给护工上涨工资，亦无法挽留护工。如 H3 护工经常为照顾老人 L3 担惊受怕，虽然前期的工资上涨增加了其照顾动力，然而后期不能忍受负面情绪的困扰，便打算放弃照顾。

这个老人家不好照顾，请的护工不到一个月就走。我已经辞了三次工，但她的儿子加钱留住我，所以我看在钱的分上继续照顾她。但我打算多做两个月就辞工回家，因为做得心团团转，不舒服呀！之前我（对照顾过）的老人有感情，但是我对她做得一点感情都没有。（H3）

由此可见，即使护工作为有偿服务的打工者，强调打工换取报酬的认知过程，在能承受的压力范围内可有效缓解不良的情绪反应，但是他们不是劳动机器，面对照顾失智老人的压力事件时会产生细腻且强烈的情绪反应，特别是涉及尊严，如果老人或家属对他们的态度恶劣，他们有可能放弃照顾工作。

2. 积极的自我心理暗示

照顾失智症患者的日常生活，对于缺乏专业照顾技巧的护工而言，极具挑战性，尤其是初次接触失智症老人的护工，常因此产生面对工作的无助感。此时，护工虽然无法改善失智老人的认知障碍，也不懂专业的照顾方法，但是自己会通过一些正向和积极的心理暗示来控制和减轻照顾压力源导致的负面情绪反应，如鼓励自己积极面对困难、尽量放松心情、理解失智症特征和多付出耐心等。

我一开始照顾她的时候，很怕。后来我就说服自己要勇敢地去面对，就这样暗示自己啰。当我受气时，只能尽量放松自己，劝自己看开一点。我等时间慢慢过了，晚点有事情做就不记得了，就好像有的护工说："她们都是疯癫的啦，自己放松点，被骂就当听不见！"（H1）

我们做这份工，要很有耐心的，没有耐心真的做不下去，哪有一开始就有耐心做下去？肯定是要磨炼出来的，克服困难，不断提醒自己要有耐心，别说我们老了，找不到合心意的工作，就算年轻时，找工作哪有样样都称心如意的呢？（H2）

3. "孝"的扩展

"孝"是华夏文明崇尚的传统美德，我国社会不仅要求人们对自己的长辈尽孝，还推崇"老吾老以及人之老"，护工在与照顾对象相处中，将对家中长辈的关心、爱护推及照顾对象，从而在情感上增加体谅、减少对立。

在我年轻的时候，说实话我对老人没什么感觉，后来出来遇到这个老人，一照顾她就想起我没带好家里的老人。如果我像对她一样，对我的老人也尽到责任，这辈子就没什么愧疚了。虽然有时候烦了想骂她，但我有时候一看到她，就没这个心情骂了，不恨她，真的一点都不恨她。其实她也很可爱的，像个小孩子而已，看！她还会对我做鬼脸，说英文，很好玩的。其实一开始的时候，我想说不照顾她了，烦死了。她儿子叫我不要将就她，但我肯定要将就她的，她这种痴呆的就是这样，需要慢慢来，所以现在我照顾好了，跟她的感情变得这么好，还打算过年让她回我家乡玩玩。（H7）

H7 护工将对自家老人的感情投射在老人 L7 身上，希望弥补未能在家里尽孝心的遗憾，从而推动自己理解和包容失智老人的特殊症状，以温情的态度看待老人，以"同孩子般可爱"去看待老人不理性的行为方式，增强照顾的积极感受，以此消除因老人 L7 异常行为而产生的烦躁易怒等负面情绪。"老吾老以及人之老"的认知策略帮助 H7 护工更好地应对照顾压力，甚至超越了利益关系，使之与老人 L7 之间产生了深厚的感情。

4. 体会自我价值的实现

张睿等（2008）挖掘失智老人家属照顾者的照顾感受，发现照顾者成功改善失智老人的生活质量后，会因此获得照顾的成就感，从而体会到自我价值的实现。相似的是，有的护工通过自己摸索经验让失智老人配合照顾，改善了失智老人的饮食起居状态，得到老人家属的肯定和赞扬，证明了自己的照顾能力，也会因此收获成就感、价值感，并由此建立克服照顾困难的信心，以更好的心态迎接照顾失智症的挑战性压力。

H5：只有我能让他听话，他家人说我照顾得好。我会感到开心呀！他这么难照顾，做得又辛苦，能得到老板的肯定，我的心都安乐点。

访问者：这种成就感对你缓解压力是否有影响？

H5：有的！例如我有时喂他吃东西，他又想拿手拍我，让我（喂饭的碗）倒了，我就有点好像哄小孩，大声说："拍掉了，你吃什么啊？"他一听就笑了，然后乖乖吃。看他听话吃好，我就开心了！或者有时候我问他："好不好？"他说"好"，我听了也觉得开心。做得好了，我这个心里都会舒服一点的，否则做着做着，我人都变抑郁啦！

（二）行为策略

1. 锻炼身体

Rice（2000）在压力与健康的研究中指出，锻炼身体不仅对生理有益处，也对心理有益处，包括提升自控感、自信心、宣泄人际交往或者工作压力中的情感，改善体力工作中的大脑活动节奏等，达到高峰体验时能减轻压力，阻止或者减轻诸如低落、消沉的感觉。有研究发现，获得锻炼可能是能长期坚持照顾失智老人的动力之一（柳秋实 等，2012）。这一点在护工身上亦有所反映，虽然锻炼无法直接解决照顾老人的实际问题，但对于护工宣泄情感、减轻情绪反应方面具有重要意义。

我身体就是胃酸（多），其他没什么大问题。我刚来的时候颈椎有点问题，就自己锻炼一下，锻炼久了，慢慢这个身体也好了很多，心情也好很多。（H7）

我经常要去广场做做健身运动，跳跳舞才觉得日子没这么难熬，如果不让我出去自己走动走动，这是不可能的，老板要是不允许，那我宁愿不做了。（H11）

如同 H7 护工和 H11 护工，大部分护工需要进行适当的身体锻炼，这不仅能促进身体方面的健康，也有利于缓解长期陪护失智老人的压抑感，从而促进心理健康，使其更好地应对压力。

2. 暂时离开

受访的护工缺乏照顾失智老人的系统训练，经过自己努力照顾后仍然不能处理好失智老人的睡眠障碍、乱走动、多疑骂人等激越行为，容易导致护工产生照顾无助感及引起烦躁、生气和紧张等负面情绪。部分护工会选择暂时离开，以缓解情绪，具体表现为不理会失智老人的行为、离开原场地、找其他事情转移注意力。H1护工、H3护工、H5护工和H8护工对于失智老人不配合日常照顾的行为，都选择暂时性地离开老人所在的空间，外出转移注意力，缓解"难受"的负面情绪。H13是男护工，他因老人L13经常乱走动而感觉照顾十分困难，在获得老人家属的准许后，他常选择不予理会，以此逃避照顾中的挫折。

她骂我，我就先走开，再走回房间，然后就没这么难受了。（H3）

叫他冲凉很头疼，如果我叫不动他冲凉，觉得很烦的时候，那我就先走人不帮他做咯，等到我心情好了，再回头帮他冲凉。（H5）

有时叫不动她吃药，我感觉叫得太生气了，就先不理她，走出房间透透气。（H8）

他既然要乱走来走去，我管了也不听，还要对我发脾气，我也不想找骂。反正他媳妇也叫我不用管他，让他随便走，跌倒了也不关我事，所以我干脆不管了，能跟就跟，其他的就由他去吧。（H13）

3. 向他人倾诉

护工获取情感支持的主要方式是向他人倾诉照顾过程中的困难，倾诉的对象主要是亲人或者关系好的同事，亦可是其他人。在向他人倾诉的过程中，护工表示能感受到鼓励、关怀和尊重等情感支持，情绪也能因此好转。

一开始我不想做下去了，感觉照顾这些老人真的很烦，之前也没做过，我就打电话和我妹说真的不想再继续做下去了，然后我妹让我想清楚，她劝我要做就做好，我后来想想也是，总是得克服困难的。那时候我经常打电话给我妹妹，不开心的（事）都告诉她。（H7）

H7 护工前期不适应照顾老人 L7，容易烦躁，主动向亲人倾诉负面情绪后，得到了亲人的劝导，从而坚定地克服情绪困扰，努力坚守岗位。

不选择出去做家政，主要是觉得老人院有一群老乡在，能经常聊天，出去孤零零一个。我和老乡说说笑笑，心里舒服好多，比如阿婆今天怎么追着我跑，对别人喊抓贼，又比如阿婆怎么大声赶我出房间……我比较喜欢上二楼客厅，和老乡聊天，阿婆也在那里坐着。(H1)

护工在院内有老乡等关系好的同工，可以彼此倾诉、说笑，能够增强彼此联结、支持的感觉，有助于缓解紧张情绪。

二、问题解决型应对策略

(一) 耐心劝导失智老人

当失智老人抗拒和干扰护工时，护工通常用劝导的方式争取让老人对照顾过程进行配合。多数护工尝试多次后感到难以坚持，也有护工在长期坚持耐心劝导之后，赢得了失智老人的接纳和信赖，老人对护工的配合度提高，最终降低了照顾的困难、减轻了照顾的压力。

一方面是自己确实要用钱；另一方面是我确实想继续带好阿姨。她之前总喊着要回家，在房间里老关门，不让我开 (门) 的，吃饭也不肯吃，后来我就慢慢地给她调 (整) 过来，比如看到她喊着要回家，我就慢慢跟她说："阿姨，你不要怕，我会照顾好你的。"就这样，不断地跟她说很多次，她后来就不怎么喊回家了，也喜欢我了，我说话，她也能听进去了。(H7)

(二) 寻求工友的帮助

台湾学者林朝仪 (2012) 研究外籍家务劳工的社会支持网络发现，个体因移动路径增加而拓展社会支持网络，即个体移动频率和范围越大，社会支持网络的异质性越高，反之则社会支持网络的同质性较高，规模较小。护工因在老人院照顾失智症老人，极少到机构外参加社交活动，所以院内的同工群体构成他们的主要社会支持网络，他们的社会支持网络呈现规模小、同质性高和联系密度强的特点。

一方面，护工难以得到其他岗位工作人员的帮助，在照顾失智老人出现困难时，通常只能寻求其他护工的帮助。例如暂时外出时寻求同工帮忙照看老人，或者在个人无法处理老人的异常行为时寻求同工的协助。

> 有什么困难，我们玩得来的工友互相帮忙的多，其他什么领导或者社工帮不了什么的。（H8）

另一方面，老人院中的护工往往由老乡介绍而来，同在异乡工作，老乡之间形成亚群体，凝聚力较强。由于受语言限制（指语言共通）H9护工在某一个同乡的护工群体中扮演"领导"角色，积极动员同乡群体互帮互助，如在同乡群体里，大家共同帮助H1护工照顾老人L1。

> 大家见到我都打招呼，特别是我的那些老乡，说实话我挺享受被他们尊重的，因为他们看得起我。我们老乡之间就经常有说有笑，一起出去买东西，互相帮忙看老人啰。还有不开心时一起诉诉苦，说说笑笑。比如过年我可以不回去，因为和一帮老乡叽叽喳喳的，很快就挨到年初七初八啦！我们老乡过年一起凑钱买点肉，在老人院当然是老乡之间语言共通，肯定会（有很）多话聊呀！（H9）

> 要是我阿婆发癫为难我，我就带她上二楼，去老乡聚集的大厅，他们一起帮我看。（H1）

除了老乡，一些其他工作人员也会对护工施以援手，如H3护工在院里无同乡群体，遇到照顾对象有抗拒行为时，则向值班室的护理人员寻求帮助。

> 那天中午我不在，到了午饭时间，我想推她回去，她非要一动不动地坐在这里，以前都是值班室的阿C帮我哄她回房间吃饭。（H3）

（三）寻求失智老人家属的支持

失智老人家属虽然已雇用护工，但他们仍然承担着照顾者的责任。他们具有跟失智老人互动的经验，有的家属可以对老人施加影响、改变老人行为，有的能协助护工处理和失智老人之间的关系，以及对护工给予理解和关怀，从而与护工形成照顾的同盟。此外，作为护工的直接雇主，家属能够通过给红包等方式对护工表达肯定，也能够通过调整对护工的要求来表达对护工照顾困难的理解，从而减轻护工的照顾压力。

> 她曾经将我反锁在门外面，我没钥匙，就打电话给她儿子，她儿子就

来骂她，后来她就好点了。（H3）

不用我负责老人的安全，尽力就好。反正她又摔不倒，连家属也放弃让我对阿婆的安全负责啦，我现在习惯了，遇到她发癫的时候就慢慢没以前那么怕了。（H1）

第六节　护工的压力应对结果

一、身体健康适应情况

（一）睡眠质量下降

多数失智症老人患有睡眠障碍，深夜里，他们经常到处走动、倒腾房间的物品或者叫醒护工，而全天陪护的护工为方便随时看护老人，不得不和老人在一个房间休息。因此，护工的睡眠质量难免受到老人活动的干扰，如受访者 H2、H4、H5、H6 和 H8 都有类似的反映。

有时（老人）晚上不睡觉，每天睡到早上 10 点多才起床。晚上走来走去，搞得我也睡不好。（H2）

我很多晚上几乎不得睡觉，她脑子不清醒，一进厕所就出来，坐一阵，然后又进厕所，反反复复，问我去哪里上厕所。（H4）

他打呼噜，有时候从晚上 1 点打响到早上 5 点，最难受的是经常"啊啊"地叫，叫的声很大，很久。我不得睡就变得好瘦了，现在瘦了 10 斤。（H5）

我晚上没怎么好睡的，因为有个人，你始终要用心记住，要时时刻刻看住她。（H6）

晚上她也走出去，有一次搞到我早上 5 点多才睡，因为她不肯回来，她一直哭，我拉也没用。（H8）

多数护工的年龄在 40~50 岁，生理机能已不如年轻时。身为照顾者需要有充沛的精力，但护工夜晚要多次醒来，照顾老人上厕所及处理失智症老人走动等异常行为，直接导致护工睡眠时间严重不足，从而身心更加疲乏。

（二）慢性疾病症状加重

不少护工本身已不年轻，患有慢性疾病，倘若他们照顾失智症老人的情绪反应激烈，有的会产生慢性疾病加重的后果。如 61 岁的 H1 护工患有心脏方面的疾病，在情绪稳定时能进行正常的体力劳动，然而面对失智症老人的异常行为，H1 护工反映她很难控制好情绪，一激动便导致心脏的疼痛感加重。

毕竟年纪大了，心脏也有点问题，很难做粗重活，心跳忽快忽慢的。有时她一骂我，我情绪很难控制，就被气得心跳加快，感觉心脏痛，搞得我要去看医生开药吃，不吃都很难熬下去的。(H1)

60 岁的 H7 护工患有胃和颈椎方面的慢性疾病，由于之前无任何照顾经验，第一次照顾失智症老人，照顾负荷较大，故引起慢性疾病的发作，身体的疼痛感加重。

我有胆汁性反流胃炎，颈椎也不好。当初照顾这个阿姨是很困难的，她是我第一个照顾的老人，我之前没做过。她很调皮，唉，反正我就是很难让她听话的，不知道怎么弄才好，然后心里不舒服呀，弄得我胃病发作了，很难受，颈椎也疼得很厉害。(H7)

二、心理健康适应情况

照顾老人的工作是一项需要投入较多时间和精力的服务，每一天的生活都以老人为中心，护工不仅身体上疲累，在心理层面也明显受到影响。受访者指出，他们照顾失智症老人后，经常有"紧张""生气""烦躁""恐惧"等心理感受，这些心理活动主要来源于与照顾对象的直接互动。由此可见，失智老人照顾工作中的困难、挫折和威胁，对护工的心理健康会造成多样的负面影响。

（一）紧张

受访者都感觉照顾失智症老人的过程是紧张的，而造成紧张感的主要原因是要应对失智症老人的异常行为，包括老人失控骂人、乱走动的情况。

H2 护工一旦想起被老人责骂，便感到严重的紧张感，即使理性上明白老人是因为失智而有这样的行为，也感到无法忍受。

我一被老人骂，心就绷紧，好像有石头压在心口上。你试想一下，看着他一副皇帝老子骂你的架势，你会舒服？反正我呢，一听到哪个老人经常骂人，即使是头脑有问题，我也坚决不会做这份工的。幸亏现在这个阿公头脑虽然有点痴呆，但好在不怎么骂我，能松口气。(H2)

失智老人经常无意识地到处走动，需要时刻跟进并确保其安全，这使护工的精神需要长时间处于高度紧绷的状态，身心格外紧张。

照顾阿婆，我一直都没停过，没放松过的。她经常到处乱走，怎么说都不听，迷迷糊糊总是走错地方，比如去人家的房间，（把那里）当成自己的，还要用人家的东西，又比如要停在饭堂门口，怎么拉都不肯走。之前听到一个痴呆老人走丢了，找了好久才找到，听得我好紧张。(H11)

（二）生气

虽然护工明白照顾对象的思维能力受损，但面对失智老人的攻击行为和对照顾的不配合，有时仍然会感到生气。H1护工谈到现在照顾的失智症老人时，"激气""恼火""发火"是最常被用来表达感受的词语。生气的原因一部分是受到老人打、骂等攻击，另一部分是这些护工希望照顾好老人，但是因为老人的不配合难以达到目标，因而感到强烈的挫折感，由此产生愤怒。

有时阿婆会发癫赶我走，对我又打又骂，气得我火大。即使我做了这么久，但一样受气，尤其是她和我顶嘴！要不是因为照顾她是我的责任，我都不会气呀！(H1)

院里要求我做到让阿婆好好吃饭，我肯定要做到！但是叫她吃饭的过程，我是很生气的，觉得真难叫！叫她吃个饭都被推三阻四的。(H4)

有时老人不肯听话吃药，我是很难受的，毕竟做这份工，我们要有责任心！老人家吃好饭，吃好药，我自己的心才安乐。但是这些工作做起来都会被激气，特别是老人不听话的时候呀。(H8)

（三）烦躁

在访谈中，一些护工提到对失智老人的看护工作在体力上的付出不多，但心理承受的压力大为增加。其中，主要的心理反应是易烦躁。这种心理状态体现为护工对于照顾工作的不满和难以忍耐。引起护工产生烦躁情绪的原因：第一，护工全天的注意力都需要在老人身上高度集中，缺乏休息和放松；第二，护工存在倾诉和表达的需求，但由于和失智症老人交流困难而受到压抑，生活单调；第三，失智老人抗拒照顾、四处乱走、健忘、撕东西等异常行为不断重复出现，护工需要长期消耗大量心力来应对。

我这份工作呢，看着任务量不大，但是从时间和精神方面看，就比较难受，主要就是觉得烦。你表面看我好像很舒服，不用做太多粗重活，但不知道我一天到晚都要盯着她，还要花心思哄她。既不能和她聊聊天解闷，又没有其他娱乐活动。尤其是我叫她吃饭、冲凉的时候，很难叫得动的。(H4)

我几乎 24 小时都要对着老人，又不能上网，什么时候都要跟住老人，同阿婆又没什么好聊的，又没假期，整天看着这个老人，心会很烦的。(H10)

我看他不肯吃饭，嫌弃这不行的，那不行的，真是好难服侍呀！你叫我怎么不烦？(H5)

她头脑痴线，老是要出去走，沿着这条走廊从这里走到那里，又要从那里走回来，来来回回不停，要我陪她找儿子，你说我怎么劝得动她不要走？反而我要被她拉着四处走，我最烦这样子了。(H8)

我刚开始照顾她，有时候想直接对她说我不想带她了，烦死了！我怎么说她，她都是不听的，一天到晚喊着要回家，把那些东西都撕烂了，不让我开门。(H7)

（四）害怕

受访的护工在谈到失智老人的攻击行为时，都流露出害怕的情绪。尤其在照顾初期，受访者不了解失智老人攻击行为的特点，害怕的程度更为强烈。不仅攻击行为令护工受到身心伤害，这种行为的难以预测更令护工感到不安。

照顾她真的心里团团转，很害怕。说句难听的，我好端端都不知道她几时对我一巴掌扇过来，换谁都觉得怕啦（边说边抹眼泪）。(H3)

有时我想多和她说话，解解闷嘛！但我好像问多点，她就突然骂我的，我都不知道哪里得罪她了，问多都怕她骂我。(H6)

三、工作适应情况

（一）感觉工作付出不被他人接纳

访谈中，H2 护工提及，"照顾这些老人很需要耐心的，真是不说你都不知道照顾这些失智老人有多难"（H2）。照顾失智老人的这个心理过程可归纳为"有苦说不出"。

多位被访护工指出，照顾失智老人需要付出较大的心力，即使是照顾自理能力较强的失智症老人，也不比照顾失能老人轻松。然而，外界通常以看得见的体力活动作为判断护工服务付出程度的标准，忽略了照顾过程中精神方面的付出，包括精力、耐力、注意力等需要消耗内心能量的付出，致使他们有着不被他人理解的苦衷。照顾压力难以宣泄，积压在心里，长此以往则增加消极的负荷反应。

外人以为我们照顾这些能自己走动的老人比较轻松，其实各有各的难处，我照顾这种老人也不好做，对我要求很高的。（H1）

人家以为我们就是看着老人，尤其是我照顾的这种，虽然失智但能走能动，以为我们很轻松，其实我们心理上的付出，很劳神，很多人都不知道。（H7）

说任务量不大，但觉得很没自由，精神方面有比较大压力，刚开始来的时候真是很不习惯，非常受气。（H6）

（二）照顾失智老人的无力感

护工因无法处理失智症老人的异常行为，导致产生照顾的无力感，即对照顾任务的自我效能感低，失去照顾好老人的信心，如 H1 护工提到，"这个老人太难服侍了，怎么做都不能让她满意，我真是没办法照顾好这个老人了，领导要是因为这样赶我走就赶我走吧，我没能力做好了"。

护工照顾老人的无力感，会对失智症老人的受照顾质量产生负面影响，如护工认为自我的照顾能力不足以解决问题，对老人的一些异常行为消极应对，可能难以最大限度杜绝安全隐患，如老人意外摔倒等。如 H13是男护工，他尝试控制照顾对象的异常行为，但收效甚微，以及自己睡眠受干扰导致缺乏精力，一段时间后他感到对失智症老人乱走动的问题束手无策，从而完全否定自己的照顾能力，任凭老人到处走动。

> 好像这些失智老人，头脑本来就不清醒，一定要走来走去，怎么叫都没用！要是我管阿公多了，他就发脾气，说不得的。他没记性，总是推着轮椅乱走，很少睡觉，搞得我也没有好觉睡，很累，白天经常在沙发上一下子就睡了，不是我懒呀，我真是一点办法都没有，没那个本事搞定他，现在也懒得管他了，他喜欢到处走就走吧。反正他媳妇也说了，要是不小心摔倒了也不追究我，我已经尽力了。(H13)

（三）照顾过程的情绪化

由于失智老人经常出现滋扰行为，护工的工作和生活受到干扰，或是因被老人攻击而严重影响情绪，虽然护工不断进行调适和压制，但由于缺乏更有效解决问题和纾解情绪的方式，导致有的护工在照顾老人的工作过程中难以控制情绪，有的表现为对老人大声喊叫，或对老人尽可能地回避。

> 我不耐烦时，忍不住会大声吼她的，这个我也知道不对，要有耐心才行，但时时刻刻都好心情对着她是不可能的。(H8)

> 我想好好和她说话，但我不知道我说错哪里了，突然被她骂一顿，问什么都不行。我就经常走出房间，不想理她，觉得靠近她就被骂，不如出去散散心。工友说看见我不在，她会找我，说是想我在身边的，但我不想回去对着她，觉得心情很不好，总是被她嫌弃。(H6)

第七节　结论和讨论

一、结论

通过老人院护工照顾失智老人的过程所感受到的压力及对应策略、结果研究，得出以下结论。

（1）老人院护工照顾失智老人的压力源主要来自失智老人、失智老人家属和院方管理三个方面，并非只来自失智老人难以照顾。此外，这三个方面亦具有相互交织的特点，共同构成护工照顾失智老人的压力源或者压力事件，这是由老人院环境和护工的工作性质共同影响的结果。例如，护工担心没照顾好失智老人的部分原因是害怕遭受院方管理层的惩罚或者家属的责备；有的失智老人经常走动，有的护工临时有事离开则需要请求同工帮忙照看老人。然而，院方要求护工严格遵守纪律，在一定程度上阻碍护工私下让同工帮忙看护老人，增加了护工的照顾难度；抑或失智老人家属对护工的投诉，导致了院方对护工施加管理压力；等等。

（2）老人院护工在照顾失智老人的过程中，护工对于压力源的认知评价基本趋向于将照顾压力视作有害的、有威胁性的和有挑战性的。例如，多数护工认为，失智老人的抗拒行为对自己的照顾技巧构成了挑战；另外，失智老人的干扰行为和院方的强制性管理，压抑了护工个人的生活需求和情感需求；有的护工害怕失智老人的重复攻击性行为，在平日的照顾过程中长时间感到紧张。然而，也有护工对于照顾失智老人的评价并不完全是负面的，有的护工拥有正面的压力反应，他们和失智老人之间产生了超越雇用关系之外的感情，获得良好的照顾体验，从而增进照顾者在照顾失智老人过程中的抗压能力。

（3）从老人院护工的压力应对策略可知，护工照顾失智老人日常生活的压力主要依靠调动个人主观能动性和认知资源，用个人的认知调节或者行为调节以缓解情绪；在解决问题方面，护工能寻求的社会支持较为单一，多数依靠同工之间的互相帮助，即护工只能通过同质性群体作为主要的社会支持来源以解决照顾困难中的实际问题。

（4）从护工照顾失智老人的适应后果看，护工在身心健康方面状态比较差，出现睡眠不足、身体疲劳和个人易产生负面情绪等情况；在工作适应方面，护工多感觉照顾失智老人的精力付出不被他人理解和接纳、产生照顾的无助感，在应对失智老人的异常行为时经常出现情绪化反应，有的护工因为难以应对照顾压力而不能完成工作任务或者辞职。

二、社会工作介入方式探讨

（一）微观层面

第一，要加大社会工作的专业服务力度，帮助护工采取有效的照顾压力认知和应对策略。基于护工照顾压力状况及应对方式的现状，教授其对压力的正面认知和应对方法，帮助护工更有效地改善由于照顾过程中的压力产生的不良情绪。机构社工不仅要对失智老人照顾护工建立档案，以个案方式进行关注，亦应运用小组工作发展护工的互助性小组，促进成员相互支持。

第二，强化资源链接者角色，为护工链接照顾失智症的专业指导资源，包括医疗团队、照顾培训和分享等，让护工学到科学有效的失智老人照顾困难的应对方法，增强工作效能，改善护工在失智老人照顾过程中的情绪感受。

第三，强化协调者角色。搭建护工和家属积极沟通的平台，协调护工和老人家属的沟通和矛盾，促使家属理解护工和正视护工的需求；协调院方管理人员和护工的工作冲突，让管理人员理解护工的难处，给予护工尊重，从而促进护工对在院工作的认同感。

（二）中观层面

第一，倡导院方优化管理制度以加强对护工的工作和生活权益的保障。应倡导加大对护工照顾失智老人的人力、财力和物力等方面的支持，完善护工照顾失智老人的配套设施；并设立护工向管理层或者向家属及时沟通、反映情况和需求的信息渠道。此外，社会工作者应当积极提倡老人院管理要加强人文关怀，重视护工的休闲、情感等需求，如为护工提供娱乐活动机会、为家属探视提供方便。

第二，运用专业手法加强老人院内的团队建设，如通过全院层面的职工活动增进其他岗位工作人员与护工的互动与了解，营造不同岗位照顾者之间友善、互助的氛围，扩展和巩固护工在院内的社会支持网络，提高护工在老人院中的归属感、支持感、被尊重感。

（三）宏观层面

建议政府对失智老人照顾提供更多的经济补助以提高老人家庭购买照顾服务的能力；建设培训平台以提高家庭和机构失智老人照顾者的照顾知识水平和技能；对老人院失智老人照顾的人力配比、物资配套等方面制定具体标准，更好地保障护工的劳动条件；对护工的劳动时间、薪酬等制定规范或指引，以保障护工的劳动和经济权益。在社会层面进行文化倡导，促使社会人士对失智老人的照顾需求和困境、护工的巨大贡献有更多关注和了解，促进社会对护工的尊重、理解，提高护工的社会地位。

附录　访谈对象基本信息表

护工	性别	年龄（岁）	受教育程度	月收入（元）	身体状况	工作时间（年）	照顾对象的情况
H1	女	61	小学	3100	慢性心肌炎	3	L1，患失智症、关节痛、听力障碍
H2	女	50	小学	3200	一般	5	L2，患失智症、高血压、糖尿病
H3	女	56	小学	3800	一般	14	L3，患失智症、下半身瘫痪
H4	女	49	小学	3200	做过腰部手术，不便做粗重活	1	L4，患失智症
H5	女	58	小学	3000	良好	6	L5，患失智症、全身瘫痪、语言表达障碍，常哀喊
H6	女	53	小学	3200	做过肾结石手术	1	L6，患失智症、腿部行动障碍
H7	女	60	小学	3000	胃酸反流、颈椎病	2	L7，患失智症、尿失禁
H8	女	45	小学	3200	良好	3	L8，患失智症、腿部行动障碍，频繁乱走动
H9	女	48	小学	3200	良好	16	L9，患失智症
H10	女	59	高中	3200	良好	8	L10，患失智症，腿部不便走动
H11	女	49	小学	3300	良好	5	L11，患失智症，频繁地乱走动，听力障碍
H12	女	54	小学	3000	良好	6	L12，患失智症
H13	男	52	小学	3200	良好	5	L13，患失智症，较频繁地乱走动

下　篇　社区照顾

| 第四章 |

高血压老年患者使用智能健康管理的影响因素研究

——以广州市 D 街道智慧养老项目为例

陈慧莹　李颖奕

第一节　引言

中国老年社会追踪调查项目发布的 2014 年调查数据显示，74.7%的老年人患有至少一种慢性疾病。《中国老年高血压管理指南 2019》指出，我国超过半数的老年人患有高血压，而在 80 岁以上的高龄人群中，高血压的患病率接近九成。高血压引起的并发症较多，可导致心脑血管、肾脏和其他血管系统的病变，严重威胁老年人健康，更是导致老年人失能的最主要疾病之一。根据世界卫生组织 2013 年发布的《高血压全球概要》，全球每年大约有 1700 万人死于心血管疾病，约占总死亡人数的 1/3，在这些死于心血管疾病的人中有超一半（940 万）是死于高血压并发症（WHO，2013）。高血压致残率、致死率高，给社会和家庭带来相当沉重的负担。《中国心血管病报告 2018》显示，2016 年心脑血管疾病的住院总费用中涉及急性心肌梗死的为 190.85 亿元，颅内出血的为 254.19 亿元，脑梗死的为 601.05 亿元（胡盛寿等，2019）。根据中国老年医学学会高血压分会2012—2015 年的一项调查，我国老年高血压的控制率为 18.2%，仍处于较低水平。老年人人口基数大、老年人患高血压比例高、控制率低给我国的医疗事业造成沉重负担，老年人高血压的防控刻不容缓。

高血压的控制不同于急性疾病，具有迁延时间长、症状反复和难以彻底痊愈等特点。当前，对高血压的控制并非只在正式的医疗单位进行，而更多的还要依靠个人，同时需要医疗的共同配合，这导致老年人高血压防治难度大。为保障老年人的身体健康和生活质量，科学有效的健康管理至关重要。慢性病自我管理模式已被证明可以帮助老年人控制疾病危险因素，在国外得到了广泛的应用，目前，我国慢性病自我管理面临着政策支持性环节及慢性病防控系统均未形成、多部门协调程度不高、居民健康素养低（吕兰婷 等，2016）、服务形式单一、手段落后、老年人认知度和接受度不高等困境（赵惠芬 等，2008）。另外，慢性病防治工作人力资源不足，质量不高、信息化水平较低，无法长期进行健康监测、信息收集、数据处理和干预（冯梅 等，2012）。可见，我国慢性病管理面临多种困境，老年人高血压自我管理难以有效实现。

近几年，依托迅速发展的互联网技术，智能健康管理在一定程度上提高了医疗效率，亦成为高血压等慢性病自我管理的新工具。智能健康管理依托信息技术，突破了时间、空间、人力的限制，为患者提供疾病监测、健康评估、健康指导、紧急救援等服务，具有节约医疗成本、提高医疗效率、提供个性化服务等优势，是实现高血压等慢性病自我管理的突破口。尽管智能健康管理具有重要的价值，但其作为一种新型的服务模式在发展过程中存在很多的困难和挑战。如，智能健康管理的发展需要得到用户的接受和使用，而目前老年人对智能健康管理的接受度与参与度偏低。因此，分析老年人对该技术采纳和使用的影响因素具有重要意义，能够弥补公共卫生医疗研究对家庭、社会等外部环境关注的不足，有助于加强老年人自我管理，有助于实现健康老龄化，并降低医疗及社会的照顾压力。

智能健康管理功能的发挥和实现首先需要老年人的接受和使用，该行为受各种具体因素影响，是一个复杂的社会行为。首先，高血压老年患者使用智能健康管理的场景是在其所生活的社区中，而非正式的医疗卫生单位，在接受和使用的过程中会与外部环境发生更多的互动。其次，高血压具有疾病时间长、病情反复、无法完全治愈的特点，不同疾病进程对老人是否使用智能健康管理的决定会产生差异化影响。最后，老年人对信息科技服务的认识和接纳受到多种因素影响，包括老年人的生理心理特点、他们对智能用品的态度等。老年人对智能健康管理的接受和使用行为受到多种因素影响，相关因素的具体内容和影响方式非常值得研究。因此，本章将研究有哪些因素影响着高血压老年患者对智能健康管理工具的使用，这些影响因素如何作用于老年人使用智能健康管理的决策。

第二节　文献回顾

一、概念界定

（一）智能健康管理

郭清（2011）认为，智能健康管理是指整合医疗和信息科技、企事业单位，开展全面的合作，建立高效率与高品质的健康监测、健康风险评估系统、疾病防治服务体系与健康生活方式，实施健康干预，帮助患者改善健康状况，增强慢性病的管理，提高生命质量，达到降低医疗费用的目的。智能健康管理的基本流程以远程实时身体监测、数据分析及健康评估、反馈、预防和追踪为循环路径（高晨晨 等，2016）。韩晓丹等学者（2016）将老年人移动健康分为以下四类。第一类为生理指标监测：是利用智能终端（腕带、手表等）、可穿戴设备监测老年人血压、血糖、呼吸、脉搏等生理数据，以达到健康状况监测、疾病追踪的目的从而增进健康；第二类是老年人照护：利用可穿戴设备、传感器、其他便携式智能终端等全程实时监测老年人状况，亲属可通过手机、电脑等移动设备随时查看，及时发现突发疾病或跌倒等情况，实现远程实时照护，应对意外事件；第三类是健康管理平台：是由云端平台、移动终端和移动网络等组成，满足老年人健康指导、健康评估、预防干预、个人护理等各种健康管理需求的综合平台；第四类是健康应用软件：是安装在移动智能终端上，如手机、平板设备等，功能多样的应用软件，常用功能包括健康资讯、用药提醒、挂号导医、就医咨询等。可见，智能健康管理的内涵包括参与主体、技术手段、服务流程、服务功能等。但是，智能健康管理强调自我健康管理，患者在使用智能健康管理的过程中，需进行智能设备、终端、应用程度等操作和使用，否则难以实现智能健康管理的功能。综上所述，本章智慧健康管理是指以促进自我管理为目的，整合医疗、信息科技、企事业单位等资源，运用信息技术，实施监测、分析、评估、反馈、追踪为循环的流程，为患者提供包括生理监测、风险评估、安全照护、健康指导、紧急救援等服务的全程健康管理。

（二）高血压老年患者

《中国老年高血压管理指南 2019》将老年高血压定义为年龄≥65 岁，在未使用降压药物的情况下，非同日 3 次测量血压，收缩压≥140 mmHg 和（或）舒张压≥90 mmHg。曾明确诊断高血压且正在接受降压药物治疗的老年人，虽然血压<140/90mmHg，也应诊断为老年高血压。结合我国退休年龄和高血压的评定标准，本章将高血压老年患者定义为达到法定退休年龄，虽然血压<140/90mmHg，但曾明确被诊断为高血压且正在接受降压药物治疗的老年人，或在未使用降压药物的情况下，非同日 3 次测量血压，收缩压（SBP）≥140 mmHg 和（或）舒张压（DBP）≥90 mmHg 的老年人。

二、老年人接受信息科技的影响因素

智能健康管理属于信息科技运用，老年人信息科技运用行为研究主要以科技接受理论、计划行为理论、技术整合性模型等为理论基础，影响因素主要归纳为个人特征及外部因素。个人特征包括年龄、教育水平、经济状况、身体机能的退化等因素。衰老引起身体的功能和认知变化会导致老年人因难以操作设备而减少使用信息技术（CAJITAETAL，2017）。女性、高龄、文化程度低、社会经济地位低的老年人接触互联网的难度更大（彭青云，2018）。外部因素则包括产品设计、感知有用性、安全性、外部支持等。首先，在接触阶段，老年人往往更看重技术的实用性以及它如何支持他们生活和使任务方便（刘勃勃 等，2012；CAJITAETAL，2017），因此，信息科技产品是否能满足他们的需求，即感知有用性对他们来说是非常重要的因素（王琳，2010；毛羽 等，2015）。其次，老年人不确定信息技术的可靠性，担心个人的隐私和安全问题（何迎朝 等，2017），会倾向于不使用信息技术以规避风险。而在使用过程中，产品的设计能否符合老年人特点，是否降低老年人的操作难度，都会影响老年人持续使用的意愿。同时，老年人在使用信息科技的过程中往往需要他人的支持和指导，才能克服技术上的焦虑，因此外部支持的可及性是重要的影响因素。

（一）个人特征

1. 生理层面

年龄因素：年龄增长会带来生理上多种变化，直接影响人们对信息科技的使用行为。年龄越小，接入互联网状况越好（吴新慧，2017）。衰老引起的功能和认知变化，使学习和使用新技术对老年人更具挑战性（CAJI-TAETAL，2017）。但也有研究发现，年龄的增长和生理机能的下降也可能对老年人使用科技产生积极的影响。伴随着生理功能的衰老和丧失，老年人渴望获得更多的医疗保健知识，因此促进了其通过互联网获取健康信息的行为（谢祥龙 等，2017）。

健康因素：除自然的生理变化，健康状况亦是影响老年人科技采纳的重要因素。健康问题较少的老年人更愿意使用网络，有各种疾病的老年人互联网使用比例较低（CHARNESSETAL，2004；王琳，2010）。莫秀婷等（2015）发现老年人身体状况的好坏直接影响了移动健康服务的感知易用性，从而间接影响了移动健康服务的采纳行为。王莉（2016）的研究则有相反的发现，认为当人的健康状态越不好时越有可能执行改善健康的行为，因此处于不良健康状态的用户将更容易采纳移动健康服务。

2. 心理层面

老年人对科技的接纳受到复杂多样的心理因素的影响，首先老年人对互联网普遍存在心理障碍（郑钊权，2010）。心理因素中，技术焦虑、自我效能、老化态度、孤独感成为影响老年人智能健康管理采纳的主要因素。与青年人相比，技术焦虑显著影响中老年人群体对移动医疗服务的采纳（严春美，2012）。移动医疗技术作为新兴技术，要求用户有移动互联网操作的能力，加上相较于青年人，老年人较少接触互联网等信息科技，这两个方面一定程度上加重了原本对互联网技术接受有障碍的老年人的心理压力，使老年人更容易产生焦虑，而拒绝使用移动医疗（李前慧 等，2017；李冰雪 等，2019）。并且，老年人的自我效能感明显低于年轻人（CHUNGETAL，2010），这种低自我效能、信心不足也会造成老年人技术焦虑，对信息技术产生负面情绪，从而降低老年人使用意愿（ADAMSETAL，2005）。反之，自我效能高的老年人会更愿意使用互联网等信息科技，他们认为自己能够驾驭新技术，不畏困难（石卫星，2017）。有着积极老化态度的老年人更愿意利用互联网技术，他们对变老有积极的态度，认为自己仍旧精力旺盛，对学习感兴趣，期盼与时俱进并重视沟通（BOULTON，2007）。那些自退休后就退出社会互动，认为新工具与自己无关的老年人使用互联网的意愿更低（HORIETAL，2006）。其次，不少老年人有着怀旧的倾向，按照以往的习惯生活，固守旧的娱乐方式、沟通方式，影响互联网的使用意愿（石卫星，2017）。此外，获得信息和跟他人联系的需求会促进老年人使用互联网（王琳，2010；罗盛，2018）。因此，需认识到老年人的信息技术采纳受到复杂多样的心理特点影响，并与其个人经历、认知等密切相关。

（二）社会因素

1. 使用的经济成本

经济是老年人使用互联网的物质保障，老年人的个人经济地位影响其使用信息科技可承受的费用。Robert 等（2009）发现，老年用户对用于健康监测的无线传感器网络的态度总体是积极的，成本可能是影响其是否接受的最主要因素。彭青云（2018）运用第四次中国城乡老年人生活状况抽样调查数据分析城市老年人互联网接入障碍，发现社会经济障碍对老年人互联网接入影响较大。王若宾 等（2014）发现老年人收入水平与网络使用有一定关联性但并非完全正相关，并非收入越高就越容易形成上网的行为，但具备一定收入水平对老年人互联网使用有促进作用。

2. 帮助的可及性

老年人在接纳并使用信息科技的过程中会有各种障碍，能否得到持续性、多渠道的帮助至关重要。Merceretal（2016）指出对于患有慢性疾病的老年人，可穿戴活动追踪器被认为是有用且可接受的，但新用户可能需要支持才能设置设备并学习如何了解数据含义。王琳（2010）发现帮助的可及性对老年人信息科技使用非常重要，包括在使用的各个时间段给予老年人不同的帮助，如选择合适的产品、协助安装、指导操作、售后咨询等，帮助的重要来源是子女。子女的孝顺、关怀及对老年人互联网使用行为的鼓励、期待等，能够显著增加老年人互联网使用的可能性（谢立黎，2014；谢祥龙 等，2017）。除此以外，年轻人或同龄人的帮助、参加电脑培训班或俱乐部对老年人互联网使用亦有帮助（XIE，2007）。

（三）技术因素

在技术层面，科技产品具备的功能、使用的便利性、安全性直接影响老年人对信息科技有用性和易用性的评价，从而影响老年人使用信息科技的决策。不少研究证明，感知有用性对互联网使用意向具有正向促进作用，并且这种影响对于各年龄段都是相同的（CHUNGETAL，2010）。目前，我国移动医疗技术还停留在重数据收集阶段，通过一些移动便携式的设备收集患者生理数据，但各项生理数据和诊疗反馈之间没有形成联通，导致数据孤岛的形成（王玲 等，2016），难以实现监测和反馈的循环；此外，智慧养老平台的封闭性影响服务的整合（张泉 等，2019），限制了智慧健康管理的有用性。此外，便利性不足是老人放弃使用信息技术服务的常见原因。Ziefle（2010）对智能环境和智能服装中实施的医疗服务进行研究，发现使用的便利性对用户使用具有直接影响；李冰雪等（2019）在高血压患者拒用移动医疗平台原因的研究中，发现部分患者因操作较为烦琐而不愿继续使用；李前慧等（2017）指出相关应用缺乏针对老年人的友好界面设计。最后，是否感到安全及信任是老年人使用信息科技的重要影响因素。何迎朝等（2017）发现服务安全对老年人是否采纳社区居家养老平台服务具有决定性作用，安全性既包括对服务效率和服务功能的信赖程度，也包含个人的隐私等安全问题。移动健康需要收集个人大量的健康数据，涉及个人的私密信息，会引起用户对个人隐私的忧虑（王文静 等，2017），此外，某些不良机构和伪冒专家利用移动医疗 App 这一新媒体进行虚假、错误医疗、养生信息的传播（陶品月 等，2016），加剧了老年人对个人安全的忧虑。但也有研究称，老年人高度重视独立性，因此任何可以延长独立性的系统或技术都将受到高度重视，健康数据的隐私可能不如通常认为的那么重要（ROBERTETAL，2009）。

三、理论基础：计划行为理论

计划行为理论是在 Ajzen 的理性行为理论与 Fishbein 的多属性态度理论基础之上发展而来的（FISHBEIN，1963）。该理论被社会行为研究者广泛运用于了解和预测个体的行为，已成为理解、预测和改变人类社会行为的主要框架（张锦 等，2012）。

计划行为理论认为个体的行为由行为的意向决定，而行为的意向受行为态度、主观规范和知觉行为控制三方面影响，个人行为态度越积极、主观规范越清晰、知觉行为控制越强，执行某种行为的可能性就越高。

1. 行为态度

行为态度是指个体对执行某一行为所持有的正面或负面态度。行为态度包括工具性态度（有用—有害、有价值—无价值）和情感性态度（正面—负面、喜欢—不喜欢），一些研究结果显示情感性态度比工具性态度影响大（CHANETAL，1993）。Ajzen（1991）认为个体的行为态度由行为信念而来，信念的形成包括对行为结果的重要信念和对结果的价值评估。

2. 主观规范

个体在执行某一特定行为时，会受到来自被其视为重要的个人、团体或组织的影响，受影响者会通过自身阐述进而决定是否执行这一特定行为。本章关注个人对主观规范的阐述性想法，将主观规范定义为个体感知到的促使其执行行为的"重要的他人"的期望、建议（张锦 等，2012）。

3. 知觉行为控制

知觉行为控制指个体感知到自己是否能够执行某行为的可控制的程度。控制信念决定知觉行为控制，包括自我效能及控制力，自我效能指个体对执行某指定行为的信心，控制力指个体感知到对执行某行为所遇到的障碍的控制程度。知觉行为控制被引入是用于解析个体在某些情况下未能完全靠意志来控制的行为是受到哪些因素的影响，与行为态度和主观规范主要考察主观因素不同，知觉行为控制主要是对客观因素的考察。

王静（2011）将知觉行为控制的影响因素分为内在控制因素和外部控制因素。内在控制因素包括个人缺点、技术、能力或情绪，外部控制因素包括信息、机会、他人的帮助；个人拥有的资源和机会更多，预期的障碍更少，个体对行为的控制应该更大。本章中知觉行为控制指高血压老年患者感知到自己使用智能健康管理的容易或困难程度，受自我效能感及外部控制共同影响。

4. 行为意向

行为意向即个体执行某行为的主观判断，反映出个体执行某项行为时的反应偏向，受到行为态度、主观规范和知觉行为控制的共同影响。

5. 行为

行为是指个体实际采取的行动。计划行为理论认为个体采取的行为是受行为意向决定的（见图4-1）。

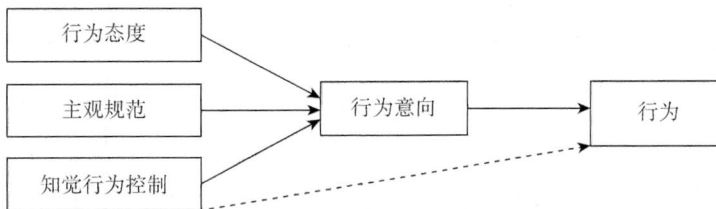

图 4-1　计划行为理论

在科技接受领域，以计划行为理论为基础的研究中已经挖掘出了大量影响老年人采纳和使用的因素，行为态度上包括对信息科技有用性、功能性判断；主观规范上包括重要他人的影响，如朋友、家人、同伴、政府；知觉行为控制上包括自我效能感、技术设计、信任度等影响，为本章探索影响老年人智能健康管理采纳和使用的因素提供了重要基础支撑（谢立黎，2014；夏红升，2018）。

第三节　研究设计

一、研究对象

本章选取广州市荔湾区 D 街道参与以智能健康管理为核心的智慧养老项目的高血压老年患者作为调查对象。广州市荔湾区 D 街道的智能健康管理服务自 2015 年启动后持续发展，成为全国的重要试点。2015 年底，D 街道被选为国家卫计委智慧健康养老试点单位，远程血压监测服务项目正式启动；2016 年，智慧健康养老数据平台开始建设，建立了包括社区卫生中心、服务提供方、政府三方的数据平台；2017—2018 年，先后被国家卫计委智慧健康养老专题工作会议授予"国家智慧示范基地"称号、广州市共建共治共享（医养结合——智慧健康养老项目）实践基地称号；2018 年10 月，D 街道为进一步明确平台中政府、街道、社区卫生中心、服务提供方、社工站、居家养老等角色定位及职责，制定了《智慧健康养老——医养结合工作管理办法》。2019 年 3 月，智慧健康服务扩大服务人群覆盖面，将糖尿病老年人纳入服务范围，提供远程血糖监测及独居健康手环。截至目前，D 街道已经形成了较为完善的智能健康管理服务模式，依托无线电通信技术，通过设备终端（血压计、血糖仪、手环）收集老年人血压、血糖及位置等数据，并与政府、信息科技企业、社区卫生中心、社工站、居家养老服务中心进行数据共享，借助手机软件和电话，为老年人提供数据测量结果、健康评估、安全支援、健康指导、预约挂号等服务。

目前，该项服务由 D 街道办出资购买，免费为户籍在该街道的"三无"、孤寡、低保、低收入、残疾、计生特别扶助家庭中患有高血压或糖尿病的老年人提供。除上述群体，D 街道户籍独居、高龄的高血压或糖尿病老年患者亦可免费试用该项服务。本章采用的是目的抽样，选取项目中使用智能健康管理的高血压老年患者为调查对象。纳入标准为：已采纳智能健康管理；无严重听力、视力障碍，有基本交流能力；知情同意；不限居住状况、经济状况、职业、性别等人口特征，以增强资料的差异性。访谈对象数量以理论饱和与内容饱和为考量，当调查对象的回答不断重复、一定时间内没有新的数据出现时，则不再继续访谈，最后调查对象共31名。

二、研究方法

本章采用质性研究方法。质性研究者的主要任务是阐述人们在特定场合，究竟用什么方式去理解、解析、行动及掌握自己的日常情境（迈尔斯，2008）。本章采用质性研究的主要原因是通过有目的性的访谈，尽可能获取真实有效并且深入的资料，能够对高血压老年患者智能健康管理的使用行为模式展示更为丰富的版图。国内外大部分关于智能健康管理的研究发现了大量影响老年人使用的因素，但由于智能健康管理的种类繁多、运用群体广泛，引起个体的行为差异的因素千差万别，质性研究的方法有助于加深对老年人使用行为的了解。此外，在国外的研究中，较少提及主观规范中重要的他人对老年人使用行为的影响，而在我国的集体文化和家庭文化浓厚的环境下，老年人对智能健康管理的接纳和使用必然在一定程度上受到来自家庭、社区中的他人的影响。人是社会关系的总和，人的行为往往充满了复杂性，采用质性研究能够在特定的场景下研究人的行为背后的认知机制，从而推动智能健康管理的本土化发展。

（一）资料收集方法

本章收集资料的方法是访谈法和行为观察法。

访谈法：研究者采用一对一的半结构式访谈并进行录音，每次访谈时间为10分钟到60分钟。在访谈过程中，研究者应用提问、倾听、内容反馈、追问等访谈技巧，鼓励受访者表达真实的感受和观点，以探索受访者从接受到使用服务整个过程的思想、情感、价值观念和知觉规范。

行为观察法：研究者在上门进行访谈的同时，以行为观察为辅助，了解老年人在日常使用智能健康管理过程中的行为等，加深老年人对相关设备与服务使用过程的认识和理解。

（二）资料分析方法

资料分析的具体步骤包括将代码贴在由访谈或访谈整理出来的札记上，

在札记上写反思或评注，然后将材料进行分类与筛选，以期找出相关的关系、差异、顺序等，最后将这些思考带到田野去验证。研究者在访谈结束的24小时之内，将访谈录音逐字进行翻译，根据访谈对象和具体的访谈内容分别进行编码，将相近或相同的资料进行分类整理，进而分析使用，进一步归纳提炼，以呈现高血压老年患者对使用智能健康管理的认知及决策过程。

三、分析框架

本章以计划行为理论作为整体分析框架，采用质性研究方法，运用访谈法和行为观察法收集资料，尽可能深入了解高血压老年患者使用智能健康管理过程中的态度、看法、体验、决策等，加深对影响该使用行为的行为态度、主观规范、知觉行为控制中具体因素的认识。在计划行为理论的框架下，结合智能健康管理及老年人的特点，本章将行为态度界定为高血压老年患者对使用智能健康管理带来的结果正面或负面认识和评价；将主观规范界定为高血压老年患者执行使用智能健康管理的行为时，所感知到其是否按照对其"重要的他人"的期望、建议来执行；将知觉行为控制界定为高血压老年患者感知到自己使用健康管理的容易或困难的程度，受自我效能和外部控制的影响。此外，通过文献回顾，整理出老年人信息科技使用影响包括个体特征、社会因素及技术因素，并将其纳入研究的框架中，以辨识和了解老年人使用智能健康管理过程中的行为特点，丰富对该行为的认识（见图4-2）。

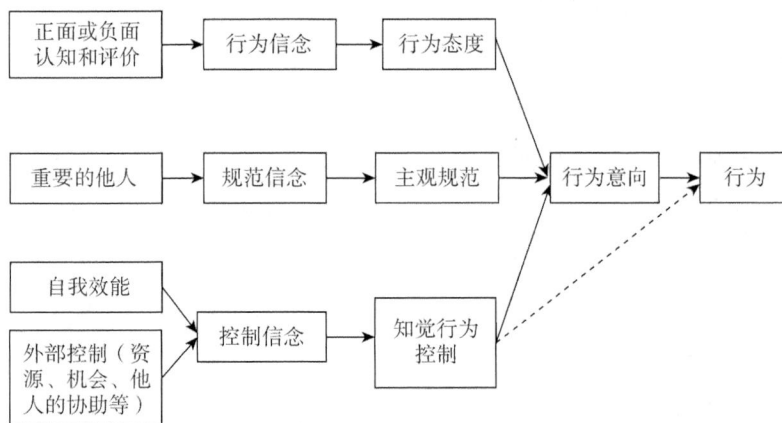

图4-2　分析框架

第四节　影响行为态度的因素分析

行为态度指高血压老年患者对使用智能健康管理带来的结果正面或负面认识和评价，这一态度主要是在接触和使用的过程中形成的，并随着使用时间的推移，亦会不断发生变化。影响行为态度的因素包括对疾病监测、风险防范、急救援助、医疗处置意见和资讯传递、感知风险等功能的价值判断。

一、对进行疾病监测的有用性感知

高血压作为一种慢性疾病大部分情况下伴随终身，规律的血压监测是有效管理高血压的前提。对血压的监测需要依赖设备进行，不少受访者过往因并未持有血压计，通常需要到医疗机构进行测量，这为血压监测带来极大的不便并难以实现规律性的监测。智能健康管理服务为受访者提供远程血压计，使疾病监测的作用显而易见，备受受访者好评。

挺好用的，也很方便，不用经常去社区医院量，自己在家可以随时量。而且人老了视力不是很好，它量完有语音读出来。（C19）

我一直都坚持吃药，也坚持有量血压，以前没有血压计就没有经常量，现在基本上每天早上都会量。而且自己这样每天测量就很方便，不用麻烦去医院测，方便很多。（C13）

血压会受到人的情绪、身体状况、睡眠、时间、气温影响而持续波动变化，对于血压不稳定的受访者而言长期规律性的监测尤为重要。

血压计我每天都用几次，所以每天都充电，没办法，害怕它没电。早上一起床，吃完早餐、吃完药我就测量一下。有时觉得不舒服，就又量一下。如果早上起来（发现）眼前是黑的，那肯定是血压低，我试过好几次。时高时低，真的被它玩死了。（C28）

我一般不舒服的话就是半夜，如果没血压计，是很麻烦的，不知道自己什么情况，万一随时晕倒了就很麻烦，半夜不可能出去量血压的嘛，还没出去就已经不行了，有了这个可以及时加药，这个很关键啊。（C15）

血压因时常波动而需要动态测量，全时间的血压监测是老人发现血压异常的必要依据，从而降低疾病风险，血压不稳定的受访者更重视血压监测。

二、对进行风险防范的有用性感知

未得到控制的高血压会使患者面临多种风险，因此受访者评价智能健康管理的重要标准是智能健康管理能否有效帮助其进行风险防范，达到降低中风、脑梗等情况发生概率的目标。

凡是患高血压的人都需要这个，真的很有必要。能够掌握到自己的身体状况，我遇到自己血压高的时候就可以马上加药。为什么这么重视管理自己的高血压？因为我妈妈就是这样，当时我妈妈发病的时候大家以为她只是感冒，就疏忽大意了，错过了最好的救治时间……所以发现的时候已经很严重了，有好几条血管堵塞了，好难回头了，住院住着连路都走不了了，治了几个月都没什么效果。(C3)

中风的话人又没，钱又没。我老公之前都有高血压的，是他先有高血压的，隐秘性高血压，都不知道的，后来中风了，我服侍了他6年啊，好像有些阴影一样。如果自己中风的话都不知道怎么办，我老公就说（他患病）有我照顾他，如果我中风，有谁能够照顾我啊，女儿要工作，她有家庭要赚钱，所以我意识上都重视一些。我日日都量血压的，天天都做运动的，也很担心自己会出现这种情况。(C4)

以上两位受访者均有亲属患高血压但忽略了危急情况的征兆识别，导致延误救治造成严重后果的情况，这种经历使她们具有较高的疾病风险防范意识。

这个血压计挺好的，自己可以经常测，有不舒服时就测一下，看到（血压）高了就加药吃一下控制好，不需要动不动就找人，去医院，吃了药还降不了就去找医生……我知道高血压是很危险的，以前听到那些街坊说，也曾看到有人中风了，手脚就动不了。我自己看到也很害怕的，但是也没想到自己会脑梗。(C22)

有过洗完澡之后一个人晕倒了几个小时，家人下班回来之后才看到

(这种情况) ……我就时刻都量着的，我的这个血压不稳定，有时高有时低，不能不量啊。血压低可以吃个辣椒就上去了，但是高就什么都不能吃，只能吃舌底药，睡着一声不出。那次可能忘了量就出事了，可能血压高。那次冲凉之前没量，只顾着看电视，想着10点了，就洗澡然后回房间慢慢玩手机。谁知道洗完澡出来就晕了。(C28)

受访者亲身经历高血压导致的身体伤害风险将促进其对智能健康管理的使用。被访者 C22 曾发生过脑梗，被访者 C28 受独自在家晕倒的经历影响，她们对高血压可能造成的风险有了更高的警惕性。风险防范意识较高的受访者认为使用智能健康管理能时常监测血压以及时进行药物处理，防范中风、脑梗等风险。

有的受访者虽然没有类似经历，但是具有较高的防范意识，特别是血压升高而身体反应不明显的患者，认为智能健康管理有助于其把握风险防范的主动权。

(智能健康) 这还挺不错的，能够知道自己的情况，我 (的血压) 很不好，血压高没有反应的，所以我每天都要量才知道。因为没有感觉很麻烦，就不知道自己高到什么程度……如果不知道自己的血压情况，躺下了没人知道。知道自己的状况如何，自己可以防范，自己可以防范就尽量防范，或者需要通知自己家人，自己知道先打电话通知，都有这样的作用。如果自己都不知道，不理它，这样就会突然发生状况，也就没办法了。如果自己血压高到脑充血，这样就没得挽回了，想通知都无法通知了，就算有平安通都按不了，如果发展到这种程度就没的说了。所以自己要知道自己的情况，把握主动权。(C9)

三、对获得急救援助的有用性感知

高血压病情具有反复性、并发症前兆的隐秘性及并发症的严重性特征，对老年人风险预防带来一定的难度并严重威胁老年人的生命安全，导致老年人对自身居家安全存在担忧。另外，随着家庭小型化、空巢化的趋势不断加剧，老年独居或双老居住的情况越来越普遍，这无疑又增加了老年人对自身生命安全的担忧。因此，他们对使用智能健康管理的价值判断更多聚焦在生命安全保障的急救支援上。目前智能健康管理具有后台监测功能，减少了老人面对突发疾病得不到及时支援的担忧，增加了安全感。

我也有血压计，但是以前没有每天量，现在就每天都量，好知道每天的血压情况，好注意一下。有时候觉得头晕，不太舒服就测量一下，社区那边（社区卫生服务中心）就会知道，就会有安全感，没有那么担心，毕竟高血压是个定时炸弹。(C1)

（智能健康管理）这个挺好用的，帮助很大，能够每天知道血压，有异常就马上有人问，有一次我血压正常，但是心率 115，就马上有人打电话过来问我有没有事，我就说我刚运动完，所以心率比较快，没什么事，很关心我的。这个远程传输数据很好，多了人知道什么情况，有情况就及时找我，已经达到目的了，无非就是防止血压太高的时候出问题。(C12)

被访者 C12 等几位受访者认为使用智能健康管理最大的好处是能通过数据传输及时让他人得知血压的危机状况，不至于发生死在家中无人知晓的情况。受访者多次接收到来自服务后台的电访，促进了受访者持续使用智能健康管理的行为。受访者还提出了改进的建议，如增加呼叫的功能，以便更好地实现急救援助。

由于急救援助功能的局限性，也有受访者认为这一工具难以起到实质性作用。主要原因是健康管理员只有在白天工作时间才能对老人的血压异常进行监测，并且目前这一工具只能由管理员呼叫老人而不能接听老人的呼叫；还有老人认为社区派人协助就医才具有实际作用。

目前他们呼叫我们容易，我们呼叫他们就做不到。如果能够改进，等于有个应急钟，变成双向。例如有人血压高，有些人高到 180mmHg，健康管理员要上班才知道。如果在 8 小时之外的时间测到很高，管理员要第二天上班才知道。（如果）半夜测到不舒服也能够呼叫，变成 24 小时就更好了。因为应急钟很重要，特别对上了年纪的老人家来说，一有什么头脑不舒服，你打 120 都不方便。(C29)

这个血压计有什么作用？我知道我血压高，但是我现在血压很高的，那怎么办？难道你能陪我去看病吗？有什么措施啊？血压高我知道啊，我

是独居老人啊，谁陪我去看……就算这个机子知道血压高，但是你也要下班了，又带不了我去看，那有什么作用？（C10）

从上文可见，高血压会对生命造成威胁，高龄、独居的受访者对这种威胁的感知尤为强烈，对智能健康管理的急救援助功能有强烈期待。

四、对获得医疗处置咨询和资讯传递的有用性感知

在高血压管理中，老年人非常希望获取的是专业的医疗处置咨询和疾病管理咨询。因此，老年人对智能健康管理的评价深受其所获得的医疗处置咨询和专业的疾病管理资讯的质量和数量影响。

这个功能（血压传输）最好，因为有专业的医生知道你的情况，我们自己量的话只知道高低，他们就会给你专业的意见，有人提醒你该怎么做，提醒自己要注意什么，这个真的非常重要，专业的指导，专业的知识，这样好很多。（C11）

每天发消息告诉我，经常也有一篇很长的消息给我（每月一次，总结血压情况，从中医角度提供健康资讯），很好的，我很关注的。（C3）

在日常高血压管理中，受访者认为医生专业权威的意见尤为重要，绝大多数情况下想要获得医生的专业指导需要到医院并且需要付出排队、抢号等时间和精力成本，而智能健康管理能将受访者血压测量数据即时传递给专业人士，后台进行测量结果筛查并给出建议，受访者感到自身的情况被医生关注，并且可便捷地获取专业指导和知识，得到医疗处置咨询，因而更愿意使用智能健康管理。同时，智能健康管理逐渐成为老人所信赖的健康资讯渠道，受访者对其发送的血压管理知识、个人季度健康报告等资讯认同度较高。被访者 C26 和 C3 都提到在社区定期复诊的时候，社区医生会结合其近期使用远程血压测量的结果提供建议。受访者认为通过使用智能健康管理服务，自身的情况更能被医生了解，有利于有效指导。

最大的价值就是量的血压传输到社区，社区医生了解我们的情况了，日日都会传过去的，医生好知道我们的情况，了解我们的情况，我去看社区医生的时候都会说我量的情况怎么样。（C26）

这个服务对监测血压提供了很大的帮助，去社区看的时候医生也会结合血压情况来提供意见，已经做得很好。我以前都经常测量血压的，现在就更加（经常测量血压）了，社区医院那边知道我每天的情况。每个月去看医生拿药的时候，医生就会告诉我如果量到血压高了，不舒服了，下午的时候就加半粒药，所以血压计对我很有用。那个小程序的消息，这些消息是很好的，这个医养结合服务真的很好的，我有时量的血压比较高，就会有人打电话过来和我聊天的，而且有每天消息告诉我，时常也有一篇很长的消息给我。（C3）

有的受访者认为目前健康管理服务的医疗指导缺乏针对性。

只有那几个建议，都是差不多的，注意保持正常姿势，只有这些。有时突然量得很高也没什么说法，没有马上说要怎么解决，一超过正常值只有这么说，到了中度就去找医生，160、170都是这样，都没有什么后续。起码要提出具体意见，针对性强一些，现在范围太大了，160是这样，190也是这样的建议，千篇一律，没有针对性的意见。（C14）

五、对使用信息技术导致风险的顾虑

面对信息技术，老年人容易产生恐惧和忧虑。个人血压数据被其他人知道，令部分受访者感到担忧，并产生"被监视"的感觉，也担心个人信息被不法分子利用进行诈骗，造成对身心和财物的损害。

我不想被监视，我不想被拿了数据，也不知道是什么用途。反正现在这么多真、假的东西，也是怕督促着自己的。数据传输，有人知道让我有压力，又加重我自己（的压力），总是觉得自己有病。血压计用起来不难，但是被人监督不好……当时说上传到社区医院，我想着我自己的数据为什么要给他们知道，怎么知道他们是不是就是社区医院的，我不是很信任，现在的东西真真假假谁知道。当时想着试一下，谁知道它说会上传。上网看很多说那些人收了很多数据然后拿去卖。你想一下，经常也有来历不明的电话打进来，所以我有这样的担心。座机就经常有人这样打进来，有时又假装是我儿子，有时又假装是我侄女，我暂时都还没有上过当，我都先问清楚再和他说话。（C20）

在访谈中，多数受访者并未表示担忧使用智能健康管理会产生信息泄露风险及抵触被监督，这可能是因为老年人渴望维持独立性，因此愿意让渡对数据保密的要求，以使用能帮助自己延长独立性的系统或技术（STEELEETAL，2009），但仍应从技术上保障老年人个人信息的安全，及让老年人清晰了解安全保障机制，促进其对智能健康管理的接受和使用。

第五节　影响主观规范的因素分析

主观规范指个体在执行某一特定行为时，会受到个体视为重要的人、团体、组织的影响，进而决定是否执行这一特定行为。在本章中，主观规范即高血压老年患者使用智能健康管理服务时，所感知到自身是否按照"重要的他人"的期望、建议来执行。对于新技术的使用，老年人会有各种各样的考虑，降低了其接触和使用的主动性，此时，"重要的他人"的想法、做法至关重要，老年人会在与其互动中感知影响，从而决定是否使用智能健康管理。本章发现，影响受访者的"重要的他人"包括家人、服务提供方、社区各组织及政府几个方面。

一、家人的影响

面对新科技，老年人的接受程度会受到外部的影响，特别是对其有重要影响的人或团体。在我国传统文化中，老年人十分重视家庭，日常的行为决策最容易受到家人的影响。

我女儿很关心我，还督促我（测量血压），很厉害，多了个人督促我。（C21）

我女儿一直都是很担忧的，说老爸走得早，如果你也走了，那我就没人了。我天天都做运动的，也很担心自己会出现这种情况。都不知道怎么说，老人家不是这样病就是那样病。我女儿也说，老爸都走了，你也走的话，我怎么办。（C4）

家庭是人们情感的归属地，亲情的关怀对受访者的影响是巨大的。虽然家人的参与并不是太多，但子女表达害怕失去受访者和督促受访者测量血压均让受访者感受到被重视和爱护。受访者为了回馈家人的关怀，对自己的健康倍加关注，也主动使用智能健康管理。

> 高血压是有好多危害的，对血管，没什么就不要大怒，（不然）会脑充血的，会死的，好容易死的。所以遇到什么事都要慢慢处理，不要太着急，不然很容易血充头啊。我都试过，想东西想得太多，几天都不舒服，头痛啊。所以我现在都说我什么都帮不了他们（家人）的了，我主要是照顾好自己的身体，就是帮他们。你说我帮到他们什么，说什么他们也不听。但是我照顾好自己，自己身体好，至少他们不用去医院看我啊，已经好多帮助了，其他什么都帮不了。（C21）

被访者 C21 与子女同住，在子女日常照顾中，受访者感到满足并感知到家人对其的爱护与重视，从而更重视管理自己的健康。这种行为体现了代际间互惠的影响，子女照顾老年的父母，父母亦努力维持好个人的健康，以减少家人的照顾负担。

二、服务提供方的影响

科技始终无法取代人们的陪伴和爱，而来自人们的关心能够让科技充满温度，情感关怀在老年人使用智能健康管理中起着重要的促进作用。服务提供方的健康管理员持续定期进行电访，每次电访中健康管理员咨询受访者血压情况、进行健康指导、应急支援情况咨询、服务使用情况调查等，被大部分受访者认为是一种关心而非督促，受访者赞同服务提供方给予了他们关怀，并受此影响积极坚持使用智能健康管理。

> 他们经常打电话给我，会问我情况怎么样，叫我要注意什么，挺好的。有人指导，多了个意见，而且他们是很关心我的，很热情。（C16）

> 如果太久没测，就会有人打电话过来问的啦，就说 G 先生你为什么没有量血压的，就是说我为什么没传输上去。我如果有一段时间没量，他们就会打电话过来催我，挺好的。感觉到有人经常关注我的病情，很关心我，都挺好的。（C11）

绝大部分受访者表示时常收到来自服务提供方的电访，健康管理员主动了解其健康状况并进行健康提醒和指导，受到测量血压和血压管理的督促和提醒，让受访者感到自己的健康得到他人的关注，对其坚持使用智能健康管理服务有重要的影响。

> 最主要的就是有管家婆（服务后台工作人员）管好，不久就来问，体检之类的。老人都是这样子的，不是骨痛就是哪里痛的。最好就是这个管家婆，经常问前问后，见到你的血压高就打电话来问，很担心你死了没人知道的，现在就很安心了。我每次血压高就打电话过来，很快的，每次都叫我注意注意，叫我快点去看或者吃药，很好的，对老人家真的很好的，有个管家婆。有什么事管家婆就会叫我、督促我。起码都有人关心我，老人都是怕孤独的。（C4）

老人 C4 "怕孤独" 的表述也反映了大多数老年人的心理现状。随着年龄的增长和家庭小型化不断加剧，老年人社会参与不断减少，家庭支持薄弱，社会支持网络收窄，情感关怀的需求日益增强。服务提供方通过定期的电话问候与受访者建立了良好的关系，让智能健康管理成为人与人互动的媒介。在持续的互动中，受访者感觉到被关心和理解，孤独感得到了极大的缓解，从而认为智能健康管理并不是冷冰冰的技术，对受访者持续使用智能健康管理有正向积极的影响。

> 现在拿到这个血压计之后我才两天测一次，以前都是几天才测一次，感觉自己不舒服才测测看，平时没什么感觉没什么事就不测。厂家说最好天天都测，那我就测……当时是街道叫我来了，说是开会。我不知道有发血压计的，后来登记了说给个奖品，是政府给的，厂家免费给的，要我量血压，要使用，一定要使用，不使用的话就会收回去。所以自己能够尽量注意就注意，如果注意不到就没办法了。（C8）

老人 C8 以前测量血压不定时，当服务提供方提出每天测量的要求并反复强调后，受访者意识到定时测量的重要性，调整了自己的行为习惯。

在影响老年人对新科技接纳和使用的诸多因素中，心理方面的影响不容忽视。老年人的预期寿命在不断增加，但他们自退休后社会交往网络不断萎缩，老年人与外界的接触和互动逐渐减少，容易产生孤独感，渴望得到情感的关怀。通过访谈可发现，服务提供方不仅提供健康服务，还向老人表达了理解、关怀和支持，使受访者产生被关注的感受，这种与服务提供方的情感联结成为受访者坚持使用智能健康管理的重要动力。

三、社区各组织的影响

社区卫生服务中心、居委会、社工站等组织作为政府福利和服务在社区的供给方，在与居民的互动过程中获得居民的信任和认同，这些组织的工作人员对智能健康管理服务的推介对老人使用该服务起到直接的作用。

当时是居委会通知我去的，说我们低保、独居老人可以领血压计，可以量血压。（C4）

社区居委会作为最早的居民自治组织，被居民所熟知和信任，而受访者中不少是属于经济困难的群体，是社区居委会重点关注的对象，该类对象有不少的社会保障、福利待遇是向社区居委会申请和办理的，他们对社区居委会的熟悉和信任程度高。

当时社区医院告诉我有这个服务，让我去看看，我看有血压计发，就申请了。（C19）

当时是社区卫生服务中心打电话叫我去的，我出院病历、门诊的资料都交给社区的，所以他们知道我的情况，就叫我过去领血压计。老人家，特别是我们这些独居的，有人关心一下都觉得不一样的，有人爱护自己。（C26）

在高血压的管理中，与受访者接触最多的是社区卫生服务中心。老人C26对社区卫生服务中心具有很强的信任，因此欣然接受指引使用智能健康管理。

当时应该是社工站打电话叫我过来开会，当时应该有100多人，我看到有个说明书之类的，有这三样东西给我，血压计、手环、平安通，我当时不知道是发这三样东西的，发的时候就给说明书，解析这些怎么用。其中有一项写明发的对象有低收、贫困户、残疾人、鳏寡孤独、独居、60岁以上的，我可能就属于60岁以上独居这类吧。（C9）

老年人对信息科技产品并不了解，很多老年人并不知道那些信息科技产品是否适合自己，更多的是参考和采纳他人的意见。近年来，随着社工服务的不断开展，社区居民对社工逐渐熟悉和信任，因此在服务接触过程中，社工的通知和意见也发挥了一定的作用。

由访谈可知，大多数受访者一开始是被动接受智能健康管理服务的，通过社区居委会、社工站、社区卫生服务中心等老年人重视和信赖的组织的推介，老年人倾向于听从意见而接纳智能健康管理。

四、政府的影响

D街道作为全市智慧养老服务试点，受访者认为智能健康管理服务是政府提供的一种福利，相信它是对老人有利的，认为就算不是很明白设备如何使用，也不应浪费这个机会。

手机是女儿教我用的，这个血压计她也不懂，不过她经常对我说，这个东西别的街都没有啊，我们有这么好的福利，就不要退啊。(C10)

这个对所有老人家都好，60岁以上的，多少都有些问题，及时预防，这个免费都不用就是真的有点傻，都是政府的福利给老人家，有百利而无一害，怎么不用呢，自己都不保重自己，出事就麻烦别人了，那些功能也很简单，不懂的话问问人就可以了。(C15)

受访者认为政府推行智能健康管理体现了对老年人的关心、重视，这种看法强化了受访者的社会责任感，激励着他们积极使用服务以维持健康水平。维系健康不单是自己个人的事，也被视作一种对政府工作配合的行为，否则将会对群体造成负担，因此使用服务是对他人和社会负责。

以前我没有血压计的，现在给了我之后才量血压的，现在经常量知道自己的血压情况，肥腻东西就不吃。以前是不会对血压这么重视的，但是现在政府这么关心你，为什么自己不关心自己，自己不量血压，是吧?(C21)

既然政府这么关心你，那就尽自己的责任，他们说要每天都量，那我就基本每天都量，多配合人家工作。(C27)

我只能自己保重自己，对得起政府，不要拖累别人，现在政府对我们这些老人这么好。(C6)

可见，由于智能健康管理服务是政府提供的福利资源，老人作为资源的领受者，由对政府福利举措的信任延伸出对服务的信任，此外，还产生使用好福利资源、配合政府意图、维系好健康情况的责任感。

第六节　影响知觉行为控制的因素分析

知觉行为控制指高血压老年患者感知到自己使用智能健康管理的容易或困难程度，受自我效能和外部控制的影响。自我效能指老年人使用智能健康管理的信心，自我效能高的老年人更愿意使用服务。外部控制指个体认为使用智能健康管理的难易控制程度，当他们认为拥有资源、机会、他人的协助等越多，他们预期的使用障碍就越少。在自我效能和外部控制的双重影响下，老年人对使用智能健康管理形成自我评估及审视。

一、自我效能

自我效能强的受访者对使用智能健康管理服务充满信心，因此使用的可能性更大。自我效能又受被访者生活的态度、过往使用手机、互联网等信息科技产品或服务的经历、工作经历的影响。

用起来都还可以，没什么难度，不过再先进就没办法了。我以前手机还是3G的，后来他们说换个4G的，可以上网什么的。所以我就学一下，妹妹、朋友都说叫我换个手机，搞个微信，学下新东西。他们都说跟一下时代才行啊，所以我都会用微信，现在都很会用，但微信如果加点什么东西我就不会。我这个人不蠢的，人家教一下我就会的，别人教我这里点一下就是听，这里点一下就是发送。我文化水平低但是学东西很快的。我小学毕业，一直做维修工，做到技师的。我头脑是挺灵活的，大的冷气工程，我现在还会修的，我力气现在还有的，不过就是力不从心，身体限制我……我自己是搞维修的，我认为功能多是好，不过功能越多越复杂，功能太多就不是太好。不过现在产品先进了，也没问题。(C8)

首先，老人C8有着积极正向的生活心态，对信息技术抱有开放的态度，在朋友的鼓励下主动学习微信，愿意跟上时代的步伐。其次，受访者成功学会使用微信的经历提升了其自我效能感，增强了其使用信息科技产品的信心。此外，由于过往从事机器设备的维修工作，受访者对自身的能力有积极的评价，认为自身头脑仍旧十分灵活，对使用新科技充满信心。不应忽视的是受访者对科技仍旧有一定的恐惧，认为智能健康管理的功能大多并不是一件好事，反而可能增加使用的难度。

微信上面我看到，都挺好的，我就作为参考，是我女儿教我用微信的，所以这个也很简单，懂得怎么样，遇到不懂的地方就问问我女儿，还有街坊。我虽然是个农民，但是我也会很多东西的，拍照那些我也会的，我也很喜欢学手机这些，我不怕的，不懂就问问人。(C13)

老人 C13 虽然对自己的职业地位和文化程度评价不高，但对学习智能设备的自我效能高，认为使用智能健康管理没有难度。受访者对使用这项服务的自我效能感与过往使用智能手机、微信的经历有着密切的关系，此外她不怕挫折，即便遇到使用障碍，受访者也会主动寻求帮助来解决问题，因此其持续使用的可能性随之增加。

非常不好用，不知道应该怎么用，问了医生，还是不会，太高科技了，非常不好用，都不知道有什么作用。给我的时候要有人教我，这种新科技你们有人教我才行的嘛，我读的书少，又没学过这个。我都说我不想要的，我自己有一个，这些是新鲜事物，好鬼烦的。(C10)

老人 C10 与其他受访者的受教育水平相差不大，但自我效能感偏低，认为智能健康管理设备是高科技，文化水平低的人难以使用。受访者还提及了在使用过程中寻求帮助后仍旧未能成功使用的经历，其试图克服使用障碍，然而失败的经历打击了其使用的信心，导致其不再愿意使用智能健康管理。

可见，受访者使用智能健康管理的自我效能感受个人过往使用信息科技如微信和互联网的经历、工作经验、寻求帮助的结果等影响。成功的使用经历能减少老年人对智能健康管理的恐惧，增强自我掌握和使用的信念。自我效能感与成功的使用经历是相互促进的，因此在服务中应重视增加老年人对科技产品接触和使用的机会，协助老年人学习及使用相关设备，增加其成功的经验，提升其自我效能感。

二、外部控制

在使用智能健康管理进行自我管理的影响因素中，外部控制指个人认为使用智能健康管理的难易控制程度。即便受访者拥有较强的使用意愿，但缺乏外部控制，如缺乏资源、机会、他人的帮助等，也难以执行使用行为。经访谈发现，该服务的外部控制因素包括使用的经济成本、协助的可及性、信息技术基础要求三个方面。

（一）使用的经济成本

我国老年人收入渠道较为单一且退休后收入固定，随着年龄的增长对未来生活又有越来越高的医疗支出预期，因此老年人通常在消费上呈现出谨慎、节俭、量入为出等特点。因此，受访者对付费使用智能健康管理的回应上一致性较高，绝大部分受访者无意愿进行自费使用，即便认同使用智能健康管理带来良好作用的受访者亦是如此。

有的受访者认为目前是智能健康管理的试验推广阶段，使用智能健康管理也是在配合政府的工作，配合政策的实施，为试验作出了贡献。因此，受访者认为付费使用并不合理，直接降低使用的意愿，甚至对服务提供商产生负面认知和不信任。

对于老人家来说都是希望普惠的，一来因为老人家没有收入来源，只能靠养老金，除去其他费用，都没有剩余多少……虽然这几年政府已经做得很好，但是期望还是继续有投入，没有这些老人，怎么会有现在的发展……如果收费超过能力和预算，这个就不合适了。但是我相信这个东西搞好，越多人用成本越低，如果收费高了就没有人用，那国家就要付出更多养老（成本），就好像失能人员要补贴1000元。（C29）

老人 C29 认为首先老年人的收入渠道单一，积累财富的能力下降，对于价格是敏感的；其次老年人为社会财富的累积作出了贡献，有权利享受国家繁荣的成果；最后该项服务如果能普惠，使用规模大，能降低单个使用者的成本，且这是对老年人的健康投资，较少的预防性投入可以降低老人失能带来的经济负担。

部分受访者表示能够理解需要使用者付费，但是收费标准需要符合其经济能力。

> 如果免费肯定是最好的，但是现在很多老人啊，要考虑那么多人……所以很难的，现在已经很不错的，已经做得很周到了。如果太贵我也不会买的了，我觉得作用最大的就是血压计，传不传输都没问题，主要是我自己知道。（C21）

绝大部分受访老人付费意愿非常低，经济成本对老年人使用服务的意愿产生了显著的影响，可见资金的保障是老年人接受智能健康管理的重要先决条件。

（二）协助的可及性

作为一项信息科技，受访者在使用智能健康管理过程中存在一定的障碍，这时是否能够得到他人的协助和指导至关重要。当受访者获得有效的协助时，可避免受访者产生技术恐惧，增强其对服务使用的信心。

> 曾经有传输不了的情况，也不知道什么原因，也管不了那么多，不知道找谁处理，就不管了。（C2）

老人C2曾遇到技术故障的情况，难以排查故障原因，也缺乏寻求协助的渠道，感到无助和气馁，只能放弃使用。缺乏明确的技术援助渠道显著增加了老年人使用服务的障碍。

> 我让家里人帮我弄的，微信我都会，但是如果复杂一些的话我就不太会了，需要别人帮忙搞一下。（C8）

老人C8即便一开始并不懂得如何操作和使用智能健康管理中的终端设施或程序，但得到家人的帮助，有效解决了使用的障碍，使其更容易接受并使用智能健康管理。受访老年人一般与子女有密切的联系，特别是与子女同住的老年人，老年人最主要的求助对象是子女。

但老人向子女求助也有一定的限制，导致其未必能得到家人的充分支持。老年人由于学习过程相对较慢，担心麻烦家人，也可能导致其不能掌握操作方式而停止使用。

> 没人教我，都需要别人教我，女儿又很忙，都忙着上班，说总是教不会我，很烦，教了几次就说很烦了，所以我都没叫她教我了。（C1）

除了家人，社工、社区卫生服务中心的职员也是老人的求助对象，求助能够得到回应并且解决问题，使老人更有信心克服使用过程中的障碍。但这一过程是否能顺利完成对老人来说是有挑战性的，因为并无指定负责工作人员，需要老人态度非常主动，有的老人因为没有安排人教而难以采取求助行动。

> 微信是家人和社工教的……还有社区卫生中心的，我也会问他们，身边很多人是支持我的。(C3)

没有明确的求助对象给老人带来求助的障碍。

> 我女儿说不明白就去问那些社工，我说那些社工是那么容易找的吗……那要明确找哪个人才行啊。我也不知道找谁，那怎么办？我觉得这个东西免费是应该的，不过也要教下怎么用。(C10)

（三）信息技术基础要求

智能健康管理的使用对基础设备、设施的要求低，会直接减少老年人使用的障碍，当老年人认为自身具备条件和有机会使用时，使用的意愿会有所增强。

> 我不担心这是什么科技，没要求一定要用微信。(C21)

> 其实不会用手机也不会有影响的，主要知道自己血压情况就可以了，这只不过是个监督，自己心里有个数，今天血压高，就不要吃那么多，对我们真是很有用的，是一个很重要的提醒，即便不会玩手机也会看到。(C3)

> 手机微信没收到，不过他是会打电话过来的，那些我不懂，他们会打电话过来，就很好了。手机那些功能应该没什么需要，最主要是有人关心就行了。我很少用微信的，不过都是打出去，打回来。我很怕别人吵着我，那些群不停地响。(C4)

智能健康管理的使用无须受访者配备网络、智能手机等基础设施设备，对老年人基础科技设备的要求低，使多数受访对象均能具备相应设备条件。能使用智能手机的老人可以同时使用远程血压计及微信小程序等，如不能使用智能手机，也可用手环实现多种功能，仅用手环的老人同样认可智能健康管理对监测的便利性以及风险防范、急救援助的功能和价值，直接影响老年人使用智能健康管理的意愿和行为。信息基础设备要求低有利于智能健康管理最大限度地在老年人群体中得到推广，扩大其影响力。

总结本节，自我效能与外部控制共同影响知觉行为控制，缺乏任何一个条件，老年人都难以执行使用智能健康管理的行为，即表示老年人有高自我效能感，但缺乏外部条件的支持，便难以执行行为，反之亦然。自我效能感更多地受到个体使用信息技术如微信和互联网的经历、过往工作经验、生活态度、寻求帮助的结果影响，成功的经历越多，受访者自我效能越高，不抗拒或害怕智能健康管理，相信自我能够掌握和使用。

外部控制包括使用的经济成本、协助的可及性、信息技术基础要求等，当老年人未能从这三个方面感知到支持时，便会形成使用智能健康管理的阻碍。其中，使用服务的经济成本会直接影响老年人的使用行为，老年人从消费者和社会特殊群体这两种身份判断使用智能健康管理的价值和社会意义，目前阶段他们付费使用的意愿很低。此外，应提供多渠道、多方式、持续性的咨询协助，以增强协助的可及性，降低对老年人使用障碍造成的烦扰，否则老年人会因担心为他人带来麻烦、负累而放弃使用。最后，使用科技产品所需要配备或配套的要求越低，老年人感知到使用的成本、条件越低，使用意愿越强。

第七节　研究结论与展望

一、研究结论

对于高血压老年患者使用智能健康管理服务的行为影响因素，本章的发现如下。

老年人使用智能健康管理服务的行为在行为态度、主观规范、知觉行为控制等层面受到多种具体因素影响：行为态度受疾病监测、风险防范、急救援助、医疗处置咨询和资讯传递、感知风险的因素影响，形成对使用智能健康管理结果的正面或负面态度；主观规范方面主要体现在老人受家庭、社区中的组织、服务提供方及政府的影响，增强或削弱使用服务的倾向；知觉行为控制受自我效能感和相关外部控制因素即使用经济成本、协助的可及性、信息技术基础等的影响，形成个体能否使用的判断和内在信念。

老年人对健康都有积极正向的追求并注重实用性，因此会从是否能够解决其实际的需要以提升其健康资本的角度考量是否使用智能健康管理。当老年人认为智能健康管理具有疾病监测便捷、风险防范程度高、急救援助充分、医疗处置咨询和资讯传递适切等优点时，会倾向于认为智能健康管理能够满足实际需要，有助于提升其健康资本以维持其独立生活的能力，容易采纳并使用。而不同居住状况、年龄、疾病经历的老年人实际需求不一，有的老人会认为智能健康管理未能有效满足其实际需要而形成负面的态度。值得关注的是，有受访者即便十分认同智能健康管理的各项功能及优势，但会因为安全风险及隐私被侵犯的担忧而降低使用意愿。

疾病风险管理意识是影响老年人采纳智能健康管理的重要因素。本章发现，大部分老年人自备血压计并且日常重视血压的饮食、药物、运动等管理，已具备一定风险防范意识，而他们当中若有亲属、周边朋友有中风等疾病经历的则对疾病严重性、危害性的认识更为深刻，认为智能健康管理服务是风险防范的重要手段，会主动使用智能健康管理服务。

在我国集体主义、家庭文化浓厚的背景下，主观规范的影响不容忽视。老年人担心自己会成为家人、社会的负担，行为的决策可能优先考虑到他人，会因为感知到对其重要的他人有益而执行某行为。在使用智能健康管理的决策上，老年人若能获得来自家人、社区各组织、服务提供方、政府等的信息、情感支持，他们会感知到被关怀、被重视、被爱护及执行行为的好处，同时被激发回馈家人、社会及他人的信念，进而倾向于采纳他们的意见使用智能健康管理。不容忽视的是，在使用过程中，家人对智能健康管理的负面评价是老年人使用的阻碍因素，受访者即便认同智能健康管理的作用也会因为担心使用为家人带来麻烦，如误以为患者发生情况会需要到处寻找家属等而选择放弃使用。

在知觉行为控制上，自我效能是一个重要的影响因素。受访者自我效能受个人过往使用信息科技如微信、互联网的经历、工作经验、寻求帮助的结果影响，成功的经历能促进自我效能，使受访者更有信心使用智能健康管理。

使用的经济成本高、协助的可及性不足、网络或设备要求高这些外部影响会成为老年人使用智能健康管理的约束条件，让老年人形成自身缺乏能力和条件使用智能健康管理的信念。智慧健康一旦需要付费使用，大部分受访者直接表示将不再使用。这首先是由福利的刚性决定的；其次是老年人对政府增加老年人福利投入抱有强烈的期望；再次是基于老年人的经济收入状况，其对消费的态度谨慎；最后是智能健康管理属于推行阶段，其效用性和必要性未能得到充分认可，老年人消费的意愿未形成。在老年人眼中智能健康管理属于新鲜的事物，协助的可及性直接影响老年人使用意向和行为，协助的可及性程度受求助渠道数量和他人指导的质量影响。受访者遇到具体的使用困难时，如能获得多样的求助渠道和耐心的指导，能降低受访者求助成本、促进老年人的持续使用。反之，老年人可能出于担心损伤自尊等原因不愿意求助，最后因不懂得操作而放弃使用。最后，信息技术设施要求是影响老年人使用的重要条件，智能健康管理无须老年人具备网络、智能手机等设施设备，表明老年人无须额外添置任何设施设备即可使用，降低了老年人的使用条件和成本，为老年人使用智能健康管理提供了便利（见图4-3）。

```
疾病监测便捷 ─┐
风险防范程度高 ─┤  对增加健康资本
急救援助充分 ─┤  有用并有效
医疗处置咨询和资讯 ─┘
传递充足
                          行为态度

设计导致监测不便 ─┐
医疗处置咨询和资讯 ─┤  对增加健康资本
传递适切性不足 ─┤  作用有限
急救援助充分性不足 ─┤
感知的安全风险 ─┘

家人的关心 ─┐
社区多方支援 ─┤  关心与重视
服务方持续关怀 ─┤
政府政策支持 ─┘          主观规范      行为意向 ─ ─ 行为

家人的负面评价 ─ 负累家人

自我效能高 ─┐
使用经济成本低 ─┤  能用易用
信息技术条件低 ─┤
协助可及性强 ─┘          知觉行为
                          控制
自我效能低 ─┐
使用经济成本高 ─┤  缺乏能力应付
协助可及性弱 ─┘  和使用
```

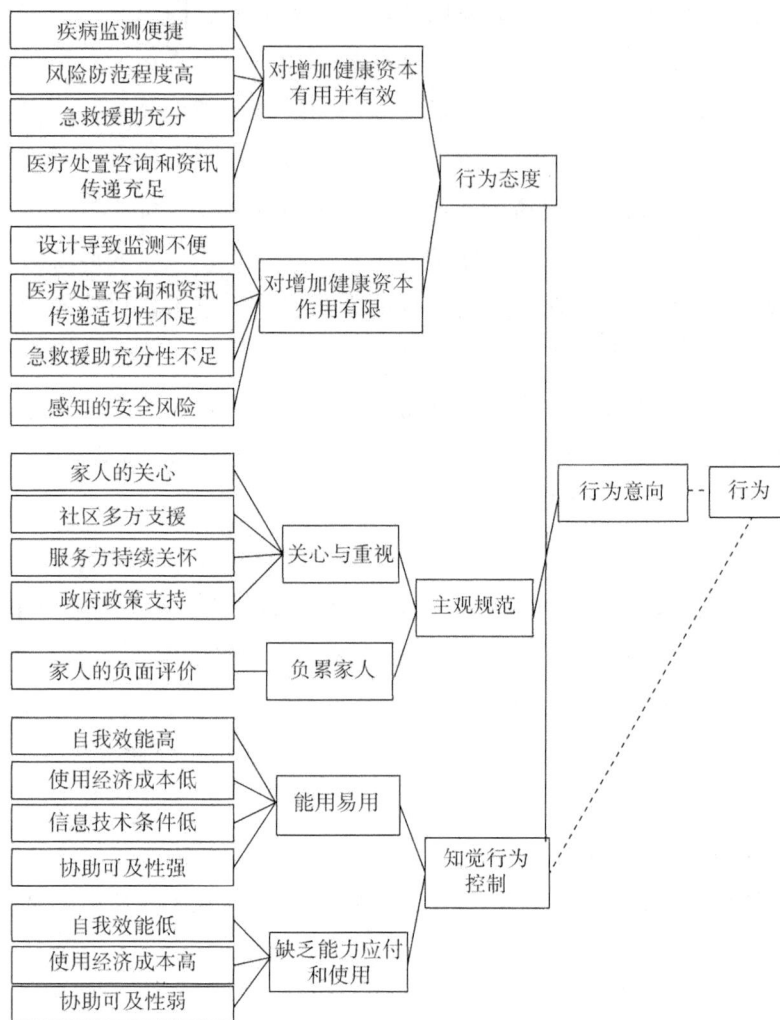

图4-3　高血压老年患者使用智能健康管理行为的认知模式

二、建议

　　患高血压老年人使用智能健康管理设备进行自我管理的行为，包含技术接受、使用及自我管理等内容，会受到个人、家庭、社区、政策等多种因素影响，因此是一种复杂的社会行为。如何促进老年人使用智能健康管理设备、执行自我管理行为，从而促进健康水平的保持，获得更高的生命质量，需要服务提供方和社区、政府等多方面共同努力。

（一）加强社区健康宣教，提高老年人疾病风险防范意识

从访谈的结果可知，具有疾病风险防范意识的老年人对智能健康管理的接纳度高，使用的主动性强。血压管理是一个漫长的过程，多数高血压老年患者需要终生进行血压管理，并涉及监测、用药、情绪管理等多项任务。如缺乏风险防范意识，患者难以主动积极采取不同的工具进行血压管理。社会工作者应以社区为载体，联合医护人员定期开展丰富多样的社区健康教育服务，以提升老年人疾病风险防范意识。社会工作者扮演评估者、资源协调者和组织者角色，了解老年人对健康教育的需求、设计策划服务、发掘和动员社区高血压老年患者参与；医护人员运用专业权威进行健康知识宣传，增强老年人对疾病风险的认知。可通过小组工作的形式，定期邀请社区中疾病风险防范意识较强的社区老年人分享经验，以实际的经验向其他老年人分享健康管理的经验，鼓励老年人积极进行血压管理。

（二）营造支持性环境，增强老年人自我效能感

老年人对新事物容易有排斥和抗拒心理，要为老年人营造一个支持性的环境，让老年人认识了解运用智能设备的好处。一是增强社区支援，社会工作者可定期举办各类智能设备使用培训活动，如学习使用电脑和智能手机上网，提供机会让老年人学习，鼓励并支持他们接触信息技术，改变老年人难以使用新科技的陈旧观念，增加其使用智能设备的成功经验，提升其使用信息设备的信心。二是倡导数码知识反哺。家人的支持对老年人使用智能设备的意向能起到显著的正向作用。在社区中倡导子女对父母的数码知识反哺，鼓励家人多与老年人通过智能设备互动、鼓励子女对老年人使用智能设备提供帮助，将有助于激发老年人对使用智能设备的兴趣并增强其相关能力。

（三）重视老年人的特点和需求，完善智能健康管理的技术和服务

首先，智能健康管理的产品和服务设计应重视老年人的需求，深入了解老年人的生理、心理、认知和习惯的特点。产品设计上应注重界面友好性，操作需要简单便捷，尽量减少操作流程步骤，降低他们使用的难度。其次，服务功能应从老年人的需求出发，既要了解老年人普遍的需求，也要清楚不同群体的特殊需求，提供个性化的服务，增强服务的实用性。再次，老年人对于新鲜事物的接受需要更长时间和更多的支持，即便在老年人接受服务后也需要提供支援，作为服务提供方，不仅需要在产品设计上降低操作难度以减少老年人技术恐惧，还需要提供多种形式的支援，包括制定使用手册、设立售后服务站点、服务热线等，让老年人在遇到操作问题或设备出现问题时能够及时找到帮助，促使他们持续使用服务。最后，加强信息系统安全性，智能健康管理需要依托互联网技术，老年人在使用中，存在同样的担忧，担心个人信息泄露，被不法分子使用从而导致其上当受骗，遭受身体、心理、经济等多种损失。因此，作为服务提供方应理解老年人的安全顾虑，在加强系统安全性的同时需要清楚地向老年人讲解数据接收方包括哪些和数据的具体用途，增强老年人对智能健康管理的信任。

（四）政府加大对智能健康管理的投入，提升老年人的使用率

随着老龄化的不断深化，老龄群体需求内容和种类都不断更新，培养老年人利用科技产品和服务提高自我照顾的能力十分必要。从上文可见，老年人智能健康管理使用率低是社会经济状况的综合作用结果，经济条件是老年人使用智能健康管理的物质保障。基于目前我国老年人的经济水平限制，一味宣传智能健康管理的作用和功能而未能提供实质性的资金、物资援助，老年人即便有强烈的使用意愿也会因经济原因而无法使用。另外，满足老年人日益增长的健康服务需求，努力提高老年人健康水平是政府的基本公共职能之一，因此，政府应加大对智能健康管理的投入，积极回应老年人对健康保障的需求，履行社会公共职责。具体方式包括增加对智能健康管理相关企业的补助，扶持企业参与智能健康管理关键技术研发，降低智能健康管理产品和服务的供给成本，降低老年人使用的经济成本；亦可通过购买服务的形式，在市场上选取优质的智能健康管理产品和服务，采取分类补助的形式，优先让困难并有需要的群体免费或低偿使用，降低老年人使用智能健康管理门槛，逐步提升老年人的使用率。

（五）强化政府指导及监督功能，提高智能健康管理公信力

公信力即老年人对智能健康管理的信任程度，如上文所言，老年人对尚未普及的智能健康管理存在信息安全方面的忧虑。在服务开始阶段，政

府不仅需要投入资金，降低老年人使用成本，还需要增强服务的可及性，积极引导老年人使用智能健康管理服务，扩大服务群体，加强智能健康管理服务的可信度，减少老年人对新事物的抵触情绪。在服务使用的阶段，信息安全风险成为阻碍老年人持续使用的因素，政府应做好信息安全监督和保障工作，建立管理制度，指导并监督智能健康管理运营企业信息安全保障，降低老年人对信息不安全的疑虑，促进其接受和持续使用。

附录 A 访谈对象简要介绍

称呼	性别	年龄（岁）	居家情况	经济状况	编号
WBF	女	55	双老	低保	C1
HCB	男	64	独居	低保	C2
CJX	女	69	与家人同住	—	C3
ZHQ	女	71	独居	低保	C4
LXK	女	85	与家人同住	—	C5
FJQ	男	67	独居、孤寡	低保	C6
LML	女	62	双老	困难	C7
GZK	男	71	独居	特扶	C8
HYG	男	84	独居	—	C9
GRQ	女	80	独居	—	C10
GZG	男	70	双老	残疾	C11
LZQ	男	66	与家人同住	困难	C12
PGL	女	62	独居	低保	C13
GCL	男	75	独居	低保	C14
HWH	男	63	双老	残疾	C15
DJG	男	62	与家人同住	低保	C16
CZH	女	65	与家人同住	低保	C17
DQZ	男	73	与家人同住	残疾	C18
OZH	男	66	与家人同住	困难	C19
ZFY	女	62	与家人同住	残疾	C20
TXZ	女	82	与家人同住	困难	C21
LXN	女	71	独居	特扶	C22
XJT	男	68	独居	困难	C23
LTC	男	79	独居	低保	C24
LY	男	75	独居	低保	C25

续表

称呼	性别	年龄（岁）	居家情况	经济状况	编号
WZL	女	62	独居	困难	C26
FZR	男	63	独居	困难	C27
WBJ	女	60	与家人同住	低保	C28
XJB	男	70	独居	—	C29
SZJ	男	70	与家人同住	—	C30
HRS	女	70	独居、失独	—	C31

第五章

城市老人居家养老服务
利用现状及社会工作介入路径研究
——以广州市 M 街为例

孟欣欣　李颖奕

第一节　引言

WHO 发布的《世界人口老龄化：1950—2050》称 2050 年世界人口老龄化程度将达到 21%，并预测到 2050 年中国老年人口或将超过总人口的 35%，这意味着我国将跻身全球老龄化水平较高国家的行列。我国老龄人口快速增长，"高龄""空巢"现象突出，如何满足老年人照顾需求已是我国社会高度关注的重要社会议题。2019 年，我国政府提出要健全以四大特点为主的养老服务体系，即居家为基础、社区为依托、机构为补充、医养相结合；2021 年，我国政府进一步明确养老服务体系要注重协调居家、社区与机构，有机结合医养和康养①，社区居家养老服务的重要性日益明显。基于社区的社会养老服务不仅能解决老人的照顾困难，也能满足老人与家人一同在社区生活的养老期望，符合中国传统的孝道观念。2008 年以来，中央政府指导各地推行社区居家养老服务，发展至今，该服务已在全国广泛施行。

居家养老服务在满足社区老人照顾需求中起到越来越大的作用，然

---

① 资料来源：2019 年 3 月《中华人民共和国国民经济和社会发展第十四个五年规划和 2035 年远景目标纲要》。

而，也有研究发现服务在实施过程中利用率不高。李放等（2016）指出，居家养老服务的利用主要集中在照护、医疗和心理慰藉等方面，其他居家养老服务项目的利用率低，一些养老服务供不应求，另一些却无人问津。陈岩燕、陈虹霖（2017）基于上海的研究指出服务需求与服务使用之间匹配程度不高的现象，认为当前居家养老服务利用率处于较低水平，投入的服务资源未能被充分利用。居家养老服务利用率低对服务发展造成了掣肘，需要对其原因进行分析以指导服务输送的改善，以利于服务的长远发展。

广州市老龄化程度较深并且是全国社区居家养老试点城市，2019年底广州市60岁及以上的户籍人口比例超过总人口的18%，预计未来数年内，老年人口数量还会继续增加①，广州市在2005年率先开展了社区居家养老服务，次年在全市推行，随着2021年颐康中心投入建设以及智慧居家养老服务的逐步推进，具有广州特色、走在全国前列的"大城市大养老"模式正在形成，因此，以广州市居家养老服务为例进行实证研究具有一定的典型性和代表性。研究者在广州市M街居家养老服务平台的实习实践中发现，M街60岁以上老年人口为1.4万余人，老龄化、高龄化、空巢化较为严重，社区老人对居家养老服务的需求强烈，但很多有服务需求的老人并没有利用服务或是老人接受服务的意愿较低，服务利用的现状与设立服务的初衷存在一定落差。基于上述背景，本章对城市老人居家养老服务的利用现状及其影响因素进行考察，以分析居家养老服务利用困境的成因及改善策略，以期推动老年照顾目标的实现。

第二节　文献回顾

一、服务利用现状研究

服务利用是指服务对象或服务接受者对服务项目的利用，基于利用服

---

① 广州市人民政府官网，http：//www.gz.gov.cn/sofpro/gzyyqt/mh/zxft/zxft._jsp？id=190.

务项目的过程，服务利用被看作一种行为，也有研究将"使用""接受""购买"的概念扩充为"利用"的意涵。学者桑辉（2011）认为服务使用是顾客消费行为的重要方面，它反映了顾客对服务的需求以及实际购买能力；刘博等（2021）还将"愿意使用"作为认可情况的评判标准，即"愿意使用＝认可"。服务利用这一行为，大多被用于公共卫生服务的研究中，如医疗服务和文化服务等，而鲜有对社区居家养老服务利用研究的相关阐释，且由于服务项目本身类型的多样化，对于服务利用情况或现状研究，尚未形成统一的分析维度。楼玮群、何雪松等（2008）是较早对服务使用进行研究的国内学者，他们从是否知晓服务、是否接受过服务、服务的效果3个方面调查服务使用的情况，以此探索香港新移民的专门服务使用与社会融合之间的关联；凌嘉彤、高鉴国（2017）以"服务使用标准化"这一全新视角，从服务标识、服务指南、服务时间、服务设施利用等与服务使用密切相关的4个要素来分析社区文化中心服务标准化建设存在的问题和影响因素；刘博等（2021）针对互联网医疗服务使用维度分析从以下4个维度展开：服务质量效果、服务使用的及时性、服务使用的便捷性和服务信息的安全性；学者李曼（2022）重点探讨与安宁疗护服务利用问题相关的维度，包括服务利用需求、服务利用行为及其影响因素、服务利用效果等方面。

对于社区居家养老服务利用的研究，多在实证调查数据的基础上，围绕老人利用服务的意愿、接受的服务内容、服务供需情况、服务利用率和服务评价或满意度等方面来探讨服务利用现状。如学者林文亿（2015）从服务的供需和利用情况探讨中国老年照顾服务现状及困境；李放、王云云（2016）从总体利用率、接受服务的具体内容和总体利用情况以及服务评价方面分析社区居家养老服务利用现状；陆婧雯等（2018）从总体利用情况、对服务的了解程度、选择服务的原因、服务的内容及价格方面研究市场化居家养老服务利用现状。

相比对居家养老服务需求、问题和供给的研究，对服务利用情况的研究较少。李放等（2016）针对南京市鼓楼区的问卷调查，指出社区居家养老服务利用率低，服务主要集中在生活照护、医疗护理和心理抚慰等方面；徐植（2019）通过对南宁市 18 个社区的问卷调查，发现老人利用居家养老服务的动力不足、服务对象出现偏差、服务质量参差不齐和获取服务信息的渠道不畅通，致使服务利用出现"低谷"；陈岩燕、陈虹霖（2017）指出老人对服务的需求远高于服务利用水平。此外，李颖奕（2010）亦指出，就老人的服务利用情况而言，即使老人有真正的需要，其利用服务的时间与内容安排仍由服务提供者决定。

二、社区养老服务利用影响因素的研究

国内外学者多从生理属性、心理属性、经济属性和社会属性 4 个方面探讨影响老人利用服务的因素。就生理属性而言，各类别居家养老服务项目的利用受到多种因素的制约，其中以老人健康水平为广泛影响因素。国外学者 Janke 等（2006）进行了一项为期 8 年的长期随访研究，指出年龄对老人参与活动没有显著影响，老人是否参与社区中心的活动以及参与频率与老人的身体和精神健康状况密切相关；而李放等（2016），杜鹏等（2017）认为老人所处的年龄阶段也成为老人是否选择居家养老服务的重要预测指标；封铁英、曹丽（2018）指出生理健康自评较好的老人会减少对养老服务的使用。此外，老人的社会属性如与子女、亲属或朋友交往的密切程度、情感支持和服务反馈等及经济属性如月均收入或年均收入状况、经济依赖程度以及服务补贴等都会影响老人居家养老服务的参与度。在此基础上，王永梅（2018）认为教育能够提高老人的经济独立性，同时强化老人对社会养老的认同，从而促进他们购买和使用养老服务。就心理属性而言，学者主要关注老人的主观态度、心理健康状态对养老服务利用行为的影响，Yeatts 等（1992）指出缺乏知识、缺乏可及性和缺乏意图等会影响低收入老年群体获取社区服务，Howe（2007）提出老人过去使用社区服务的经历也会对老人选择和利用社区服务产生影响。

三、文献评述

随着居家养老服务在我国的迅速推进，相关实证研究大量涌现，但主

要集中在对居家养老服务的需求、问题和供给方面，而对实际服务利用的现状调查和成因研究数量较少，且已有的服务利用研究多关注服务提供方的服务输送问题，但对服务接受方关注较少，缺乏对服务使用者主体性的觉察；此外，国内已有研究多是基于服务利用效果的量化研究（张春艳，2007），仅能说明服务利用的现状和相关影响因素，而难以对限制服务利用的原因进行说明，深入的质性研究很少，缺乏对服务利用程度较低原因更开放和整体性的考察。因此，运用质性研究方法探索对居家养老服务利用的影响因素特别是对服务接受者的主观信念、态度与动机进行更深层次的挖掘，将有助于丰富和推进我国居家养老服务利用研究。

四、研究方法与工具

（一）研究方法

1. 研究方法的选择

本章运用定量研究方法调查城市社区老人利用居家养老服务的现状，以广州市 M 街辖区内的老人作为调查对象，采用方便抽样法进行问卷调查，对老人的社会人口学特征及服务需求、服务利用以及所了解的服务供给情况进行调查；运用定性研究方法对城市社区老人利用居家养老服务的因素进行研究，采取立意抽样法，选取 20 位 M 街社区老人进行半结构式访谈，对访谈资料进行提炼分析，依据健康信念模型，主要从社区老人利用服务的认知层面挖掘老人利用服务的影响因素。

本章对社区老人是否利用服务的原因分析采用定性研究方式，主要基于以下原因：一是因为本章不追求统计意义上的代表性，而是侧重于质的分析的典型性（王宁，2002），即锚定和描述事物的本质，以探求从中衍生出的规律，为解释其他现象提供参考；二是从研究对象来看，服务利用是个体层面的行为选择，其影响因素较为复杂，涉及经济、社会、文化和心理等方面，需要整体性的理解来探讨其因素和内在机制。本章从服务接受者即社区老人的视角出发，考察影响老人利用居家养老服务的因素，目的在于理解服务接受者赋予人、事、物和环境的含义，并接纳服务接受者自身的主观意识，因此适宜使用质性研究方法。

2. 收集资料的方法

（1）文献研究法

文献研究法是通过收集和剖析以文字、数字、符号、图像等形式呈现的现有文献材料，探索和分析各种社会行为、社会关系和社会现象的研究手段（风笑天，2001）。本章运用的文献主要包括社区居家养老服务政策文件资料及广州市 M 街社区居家养老服务对象的建档档案记录。居家养老服务对象的建档记录主要包括详细的个人基本信息与身体及服药情况、自理能力、居家环境、建档时间等，以及社会工作者上门的服务记录信息。

（2）问卷调查法

问卷调查法是根据一定的调查目的，以精心编制的问卷为工具从被调查对象身上收集研究资料和数据的方法。2021 年 11 月广州市 M 街居家养老服务开展"M 街社区老人居家养老服务需求状况"问卷调查，以 60 周岁以上的辖区内 13 个社区的老人为调查对象，采取方便抽样的方法进行抽样调查。研究者通过试测、修订，以提高调查结果的可信性与有效性。共完成 130 份问卷，获得有效问卷 126 份，问卷有效率为 96.92%。

表 5-1　调查对象的基本特征（N=126）

特征	分类	频数（人）	百分比（%）
性别	男	52	41.27
	女	74	58.73
年龄	60~69 岁	47	37.30
	70~79 岁	50	39.68
	80 岁及以上	29	23.02
文化程度	初中及以下	15	11.90
	高中/中专	34	26.98
	大专	19	15.08
	本科	50	39.68
	研究生及以上	8	6.35

续表

特征	分类	频数（人）	百分比（%）
生活社区	普通社区① （岳州、茶山、东莞庄、粤垦、白石岗、瘦狗岭、高胜、汇景）	26	20.63
	单位制社区②（华工、华农、农科院、广外艺、五所）	100	79.37
居住状况	独居	11	8.70
	双老居	50	39.68
	仅与子女同住	23	18.25
	与配偶、子女同住	40	31.75
	与保姆同住	2	1.59
自理能力	日常生活活动能力良好，不需依赖他人	111	88.10
	轻度功能障碍，但日常生活基本自理	7	5.60
	中度功能障碍，日常生活需一定的帮助	1	0.80
	重度功能障碍，日常生活明显需依赖他人	2	1.60
	完全失能，日常生活完全依赖他人	5	4.00

注：表中数据为四舍五入后的100%。

（3）半结构式访谈法

研究者通过小组、社区活动等机会与社区老人建立关系，征得老人同意后上门或通过电话进行半结构式访谈，访谈围绕老人对居家养老服务的利用行为及其原因进行，同时保持一定开放性和灵活性。

本章运用"立意抽样"选取访谈对象，选择身体状况、经济收入、社会支持情况等方面特征有一定差异的老人以纳入更多的样本类型。访谈对象样本的具体特质如表5-2所示。

---

① 普通社区，这里指的是"物业式社区"，指由开发商主导建设，实行现代物业式管理的社区。

② 单位制社区，一般来说，是指由一家或多家单位建设的供本单位职工及其家属居住生活的社区。

表 5-2 受访对象基本情况一览表

序号	编码	性别	年龄（岁）	自理能力		子女数目	婚姻状况	受教育程度	退休前职业	经济收入（元/月）	居住状况
				ADL-Katz分数	IADL分数						
1	LST，21-11-15	女	87	5	7	2	丧偶	初中	建筑工人	2000~3000	与保姆同住
2	LKS，21-11-3	男	86	5	7	5	已婚	本科	高校教师	>1万	双老居
3	QYM，21-11-2	女	73	6	8	2	丧偶	本科	高校财务部职工	4000~5000	独居
4	LXX，21-11-2	男	82	6	6	0	已婚	高中	高校实验室职工	5000~6000	双老居
5	QM，21-11-8	女	80	6	6	1	丧偶	大专	医院职工	3000~4000	独居
6	MXJ，21-11-3	女	85	6	8	2	丧偶	本科	研究所职工	6000~7000	与子女同住
7	CSY，21-11-8	女	72	6	5	3	离异再婚	初中	工厂职工	3000~4000	双老居
8	ZLR，21-11-16	女	83	4	4	1	丧偶	大专	军工厂职工	5000~6000	与子女同住
9	CQX，21-11-3	女	79	5	7	2	丧偶	小学	工厂职工	2000~3000	独居
10	LLP，21-11-2	女	79	5	6	3	丧偶	小学	高校食堂职工	2000~3000	与子女同住
11	LLY，21-11-8	男	82	1	1	2	已婚	本科	高校教师	>1万	双老居
12	PQF，21-11-9	女	86	1	1	1	已婚	本科	研究所职工	4000~5000	与保姆同住

续表

序号	编码	性别	年龄（岁）	自理能力		子女数目	婚姻状况	受教育程度	退休前职业	经济收入（元/月）	居住状况
				ADL–Katz分数	IADL分数						
13	ZXX，21-9-13	女	93	1	1	3	丧偶	本科	研究所职工	6000~7000	与保姆同住
14	CDJ，21-11-3	女	76	0	0	3	已婚	本科	政府单位职工	6000~7000	与保姆同住
15	MTM，21-11-2	女	71	0	0	1	已婚	初中	工厂职工	3000~4000	与子女同住
16	ZQB，21-11-2	男	76	5	6	1	已婚	本科	研究所职工	6000~7000	与子女同住
17	GXP，21-11-16	女	78	5	7	2	丧偶	小学	工厂职工	3000~4000	与子女同住
18	QPJ，21-11-10	女	81	6	7	0	已婚失独	初中	企业单位职工	4000~5000	双老居
19	PHM，21-11-10	男	77	6	7	2	已婚	高中	企业单位职业	4000~5000	双老居
20	YBR，21-11-10	男	80	6	7	1	已婚	大专	研究所职工	4000~5000	独居

第三节 相关概念与理论基础

一、核心概念

（一）居家养老服务

对于居家养老服务，全国老龄工作委员会办公室的界定是："社区居家养老服务是指政府、社会双方形成合力，将生活照料、情感关怀、康复理疗和家政服务以及个人专业护理等各类服务提供给社区居家的老人利用的一种服务方式。"学者章晓懿、刘帮成（2011）认为社区居家养老服务主要有以下特性：①以家庭为核心；②以社区为依托；③以专门化的服务机构或组织为载体。本章参照《广州市社区居家养老服务实施办法》对社区居家养老服务的定义，居家养老服务内容既包括日常生活协助类服务等物质层面，也包括情感关怀等精神层面，在这一服务体系中，政府部门和社会组织机构相互协调与配合，以社区为基础，为老人的社区生活提供专门的服务，服务形式全方位、多层次、多角度。本章研究的社区居家养老服务以广州市 M 街居家养老服务平台提供的具体服务项目为案例，其中，服务对象是具有 M 街辖区户籍的 60 岁以上的老人，包含普通老人和高龄、失能和独居老人等特殊服务对象，按照其需求层次，以上门服务和提供日间托老服务为主要服务形式，为老人提供家政、康复管理和安全援助、文娱康乐、老年饭堂等服务。

（二）服务利用

服务利用是指服务对象对特定服务内容的接受与使用，服务利用被看作一种行为，也有研究将"使用""接受""购买"的概念扩充为"利用"的意涵。学者桑辉（2011）认为服务使用是顾客消费行为的重要方面，它反映了顾客对服务的需求以及实际购买能力；刘博等（2021）将"愿意使用"作为认可情况的评判标准，即"愿意使用＝认可"。以"服务利用"或"服务使用"为关键词，在知网检索相关文献，楼玮群和何雪松（2008）等是较早对服务利用进行研究的国内学者，他们从是否知晓服务、是否接受过服务、服务的效果 3 个方面调查服务利用的情况。本章以社区老年人通过服务申请、签署服务协议、实际参与、领受等形式确认和完成对居家养老服务中的劳务、物质等形式的服务内容的接受与使用为"服务利用"。

二、理论视角：健康信念模型

健康信念模型（Health Belief Model，HBM）是 1958 年由霍克巴姆（Hochbaum）在研究了个体的健康行为与其健康信念之间的关系后提出的，Hochbaum 认为只有让人们知道健康威胁的存在并且拥有相应的信念，才可能说服他们接受并采取某种健康行为。之后由 Rosenstock、Strecher 和 Becker 等社会心理学家不断修订，逐步完善该理论，在原有基础上融合了价值预期和认知等心理学理论要素，从健康信念形成视角出发，对影响个体健康行为的各种因素作出解释和预测。

健康信念模型的基础结构由健康信念（个体认知）、行动线索（外在激励）与相关修正因素构成，这几种态度信念与个体是否采取对健康有益的行为活动高度相关。常春（2005）在《健康教育中的行为理论》一文中指出，健康信念模型强调人的主观态度、心理信念变化对采取行为的重要作用，即人的主观态度、心理信念决定其是否会采取某种健康活动行为。健康信念模型假设个体对某一疾病的认知观念，极大程度上影响其能否采取某种健康行为活动（周苏更，2007）。健康信念包括：①易感性认知（perceived susceptibility），个体对自己是否会患上某种疾病或某些健康问题产生可能性的认识；②严重性认知（perceived seriouness），是个体对疾病或健康问题带来的危害程度的认知，如疼痛、伤残、死亡以及一系列心理压力；③行为收益认知（perceived benefits of taking action），指个体从健康行为中体验到的积极影响；④行为障碍认知（perceived barriers to taking action），是指个体对采取健康行为存在的障碍判断；⑤自我效能（self-effi-cacy），个体对执行某种行为的能力信心，即一个人对能否完成一项行动的主观评价。2006 年费塔克（Phatak）和托马斯（Thomas）将自我效能作为独立的变量引入健康信念模型，使其在解释行为方面的作用极大增强。行动线索（cues to action）也被称为行动诱因或提示因素，即能使个体行为改变的推动力。它主要是指外部信号，如利用大众媒体的健康促进和教育，来自医生对健康行为的建议，以及家庭成员和团体的帮助和鼓励。2017 年傅华于《健康教育学》一书中对修正因素作了相关阐释，修正因素如人口学特征（年龄、性别、职业、经济收入等）、社会心理因素（性格、社会角色、社会地位等）以及结构因素，如疾病知识、既往疾病经历等，都可以直接影响行为或通过影响感知，进而间接地影响与健康相关的行为。

健康信念模型被认为是解释健康行为、实施健康措施和进行行为干预的通用理论模型。1998 年，Mitchel 和 Krout 提出对医疗保健的感知需求应该主要由社会结构和健康信念来解释。国内很多学者用该模式来预测人的健康促进行为，并采取健康促进教育，其应用范围也由传统疾病相关健康行为，如乳腺癌检测（江玲 等，2017）、服药依从性（郜玉珍 等，2002）等，扩展到大健康相关行为，如体育锻炼（曾勇军，2016）、疫苗接种（张国杰等，2012）等。还有学者引入健康信念模型，从社会经济行为特征各维度定量分析老人利用临床预防服务的行为意向。除了针对健康信念与健康相关行为之间的定量分析，秦小芬等（2020）采用质性研究方法，基于相应的社区亚文化因素构建了男性行为者高危性行为的预防干预模型。

　　健康信念模型原本多应用于医疗服务、社区卫生服务等公共卫生服务领域，后逐渐开始应用于养老等福利服务研究领域。由于养老服务和公共卫生服务在服务的供给主体与服务接受者间的互动关系以及服务接受者在选择服务的动机机制等方面存在共性，健康信念模型可以在养老服务利用行为的解释方面充分发挥作用。

　　基于健康信念模型，本章的分析框架如图 5-1 所示。

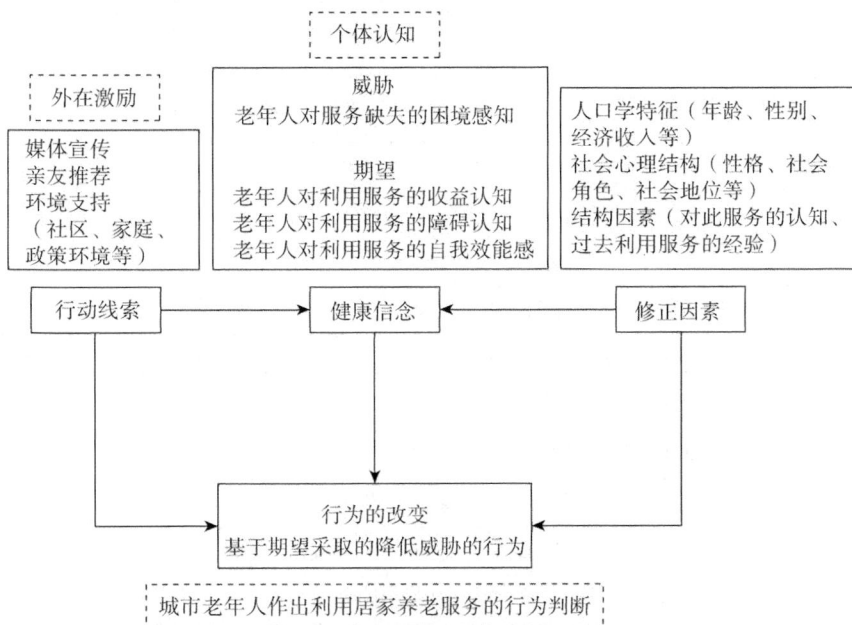

图 5-1　本章的分析框架

第四节 广州市M街老人居家养老服务
利用现状及影响因素

M街辖区户籍人口有 8.5 万余人，60 岁以上老年人口有 1.4 万余人，老年人口比例为 16.47%，养老需求较高。此外，M街老人高龄化、空巢化较为严重，据统计，M街现有 18 位独居老人、2950 位高龄老人、1523 位失能老人、23 位孤寡老人、5 位低保低收入老人、210 位残障老人。

一、M街居家养老服务概况

（一）居家养老服务内容及形式

1. 居家养老服务的内容

根据广州市民政局印发的《广州市社区居家养老服务评估指引（试行）》（穗民规字〔2018〕12 号），M街社区居家养老综合服务平台要提供 10 项居家养老服务，分别是文化娱乐、助餐配餐、上门生活照料、精神慰藉、上门医疗、安全援助、康复护理、日间托管、临时托养和临终关怀。

表 5-3 广州市 M 街现行十项居家养老服务内容

序号	服务项目	具体服务内容
1	文化娱乐	文娱活动（棋牌、音响、图书、书法及绘画、手工）、长者学堂（手工、义卖）等
2	助餐配餐	长者配餐服务和送餐服务等
3	上门生活照料	助洁服务、洗涤服务、个人护理、助浴服务、上门做餐、协助进餐、陪伴就医、陪同外出、代办服务、日常提示等
4	精神慰藉	电话问候、关怀访视、心理关怀、个案服务等
5	上门医疗	健康档案、预防保健、基础监测、健康体检、医疗护理等
6	安全援助	紧急呼援、定期巡防、适老化家居改造等
7	康复护理	康复咨询、器材锻炼、康复训练和康复理疗等
8	日间托管	助餐配餐、康复训练、健康管理、午间休息、文化娱乐等

续表

序号	服务项目	具体服务内容
9	临时托养	助餐配餐、个人护理、康复训练、健康管理、夜间休息、文化娱乐等
10	临终关怀	社会心理、灵性照顾和善后服务等

资料来源：依据《广州市社区居家养老服务评估指引（试行）》（穗民规字〔2018〕12号）整理。

受服务资源、居民需求等因素影响，目前 M 街居家养老综合服务平台尚未能够完全开展 10 个大类中的所有具体项目，而是以基础的生活照料类服务为主，康乐文娱、安全、康复等为辅。服务对象数量有限，以能够获得政府资助的特殊困难老人为主。

2. 社工提供服务的形式

M 街居家养老综合服务平台目前的资源仅能够支持优先发展某些服务而非全面投入，社工在助餐配餐、精神慰藉、文化娱乐、上门生活照料以及康复护理服务中投入相对较多。助餐配餐服务中，社工承办老人饭卡办理、充值和注销等业务，单位制社区老人到长者饭堂（老人退休单位的职工饭堂）就餐，社工统筹管理老年就餐窗口、就餐位的设置以及长者就餐的安排等；普通社区老人则需要提前一日联系社工订餐，次日前往日托中心或社区配餐点就餐，由配餐员负责配餐。精神慰藉服务，以上门探视和电话访问的形式为主，由专业社工为居家老人提供关怀慰问服务；文化娱乐服务，服务形式多样，包括老人小组活动和社区活动等，一般选择在老人熟悉的日托中心和各社区配餐点开展休闲娱乐活动；由于中心不具备专业的护工，将上门生活照料服务转介给合作企业（第三方机构），链接专业护工上门提供专业护理服务或助洁、洗涤等常规服务；康复护理服务中，除将康复理疗服务转介给专业康复师，社工还以日间托管服务中心为载体，为有需要的社区老人提供康复器械租用等服务。

其他非优先的服务项目，社工也有推进。如上门医疗服务，社工定期上门探视，为长者测量血压、体温等生理指标，并建立健康档案，详细记录长者的用药情况、疾病状况以及近期和长期的就医状况等，以完成对老人健康状况的基础监测。安全援助服务，M 街社工以定期入户巡防的方式，监测居家长者的用电、用火、用水等的安全状况，并为有需要的长者进行适老化家居改造，如去除门槛、安装扶手等。日间托管服务，M街社工以日间托管服务中心为依托，提供长者就餐场所、康复训练器械的租用服务和阅读娱乐的活动空间等。

（二）居家养老服务的输送主体

社区居家养老服务输送主体之间的协调配合，形成一个高效的服务输送过程，对于提升养老服务的供给效率、满足老人的需求具有重要意义（朱浩，2015）。研究者在M街居家养老综合服务平台实习过程中了解到M街共下辖13个社区，分为单位制社区和普通社区两种，M街居家养老服务输送主体多元化，主要包括街道办事处、居家养老综合服务平台、社区居委会、单位离退休处以及企业等。其中，单位离退休处和社区居委会在服务输送网络中主要发挥宣传和链接资源的作用；居家养老综合服务平台基本参与了服务输送的各个环节，是服务的生产者、宣传者以及直接输送者，发挥重要的协调作用；企业的参与提升了服务的生产能力；街道办事处积极统筹、联合各个主体参与养老服务政策落实工作，确定服务输送方案的总体规划和基本方向。总体来看，M街居家养老服务输送过程为"自上而下"的单向输送，社区老人较为被动地接受服务，参与度较低。

卢宝燕（2017）认为，政府、社区组织、社会组织以及志愿者也应包含在我国社区养老服务发展的递送体系中，但社区组织作为单位制社区中的重要一员，并没有参与M街居家养老服务的输送过程，在居家养老服务输送中社区组织长期缺位。对于各个兴趣团体，如毽球队、门球队、羽毛球队等，可以将其纳入居家养老服务的输送体系中，发挥服务宣传的作用。老年志愿者虽然在社区服务输送过程中具备一定的优势，但目前M街仅在一个单位制社区内建立了一支以老党员为主的老年志愿服务队，且志愿者的数量相对较少，能够发挥的作用有限，还需要一段时间的沉淀与积累。

二、M 街居家养老服务利用的现状分析

（一）服务需求与供给存在偏差：服务供需失衡

用需要该项服务的人数除以样本总人数作为该项服务的需求百分比，得出 M 街社区老人对于 10 项居家养老服务的需求占比，社区老人对助餐配餐（69.05%）和文化娱乐服务（68.25%）的需求占比最高，接近七成；上门医疗服务的需求（57.14%）占比接近六成；超过五成的社区老人对安全援助服务有需求；日间托管、上门生活照料、康复护理服务需求占比超过四成；超过三成的社区老人对临时托养服务有需求；精神慰藉服务需求占比较低，仅 13.49%；另有 0.4% 的社区老人需要临终关怀服务（见表 5-4）。

李放等（2016）在对南京市某区的居家养老服务利用调查中通过服务的覆盖率来反映服务供给，本章沿用此方法，通过询问老人所居住的社区是否提供此项服务来了解各社区服务的覆盖情况。此处，服务的覆盖率由回答所在社区提供了该项服务的人数除以样本总人数来表示，如被调查的社区老人中回答所居住社区可供应长者午餐的有 110 位，除以调查总人数 126，得出此项服务的覆盖率为 87.3%，以此类推，得到其他服务的覆盖率（详见表 5-4）。调研时 M 街居家养老综合服务平台并未提供临时托养和临终关怀服务项目，所以这两项服务的覆盖率均为 0；覆盖率较高的前 3 项服务项目依次为助餐配餐（87.3%）、文化娱乐（50.1%）、上门生活照料（42.8%）；其他服务项目按照覆盖率高低依次为上门医疗、精神慰藉、安全援助、康复护理、日间托管，占比分别为 35.5%、24.3%、23%、21.2%、10.6%，总体而言，多项服务的供给比例比较低，这种低覆盖率会导致一部分老人的需求无法得到满足。

与需求比例相比，供给比例总体较低，在此用服务需求（A）比例减去服务供给比例（B）即"需求差"（A-B）来表示服务需求和服务供给的偏差。日间托管、临时托养、安全援助、上门医疗服务的需求差均大于 20%，表现出供给不能满足需求的特点。另外，从老人对居家养老服务的服务需求与现有服务供给的偏差来看，也表现出现有服务供大于求的现

象，如助餐配餐、上门生活照料、精神慰藉服务的供给比例都超出需求，需求差为负值。

表5-4 M街居家养老服务需求与供给的偏差，即"需求差"

服务项目	服务需求百分比/%（A）	服务供给百分比/%（B）	需求差/%（A−B）
上门生活照料	41.27	42.8	−1.53
助餐配餐	69.05	87.3	−18.25
日间托管	46.03	10.6	35.43
上门医疗	57.14	35.5	21.64
康复护理	40.48	21.2	19.28
临时托养	34.13	0	34.13
文化娱乐	68.25	50.1	18.15
精神慰藉	13.49	24.3	−10.81
临终关怀	0.4	0	0.40
安全援助	50.79	23	27.79

（二）服务供给与利用出现缺口：服务利用不足

本章将曾使用过居家养老某一项服务的老人数量作为利用服务的频数，用服务利用频数除以样本总人数来表示该项服务的利用率，如在被调查长者中利用助餐配餐服务的人数为52，除以总样本126，得出助餐配餐服务的利用率为41.3%，以此类推，计算出其他服务的利用率（见表5-5）。M街居家养老综合服务平台对接高校、单位职工饭堂，形成辖区服务优势，在7所高校及单位职工饭堂开设"长者窗口"，另开设3个独立的社区长者配餐点，助餐配餐服务的利用人数达到4000以上，利用率41.3%；其次是文化娱乐服务，利用率23%；其他项目利用率偏低，回答使用过上门生活照料、上门医疗和精神慰藉服务的比例不足2%，日间托管、康复护理、安全援助服务的使用者占比仅为0.79%。在此用服务供给百分比（B）减去服务利用百分比（C）来表示"利用差"（B−C），以呈现供给与利用的缺口。

表5-5　M街居家养老服务供给与利用的缺口，即"利用差"

服务项目	服务供给 百分比/% （B）	服务利用 百分比/% （C）	利用差 /% （B-C）
上门生活照料	42.8	1.59	41.21
助餐配餐	87.3	41.30	46
日间托管	10.6	0.79	9.81
上门医疗	35.5	1.59	33.91
康复护理	21.2	0.79	20.41
安全援助	23	0.79	22.21
临时托养	0	0	0
文化娱乐	50.1	23	27.10
精神慰藉	24.3	1.79	22.51
临终关怀	0	0	0

调查数据显示，M街各项居家养老服务的供给比均大于利用比。其中，助餐配餐服务的利用差最大，为46%；其次是上门生活照料服务，利用差为41.21%；此外，文化娱乐、安全援助、精神慰藉和康复护理服务的利用差均在20%以上。这意味着服务供给与实际利用之间差距较大。

（三）服务需求与利用形成落差：需求远高于利用程度

上文通过M街居家养老服务需求和服务供给的偏差，即"需求差"，发现服务供给不足的问题——服务供给得少，导致不能覆盖需求；通过服务供给与服务利用的缺口，即"利用差"，发现服务供给得多，但利用少。从以上分析发现，服务供给的"多少"是相对的，并且在以服务需求和服务利用来对照时，出现了供给不足与供给过剩的矛盾。研究者通过服务需求和服务利用之间的落差值，即A-C等于服务需求百分比（A）减去服务利用百分比（C），进一步分析M街的服务利用情况。

M街道现有的10种类型服务中，服务需求均远远大于其实际的利用

（见表5-6），调研数据结果显示，服务需求普遍存在，但是服务内容却不一定被普遍接受，服务利用程度小于服务需求。利用比例最高的是助餐配餐服务（大于40%），表示对助餐配餐服务有需求的老人达到近70%；文化娱乐服务的利用比例为23%，但老人对文化娱乐服务的需求占比为68.25%，表达需求约是利用比例的3倍；上门医疗、安全援助、日间托管、康复护理、上门生活照料服务需求与服务利用之间的落差较大，依次为55.55%、50%、45.24%、39.69%、39.68%。另外，虽然临终关怀和临时托养服务的供给比例和利用比例均为0%，但并不意味着社区老人对此服务没有需求，表达临终关怀和临时托养服务需求的占比分别为0.40%和34.13%。由此可见，受种种因素的制约，多项服务的利用率远低于社区老人的服务需求。

表5-6　M街居家养老服务需求与利用的落差

服务项目	服务需求百分比/%（A）	服务利用百分比/%（C）	落差值/%（A-C）
上门生活照料	41.27	1.59	39.68
助餐配餐	69.05	41.30	27.75
日间托管	46.03	0.79	45.24
临时托养	34.13	0	34.13
文化娱乐	68.25	23	45.25
精神慰藉	13.49	1.79	11.70
上门医疗	57.14	1.59	55.55
康复护理	40.48	0.79	39.69
临终关怀	0.40	0	0.40
安全援助	50.79	0.79	50

　　总体来看M街居家养老服务的利用率较低，服务需求得不到满足和服务利用不足的矛盾并存，即多见老人对居家养老服务有需求并在社区中可寻求到此类服务，但老人仍未利用该服务的现象。

三、M 街老人服务利用的影响因素分析

是什么原因导致 M 街老人居家养老服务利用率偏低？基于健康信念模型，研究者主要围绕个体认知因素和外部行动线索两方面进行老人服务利用影响因素的分析。

（一）老人对服务缺失的困境感知

社区老人对服务缺失的困境感知将增进其使用服务的意愿。困境易感性及严重性的认知即老人对于自身比较容易陷入生活困境这种状态的认知，以及老人预估自身处于困境中的这种状态给目前与未来生活造成的困扰有多大。如老人意识到不利用居家养老服务将无法改善目前与未来的生活困境，将产生利用服务的意愿。

1. 难以完成日常生活任务

2006 年，美国学者 John C. Cavanaugh 和 Susan Krauss Whitbourne 在其所著《老年学：多学科的视角》一书中指出，随着年龄的增长，个体对环境的适应性会降低，身体的抵抗力被削弱，自理能力下降以及对周围环境的反应速度、接受新事物的能力变慢。尤其是高龄独居老人，因独立生活的能力逐渐下降，导致生活自理困难，在独自料理家务时，老人常常感到体力不足甚至筋疲力尽。对于做饭、洗衣、购物等必须完成的家务他们往往需要一定的协助才能完成。

> 我常常就是这样的，还需要别人帮我，我看我女儿小孩子那么可爱，我很想帮她带啊，但是我什么都做不好，小孩子要营养啊，做饭的那些事我都搞不来。洗衣服啊，晾上去那个阳台，我都觉得吃力。（MXJ，21-11-3）

> 打扫卫生这些事情我都做不了，我就是能把那个米饭放进锅里让它去煮，其他做菜啊都是我儿子做。（ZLR，21-11-16）

> 又没有人帮我，出去买菜啊，买东西啊，他（老伴）的孩子也都不管的，都是我来，我腿不好嘛，我就拄着那个棍，买什么东西下楼全部买回来，但是提起来又很重啊，我常常满头大汗，真的是不想这样，那怎么办呢，我就那么苦命啊。（CSY，21-11-8）

2. 易遭受社会隔离

老人认为自己原有社会交往的缺失会给自己带来不安和困扰，感受到自己被社会"隔离"，想要在生理和心理上与社会保持接触，希望有活跃的社交生活，就会热衷于参加娱乐休闲活动，来获得晚年幸福和维持开朗心境，利用居家养老服务的意愿就会更高。

老人有什么娱乐活动呢，那都是年轻人玩的，像别人一样跳舞唱歌的，万一摔了怎么办？还增加儿女负担，想锻炼的话就去散散步好啦。（LLP，21-11-2）

现在能去哪里呢，走出去还要走回来，这个楼梯也不方便，我觉得我一个人住挺可怜的。（QM，21-11-8）

3. 子女照顾不足

社会交换理论认为，家庭成员之间基于一种利益回馈关系产生相互影响。学者林若飞（2020）指出，父母养育与照顾幼小时期的子女，是子女成长后对年老父母报恩的依据。事实上，这种长期互惠关系已经出现一定程度的破裂，子女在生活方式改变的大背景下，对老年人的照顾不充分，受访老人感受到被子女"忽略"，对生活的满意度也降低。老人感受到代际关系和生活规范的变化，认识到仅靠子女照顾是难以满足自身需求的，从而对社会服务产生期待。

其实这把年纪我看得很透，我老伴长年瘫痪，谁能管你呢，子女能像你照顾他小时候那样照顾你吗？几乎不可能，先不说他们也有工作和家庭要顾，就说他有余力，他愿意吗？时代不同了，不像我们以前了，照顾父母那是头等大事，所以呢，到老的时候就只能自己管自己，孩子们帮助最好，帮不了也没办法。你们（社工）能来关心我们，帮助我们这些老人，我是很开心的。（CDJ，21-11-3）

（二）老人对利用服务的收益认知

老人面对多样化的服务，选择的最重要标准是对自己"有用"。"有用"是一种主观价值考虑，即社区老人自我衡量利用这项服务有价值或收益，所以想要接受服务，"想要"表现为在老人自身认识的基础上的个性化需求（侯冰，2018）。

1. 物质层面的收益认知

（1）获得日常生活协助

由于生理机能逐渐退化，一旦摔跤可能面临失能风险。老人希望能够有人协助做清洁、打扫的工作及代购一些生活用品，以及由于难以处理复杂家务，居家的老人希望获得营养更加均衡的一日三餐等。老人期望的生活协助类服务包含助洁、洗涤、陪同外出、助餐、代办、日常提示等。

自己做饭不方便，医生说高血压不能吃太咸太辣的，我总是做不好，这个专门的老人餐想得太周到了。（GXP，21-11-16）

打扫卫生这些我都不做了，有时候盼到女儿回来一次，她就全部打扫一遍。有时候夏天时间久了，总是说家里臭臭的，我之前请钟点工有时候打扫不干净，她都是有好几家要去打扫嘛，就很不认真……你们（社工）有放心的钟点工介绍给我那更好啦。（CQX，21-11-3）

我住在6楼，这里没有电梯，所以我没办法下楼，以前缺东西都是打电话给儿子，他什么时候有时间回来一次，才给我带回来。你们（社工）就是为老人服务嘛，我打电话给你们，你们帮我买，那我肯定是方便多了。（LST，21-11-15）

（2）规避健康风险

老人期望获得医疗支持类服务，包括陪伴就医、上门医疗、健康基础监测、健康档案建立与管理、义诊、医疗保健讲座等，以有效规避居家健康风险，满足日常就医协助需求。

老人就医困难，一般选择去附近的社区医院拿一些日常服用的药，而有些药物需要到社区外的医院或药店购买。公共空间没有提供适合老人出行的无障碍道路，斜坡较多，而且路面不平整。在人流量与车流量较多的情况下，高龄老人出行比较危险，希望可以有人陪伴就医。

拿药不方便，社区医院很多药没有，我要去到社区外面拿，这里的路都不平，一个坡都很陡，我都没办法走。你们（社工）帮我带药那肯定好，你们行动快。（LLP，21-11-2）

衰老过程中，有的老人会出现认知能力减退、记忆力减退的情况，思维变得迟钝，常常忘记服药，缺乏对自身健康状况的监测，期望能够增加对自身疾病状况的掌控感。

> 我天天都会吃这么多药，有时候忘记了，想起来赶紧吃。医生问我吃了药感觉怎么样，我也说不上来。你们（社工）帮我记录这个血压啊，我可以拿给医生看，感觉挺好。（QM，21-11-8）

（3）减轻经济负担

在我国目前的养老服务体系中，多数照顾服务必须通过购买才能获取，因此，照顾需求直接影响到老人的经济压力。根据访谈可知，城市社区老人的收入主要来源于退休金和子女补贴，而子女一般提供物质上的补充，或是在节日、生日等重要日子给老人一些礼金补贴支出，因此老人的日常生活维持，如水电费、食物购买、药品购买等都以退休金支出为主。大多数老人表示单凭退休金，无法承担失能以后的照护费用。

> 我以前在纸厂做工，没有什么保障，我社保没有多少钱，我请不起保姆，现在保姆一个月都要3000块，那我就没的吃了。（CQX，21-11-3）

政府给予的一些服务补贴，可以让老人仅需支付部分费用即可使用特定的养老服务，从而可以推动居家养老服务的利用。如广州市老人普遍可以获得就餐补贴，此外符合条件的失能老人可以通过失能等级评估获得长期护理保险提供的照护补助，提高了老人利用服务的能力。

> 我妈妈失能，不让别人照顾她，我在家里照顾她，申请这个长护险，每个月能补贴1000多块，会比以前经济压力小很多啊，因为她失能肯定一直都需要照顾，看医生吃药买东西都要花很多钱。（MTM，21-11-2）

2. 精神层面的收益认知

（1）缓解孤独感

越来越多的老人没有与子女同住，与其他人的交往也减少，老人常常感到孤独。上门探访、电话问候能让老人感受到被关心；文娱康乐活动如打牌、唱歌、手指操和学习使用手机技能等活动可以扩大老人的社会交往。

> 我以前喜欢跳舞的，现在有老年大学，可以学习唱歌、跳舞，我就觉得很开心，约着以前的同事一起，还可以一起聊聊天。（QYM，21-11-2）
>
> 我们俩没有孩子，更多的是我照顾老伴。没有办法，她老年痴呆，必

须由我来照顾。我们邻居对我们是很关心的，有什么吃的会送过来。社区的（工作人员）和你们社工节日的时候经常来看我们，我自然是很满意使用这个养老服务，散步经常到社工站楼梯下面，去那里歇下。(LXX，21-11-2)

（2）符合居住偏好

在访谈过程中，很多老人出现养老焦虑，当问及老人对于养老的看法时，大部分老人表示理想的养老地点是在自己熟悉的社区里，并不想去老人院。老人院照顾品质不高的传言造成了老人对机构照顾的恐慌和排斥。

现在我们老人院好的不多，不好的很多，哪里不好呢？就是对病人的照顾不是当成自己的亲生父母对待。你家人对他好，要有一些红包啊，送一些东西。否则在那里，不能动的人他打你揍你，这个是经常出现的事情。不能自理的人受罪！又没有办法反抗，他那么暴力，有的就被他打死了，叫天天不应，叫地地不灵。所以现在我对老人院不是那么感兴趣，对它有不好的感觉。(LKS，21-11-3)

因此相当多老人希望能留在家中养老，但是一些老人的子女不在本地工作和生活，所以老人产生对于养老资源的焦虑。社区照料中心，如日间托管、临时托养服务以及社区老人院的建成，减轻家庭成员的照料负担的同时，也符合老人的居住偏好，可以缓解老人的养老焦虑。

怎么养老呢，我也想过，我也快80岁了，不能动的时候怎么办？女儿又嫁得远，儿子在外地工作。(PHM，21-11-10)

（3）提升居家安全感

老年独居通常被视为一种风险。老人居家安全问题的危险因素可归纳为4个方面：健康状况不佳、环境不安全因素、安全意识不足、缺乏支持和帮助（谢裕芳 等，2019）。老化或长期罹患疾病可能导致老人感知觉能力和活动能力下降，诱发居家不安全的情况。

我77岁，患糖尿病有20来年，医生说可能有并发症，有时候我的手和脚经常会感觉麻痹，眼睛已经模糊，看不到就容易摔倒。上次跌倒就是碰到那个门槛，要不是手里有拐杖真的不敢讲，命都没了。(GXP，21-11-16)

部分老人不清楚用水、用火、用电方面应关注哪些安全隐患，及缺乏处置初期火灾的能力、对地面不防滑不平整等影响居家安全的因素难以整饬修正，使老人对居家风险感到担忧。

之前就听说外街道那个小区失火，因为那个独居老人蜡烛不小心点燃了被子不知道，整个人烧得都不知道怎么样，所以我平常都小心啊，很担心出事。（PQF，21-11-9）

空巢老人由于缺乏家人亲友的监督，居家风险较高，定期巡访社区老人居家环境可以有效排除这些隐患。在这个过程中，还可以协助处理一些家电维修工作，普及用火、用电等消防安全知识，增进老人的居家安全感。对居家环境进行适老化改造服务，如在卫生间安装扶手、去除门槛，在室内安装一些防撞条，对地面做一些平整和防滑处理等，可以降低老人跌倒的概率。

我们离退休处前段时间就做了这个老人居家安全上门排查，在那个办公楼下做了消防演练。这个很重要啊，老人很需要，老人的问题是大问题。（YBR，21-11-10）

（4）赋予福利获得感

林文亿（2015）指出，西方社会认为一些老人在利用社区服务方面存在心理障碍，如认为使用社区福利性服务是个人无能的表现，他们害怕被贴上弱者标签，因此拒绝使用这些服务。但李颖奕（2010）在广州社区的研究结果显示，利用居家养老服务的老人并没有受歧视感，反而觉得服务体现了政府的关怀和照顾。本次调查也发现，受访老人认为社区提供的服务是党对老人的关怀，党为人民服务，这是自己应该获得的"福利"，如果这项福利服务没有惠及社区老人，老人反而会觉得这是一种不公平对待，认为是政策的不平等。

我是从我堂妹那里听来的，她住 BY 街道那边，她跟我说社工怎么怎么好，帮她放地垫、装那个小夜灯——有人在会自动亮的那个，又很关心她，然后说这是政府服务，免费，政府关心孤寡老人的，说哪里都有。我就去社区那边问，我说其他街道独居老人都有这个社工到家里来关心，我也是孤寡，怎么没有人来关心我嘞。然后社区的人就让我去街道，说这是街道管的，我就去我们街道社工站那里问，后来我才申请了这个给老人的

关怀服务。（QYM，21-11-2）

（三）老人对利用服务的障碍认知

1. 服务信息难获得

（1）没有听说过服务

很多来居家养老服务中心站点办理老年饭卡业务的老人表示没有听说过社区居家养老服务。当服务员解释老年饭堂就是社区居家养老服务的一种时，有的老人表示费解："你说这些我都不了解，太多了脑子记不住。"（GXP，21-11-16）基层工作人员往往抱有特定服务动员目标针对特定对象（如兜底服务对象）进行服务说明，多仅对这一单项服务作解释，如大配餐的服务内容和使用方式，但很少对其他服务进行系统性的说明，因此老人对其他可选服务的内容与性质、自身的权益缺乏足够了解。此外，城市社区邻里关系陌生化，城市住宅结构的转变、社会竞争激烈、工作压力加重、社会转型期人口流动增大、现代通信和休闲娱乐方式等社会条件的变化导致邻里关系普遍弱化（孙健，2010），阻碍了老人之间的信息和情感交流，老人很难通过邻里群体了解到居家养老服务信息。由于老人的社会网络萎缩、社区服务资讯传递渠道不畅，服务在老人当中认知度较低。

以前单位同事群偶尔会喊着一起喝早茶，不会发这些服务信息，了解不到……我们楼下面就有那个宣传栏，社区宣传那些我住那么多年也没听说过有，再说这些都是自己的事情，社区不会管吧。（YBR，21-11-10）

没有出过门，基本上邻居……大家白天晚上都是关上门，谁也不认识谁。（MXJ，21-11-3）

我认识的几十年的老邻居也都是一个老人，我们都帮不了对方什么，基本上都不出门，大家都是什么都不知道，哪能指望人家能告诉这些（养老服务信息）呢？（QM，21-11-8）

（2）不知道怎么申请

服务的申请需要掌握丰富和准确的信息，需要向特定组织提交资料，老人较难掌握和执行。社区工作者通过已有的身份资料进行符合条件的服务资助对象的筛查，进而对目标服务对象进行动员和提供申请服务的帮助；而未在服务资助对象范围中的老人不属于社区工作者的动员重点，他们缺少工作者的主动帮助，则难以获取相关资讯及完成申请流程。

> 我不知道是怎么申请的，这是你们打电话告诉我，要去我家里关心我，后来说我签字就可以有这个服务，社工就会来看望我，帮助我。这是政府为老人的，我应该享受，我就说好，我知道这是为我们老人的服务，政府关心我，我也会好好配合。(LXX，21-11-2)

> 我知道有这个老人的居家养老之后，不知道怎么办。我到我们小区居委会问，他那里说要到街道问，这不是他那里管的。去到那里，街道会评估你告诉你怎么做。但是我就是没有去嘛，不知道去到那里找谁怎么问，被人笑话喔……(QPJ，21-11-10)

2. 服务价格过高

学者杜慧（2017）指出，老人群体最主流的消费偏好就是勤俭节约，主张实惠耐用，相对保守。对于居家养老服务中的付费服务项目，多数被访老人表示不想购买，所述理由有以下几方面：不需要、服务达不到预期、服务不是"必需品"、服务项目费用高等。其中最主要的还是经济压力大，仅仅依靠退休金无法支撑除日常生活支出、医药等必需消费的支出。

符合条件的特殊困难老人可享受服务补贴，而有的受访老人即使已经享受补贴，仍然不愿意购买，觉得"能省则省"，老人群体大多节俭，有"储蓄惯性"（王港 等，2020），相对于消费而言，储蓄更能带给老人对未来生活保障的"安全感"。

> 我的退休金不高的，5000元多一点，家庭的日常都是从我这里来，我多病嘛，儿子一直照顾我，也没有工作，除了看病、吃饭这些，不剩什么钱的，我没有多余的（钱）请长期的家政。(ZLR，21-11-16)

> 托养服务对老人是这样（对老人有好处），但是我就是自己能做的就自己做，不想花钱去请别人，想自己多留一点钱等真的不能动的时候看病，觉得以后总是需要的嘛，现在就多辛苦一点。(MXJ，21-11-3)

3. 服务站点交通不便

通常来社区居家养老服务站点参与活动的老人都来自邻近社区，居住在较远社区的老人较少前来。老人大多腿脚不便，到服务站点接受服务交通耗时较长。此外，M街服务站点设置在地铁站旁边，路况复杂，人流量较大，老人行走不太安全。

> 我家就住在社工站旁边那栋，我每天吃了早饭就来这里照灯（治疗仪），那好处多了，我这个膝盖照一照不疼了，还能聊聊天，我自己一个人在家干吗呢，老人都孤独嘛。（GXP，21-11-16）

> 我习惯在家里，我做自己的事情，叫我去那里（社工站）我都不去的，太麻烦了。（MXJ，21-11-3）

4. 过去利用服务产生负面评价

社区老人在评估是否接受服务时，有可能基于自己过去使用类似服务的经历及感受来预估服务的有效性。受访老人（ZQB，21-11-2）表示："我退休之后在社区帮忙了几年，社区有很多去困难老人家中安全排查的工作，其实就是到老人家中问候一下有没有什么大的问题，就可以了，也没有讲定期去排查他的这个情况，感觉帮助不大。"基于对过去参与该项服务经历的负面感受，因此受访老人（ZQB，21-11-2）对接受安全援助类服务的意愿很低。社区老人在接触居家养老各大项服务之前，对家政服务的知晓度比较高，很多老人有购买过家政阿姨、钟点工服务的经历，由于对家政工作质量不满意，对该项服务的接受程度就变得比较低。

> 我之前请钟点工打扫不干净，她都是有好几家要去打扫嘛，就很不认真，她走之后我还要再去擦一擦！（CQX，21-11-3）

（四）老人利用服务的自我效能感

本章用社区老人的自我效能来评估他们决定利用居家养老服务的心理准备和行动的可能性。研究发现，受访老人缺乏决策能力，且对接受新事物的信心不足，利用居家养老服务的自我效能感比较低。

1. 老人决策能力不足

政府所规定的服务资助对象往往缺乏子女的支持，他们多听从居委会和服务提供方的安排接受服务。有子女陪伴的老人多将是否利用居家养老服务的决定权交与子女，即使他人向老人介绍和推荐服务，老人也会让子女了解服务并权衡是否要接受服务。

社工："当您有需要时，您会主动申请服务吗？"

受访老人（YBR，21-11-10）："服务真的好的话，我们跟女儿住在一起，让她帮忙看啰，主要还是听女儿的。"

2. 老人对接受新事物的信心不足

社区老人往往对新事物保持着警惕心，导致其了解及获得居家养老服务的积极性不高。由于市场化服务良莠不齐，甚至存在不少针对老人的骗局，除非有认识的居委会工作人员或社工介绍，老人对新发展的社区居家养老服务难以理解和信任。

社工："当您有需要时，您会主动申请服务吗？"

受访老人（LLP，21-11-2）："嗯……我不会，我不敢，现在很多东西都要签字，很长的几页纸要看。看新闻经常说老人被骗，像个傻子一样什么都不懂，我自己肯定不敢搞这些。"

（五）外部行动线索

行动线索是指影响社区老人利用居家养老服务的提示因素，如居家养老服务宣传、来自亲友等重要他人的服务推荐以及其他家庭和社区环境中的诱因。研究发现，社区居委会和单位离退休处的推介提升了社区老人对社工的信任感，使其更易接受社工对参与服务的动员；来自亲友等重要他人的关于服务的正向反馈，让老人更快速地接受居家养老服务。

1. 社工、社区等的服务动员

社工和社区居委会在社区老人利用居家养老服务的过程中，都发挥了服务动员作用。通过参与社区义诊、节庆活动和对低收、孤寡、独居老人的上门慰问，社工接触到更多的社区居家老人，由居委会等社区工作人员对社工身份进行说明，提升了老人及其家属对社工的信任感，为工作关系的建立奠定了基础。

我妈妈很早之前患上了脑膜炎，后来生病就一直卧床不起了。社区工作人员知道我们家的情况，后来社区的人就介绍你们（社工）过来，告诉我们对老人长期护理服务，就帮忙联系专业人员来做失能等级评估，之后每个月可以补贴1000多块，有护理员每月会来查看我妈妈的情况，照顾主要还是我爸爸和我。后来社工说还有你说的这个精神慰藉服务，每个月上门，每周都打电话来，关心我妈妈的情况，刚开始有些担心会有一点打扰，反正就是在家里我自己也能照顾，不太希望社工上门，量血压这些我们自己都能做。但是我爸爸很支持，很感激社工为我们办理这个长护险，社工每次来都很耐心，我妈妈躺在床上动不了，还会跟翠姨（社工）聊天，就签约了这个服务一直到现在，后来就觉得还是蛮好的。（MTM，21-11-2）

许多退休老人具有较强的隐私意识，不会轻易相信陌生人的说辞，但他们往往与退休前服务的单位保持着联系，并对单位推介的服务抱有信任态度。通过原单位离退休处工作人员的介绍和说明，老人较相信社工所推介的服务是正规的。

像我这样八九十岁能够自理的不多，我能照顾自己，还经常去学校离退休处活动中心打门球，我负责指挥，前几天离退休处还请了名医在2楼那个房间坐诊，就是去的人不多……离退休处介绍社工服务，其实就是为老人的服务，打门球的同事也聊这个社工，要不然我女儿说要社工到家里来关心我们，我是不会同意的。（LKS，21-11-3）

2. 来自他人的正向服务反馈

来自子女、亲人、朋友或同事等重要他人的正向服务反馈，让老人间接体会到利用服务的获益感，启发老人预估利用居家养老服务的收益，推动老人利用服务。

我公婆他们在上海就有社工来服务，说是做得很好。我看到我妈妈一个人在家，有时候遇到一些小事还要找我，所以我就跑到广州这边社区去问，我说我妈妈一个人住在家，想有人帮我们来家里关心下，我想着这是政府补贴的关怀服务，不仅免费，人我也是放心的，我妈妈也需要有人来关心照顾，我要工作照顾不到，我就专门腾出时间跑街道社工站去问。（ZXX，21-9-13）

我是从我堂妹那里听来的，她住BY街道那边，她跟我说社工怎么怎么好，帮她放地垫、装那个小夜灯——有人在会自动亮的那种，对她很关心，帮她做很多东西，然后我就去社区那里问一问我们这里有没有这个社工。（QYM，21-11-2）

第五节　老人居家养老服务利用困境分析

一、老人对自身利用服务的能力不足

(一) 老人对利用服务的自我效能感低

老人缺乏决策能力和资源，容易产生消极的自我观念和自我效能感，进而易形成内化的"无权感"(许靓，2021)。其一，老人缺乏自我决策的能力。由于生活方式的急剧变化，老人习惯的生活模式和观念容易与社会主流脱节，老人变得难以适应，逐渐被边缘化，社区老人感到难以控制和影响周围社会环境，缺乏自我决策的信心。研究者在访谈过程中发现，社区老人普遍存在居家养老服务需求，但由于缺乏自我决策的能力，加之服务类型、服务价格、服务形式等的多样性，老人对于是否利用居家养老服务犹豫不决，一般情况下不会主动申请居家养老服务，而是将利用服务的决定权交给子女。其二，老人利用服务的信心不足。Schwarzer 认为存在一种一般性的自我效能感，它指的是个体应对复杂多样的环境挑战或面对新事物时一种总体的自信心。随着年龄的增长，老人的身体机能表现出不可逆转的衰退，老人在知识、技能、经验等方面的优势随着智能化时代的快速发展已经被减弱，长期居家的社区老人对接受新事物表现出恐慌、不安等情绪。此外，社区内居家的老人对居家养老服务内容、服务内涵和服务价格等各方面的认知普遍过于缺乏，导致其对接受居家养老服务的信心不足。

(二) 老人自身获取服务信息的渠道少

很多社区的居家老人表示并没有听说过居家养老服务，受访老人 (PQF，21-11-9) 说："有什么办法呢，没有办法，没有别人告诉我们老人，我们就真的什么都不知道了。我现在还能看见，你看我家里都是报纸，还都是我儿子帮忙订的。我又不能出门，不能下楼，儿子不跟我讲话，我就没有人讲话了，他要工作嘛，我就是看电视，听别人讲话。"来自政府、社区、社会工作者等正式支持网络的作用有待加强，目前 M 街社

区的为老服务基础设施设置得不够合理，多个社区缺少长者就餐服务点，专门负责社区困难老人的社区工作人员数量不足，一些非正式的志愿服务组织力量也尚未被调动起来。根据访谈了解到社区居家老人获取外界信息的渠道主要包括线下渠道，如社区宣传栏、社区广播或走访，报纸和子女介绍，朋友、邻居或同事的介绍；线上渠道，如电视和手机，尤以退休单位的微信群、老同学微信群为主。但相当大一部分老人使用"老年机"，手机的作用就仅限于同子女通信。还有一部分老人的知识文化水平不高，再加上视力的衰退，阅读文字的能力逐渐丧失，自主获取外界信息的能力日渐变弱，最原始的口口相传的方式反而最有效。社区老人的社会交往频率降低，社区内的社会关系网络规模缩小，尤其是独居、空巢、孤寡老人，远离子女，信息传递停滞或出现延迟现象，除了从子女那里了解到居家养老服务，老人甚至不知道怎么去了解，包括配偶、子女在内的家庭关系网的主体作用被削弱。社区居家老人非正式的社会支持网络主要包括家庭、亲戚、邻里、朋友或以前同事，而同事在老年社会关系网中仅仅发挥着边际性作用。有的高龄老人的朋友年事已高，近几年陆续离他们远去，从而导致朋辈关系断裂，进而阻碍了老人之间的信息交流。

什么事情都不知道了，孩子都出去外面工作，要做的事情都交给保姆了，我天天就是在家里，做点自己能做的事。(ZXX，21-9-13)

二、服务的可及性不高

（一）信息可及性不高

普通社区内，居家养老服务宣传普及难度大，老人居住分散，彼此之间的联系较少，服务信息共享机制很难建立。以助餐配餐服务为例，由于老人之间联系不足，通过告知几位老人继而转达所有就餐老人开餐的信息传达方式根本无法实现，社工与配餐员需逐一打电话告知老人。社工与M街各社区居委会之间的服务信息传递互动不足，基层社区内居委会在老人中的认知度高，居委会一般有专员负责社区内困难老人的福利发放和生活保障等工作，由居委会工作人员传递服务信息在渠道上比较通畅，但居委会工作人员并不清楚社工能提供哪些具体的居家养老服务项目。此外，他们以自己需要完成的工作指标为优先，宣传居家养老服务并未被列入其工作职责。

单位制社区内，居家养老服务宣传普及工作也亟待深入。高校和企业的离退休处建立了退休职工的微信群和退休党员小组，便于实时跟进老人的健康、生活等情况，也使社区内居家的老人获得与外界进行信息交流的渠道。M街居家养老服务平台与社区内单位的离退休处达成协作服务的共识，离退休处将居家养老服务推文转发到退休老人微信群中，使服务信息能够得到传播，但在这个过程中，社工并不能直接接触到老人，仅是线上推文远达不到服务宣传的理想效果。

因此，由于居家养老服务宣传不足，服务信息触达不佳，社区老人对居家养老服务的认知缺乏，多数老人即使了解到政府在社区提供居家养老服务，也不理解居家养老服务的内涵，如老人通常片面地看待居家养老服务，受访老人（LLY，21-11-8）认为居家养老服务就是文化娱乐服务："我又不能出门，我老伴要照顾我，导致她也不能出门，这些给老人的活动（指文娱活动类服务）我们根本参加不了。"

（二）空间可及性不高

居家养老服务站点所在的空间位置对社区内的老人利用服务产生了十分关键的影响。目前M街道仅有一个居家养老服务中心站点，由该站点为辖区内长者提供包括就餐、休闲娱乐、康复训练等的日间服务。由于老年居民的活动范围较小，一般情况下只在居住社区的周边走动，不易利用其他社区的为老服务设施，通常来居家养老服务中心站点参与活动的老人都来自邻近社区，到达居家养老服务中心站点不超过4000米，而居住在较远3个社区的老人乘坐公共交通工具到达站点不仅通行时间超过30分钟，还需要转乘不同线路，对这些老人来讲到达站点的时间成本和交通风险较高，因此这几个社区很少有老人来中心。一个街道仅有一个服务站点，对于多个社区的老人来说耗时较长，加之路况复杂，且许多老人行走能力下降，对于交通条件更加敏感，限制了服务的可及性。

去那里太难了，我腿脚还算好，但有时候去街道那里办老人卡，都要费很多工夫，我看那个服务点上去还有一个很高的楼梯，很费力。（LKS，

21-11-3，住华农社区）

社工站那里我是听说过，我腿疼可以照灯，那里靠近地铁站，人太多了，太危险了，我老人家就不要跟别人抢了。还有人（社工）介绍我去那里唱歌，我去不了就都拒绝了。（CSY，21-11-8，住华工社区）

配餐服务是社区老人使用最广泛的服务，但仍有部分老人因空间可及性较低而获取服务受阻。M街辖区内配餐点有7个，分别设置在7个社区，还有6个社区没有老人配餐点，离就餐点较远的老人即使有需求、符合资助条件，也难以享受配餐服务。

（我）没有老年饭卡。我们这里没有长者饭堂，只有原来的单位食堂，饭菜很咸很辣，是不适合老人吃的。（QPJ，21-11-10）

（三）经济可及性不高

居家养老服务的经济补助分为两种：一种是提供给所有老人的普惠式福利，如老人配餐服务，所有户籍老人都能得到区财政就餐补助；另一种是仅提供给特殊辅助对象的补助，补助对象仅限于老人中的有特殊困难者，如孤寡老人、残疾老人、低保、低收入老人、享受抚恤补贴的老人以及百岁老人等。经济补助对服务利用的促进作用明显，研究者在M街实习实践发现，由于配餐服务补贴范围广，因此接受这项服务的老人最多，单位式社区内的就餐老人达到了4000人左右；但依"补缺式"原则提供补助的其他类型服务的利用者少很多，如上门生活照料服务对象仅13人，康复护理服务对象仅31人。

除了配餐服务，多数服务项目都是只向少数特别扶助对象提供补贴，其他老人需要自费。根据广州市居家养老服务指导中心公布的《广州市社区居家养老服务项目清单与指导参考价（试行）》，M街居家养老综合服务平台现行的收费服务项目主要包括助洁、洗涤等服务35元/小时，心理咨询与辅导50~80元/小时，长者午餐无补助者12元/餐，有补助者6元/餐，适老化设备安装需按具体设备打包收费，其他收费服务，如个人专业护理等需根据服务对象的失能程度定价，如轻度失能40元/小时，中度失能50元/小时，重度失能60元/小时等。付费服务的价格标准接近市场价格，普通老人在没有补贴支持的情况下，自费购买居家养老服务的能力和意愿不强。

我又不是孤寡嘛，我有孩子的，跟孩子在一起，以后我自己不能照顾自己，你们有护工上门啊，我没有补贴，也是要自己花钱。(QM，21-11-8)

此外，研究者统计了 20 位受访老人的经济收入，M 街社区老人每月的可支配收入比较高，2 位老人的月收入在 1 万元以上，6 位受访老人收入在 5000 元到 1 万元，但收入较高的老人退休金要用于医药等支出，有的还要补贴子女；多数老人的月收入都在 5000 元以下，其中 3 位老人的月收入不足 3000 元，仅足够支持日常生活、医药等必需的消费支出。

（四）缺乏适当的服务内容

老人认为服务内容与需求难匹配的一个重要原因是服务的专业性不足。M 街居家养老服务平台居养平台共有总监 1 名，主任 1 名，全职社工 3 名，其中，专业社工只有 1 名，主要负责处理各种专业文书编纂、整理和归档等工作，其他社工提供服务多依靠自身的经验和人际沟通技巧，并不能很好地发挥专业优势。M 街居家养老服务平台通过与第三方企业合作，获得清洁工、护工、康复师等参与服务，但护工等照顾者的专业性也难以满足需求。整体来说护理人员的受教育程度不高，仅具备最基础的护理技能，大部分没有经过完善的、系统的专业学习，仅能提供简单的日常清洁服务；专业性的看护服务人员较少，针对护理慢性病老人、失能老人等的培训不够。居家养老服务平台所提供的专业培训周期间隔长、频率低，未能充分保障照顾服务的职业性。康复师资历较浅，所作康复指导记录较为简单、针对性不足，对于老年慢性病患者特别是有功能缺陷患者的评估和康复指导翔实和有效性难以满足老人需求，对于患者的身体健康危险因素如易跌倒因素、出现心脑血管事件的危险因素等缺乏专业评估；对于服务对象的健康档案监测不够全面，缺乏用药指导，仅罗列所服药物，未作任何分析。

这些测量血压我自己在家也能测量，不需要你们再过来给我测量了，我自己吃什么药，吃那么多年了，我比你还要清楚啊。(GXP，21-11-16)

你们站点有的训练仪器我自己家也有，到你那儿我也是自己用，在家我也是自己用，没有厉害的人给我指导怎么能用到好处，与我自己用的怎么样，没有什么分别，我都是自己在家用。(QM，21-11-8)

第六节　促进老人居家养老服务利用的
社会工作介入路径

为防止需求、供给和利用之间的持续错位，提高福利服务使用效率，本章依据前述研究发现，提出社会工作促进老人利用居家养老服务的介入路径。

一、增强老人权能，提升老人利用服务的自我效能感

增权理论的重点在于探索、发现服务对象的能力以及优势，通过日常的服务，如引导、培训、咨询等方式，激发老人利用居家养老服务的主观能动性，帮助老人实现从"无权"到"增权"的动态发展。

（一）社工与老人共同认定服务需求与目标

根据研究者观察，M街现有居家养老服务输送过程中老人往往被视为消极的服务接受者，但在增权模式下，老人被认为有能力对自己的问题进行识别、评估和解决，从而积极地参与服务决策。为充分发挥老人的主动性，在对服务方案进行沟通的过程中，社工应充分尊重和接纳老人的看法与感受，保障其自我抉择的权利，不能替老人作决定。社工确定服务目标的过程中要增加老人的参与性，以便了解老人对居家养老服务的关注点，也能够使老人更充分、透彻地理解服务。

（二）社工对老人进行服务"消费者"教育

老年人特别是高龄老人在生命历程中的相当长时间内都面临物质匮乏、可支配收入低的境况，省吃俭用成为其生活习惯，并且多数老人退休金不高，保守的消费观念和较低的收入导致社区老人对居家养老服务的消费动力不足。社工应引导老人打破过于僵化的消费观念，使其认识到适当的服务可以提高生活品质、促进身心健康，协助其作出适宜的服务选择，并充分告知和保障老人的消费权益。针对老人对居家养老服务产生的疑虑或负面评价，社工应及时了解情况，进行澄清或服务改进，增进老人对使用服务的自我效能感。

二、完善服务递送方案，提高服务的可及性

（一）扩大服务宣传，提升老人对服务的认知程度

政府相关部门在社区居家养老宣传工作中应该起主导作用，应组织相关部门进行更加有效的宣传，使老人易于获得正确服务利用指导，提高老人关于利用居家养老服务收益性的认知。以老人的稳定生活圈即社区为服务宣传的范围，可以提高服务信息的可及性。社区居委会是党和政府联系人民群众的桥梁和纽带，居民对其认知度高，由居委会印发传单、手册、有针对性地上门宣传或通过居民网络社群发布服务资讯等方式进行宣传，并安排工作人员对服务提供咨询服务，有助于社区老人了解、申请服务。

（二）完善服务输送方案，拉近服务站点的空间距离

由于 M 街日间托老服务中心仅有一个，但该街道地理范围超过 10 平方千米，多个社区的老人因距离较远而降低了来中心接受日托服务的意愿；长者助餐配餐点等为老服务设施集中在日托中心周边几个社区，其他社区老人难以获得相应服务。由于老人出行障碍较多，居家养老服务需坚持"近邻"的理念，依据辖区内社区老年人口规模、结构及分布情况进行科学布局，在小型化、多功能的基础上进行服务中心和站点的设置，每个站点均提供日间照料、供餐、健康管理、康乐等功能，提高老人获得服务的地理便利性。

（三）积极进行政策倡导，扩大服务的补助范围

目前居家养老服务的特殊扶助对象以低保家庭等经济非常困难的老人为主，也扩展到高龄独居老人等高需求群体，但仍有部分确有服务需求同时经济能力不足的社区老人需完全自费支付生活协助和复健理疗等服务，其服务需求因经济原因被抑制。社工应积极进行政策倡导，呼吁政府加强对老人的服务补助需求进行进一步研究，分类、分级扩大服务补助范围，扩大社区老人的受惠面。

（四）进行社工能力建设，提高服务的专业性

就社会工作服务者而言，需要培养更全面、精深的专业服务能力。城市老人群体有其特殊性，失能、独居、孤寡等老人的服务需求不同，社会工作者对如何把握老人的个性化需求，如何逐步激发老人利用服务的动力

等，还缺少理论指导和实践工作的知识积累。现阶段可以从专业社工人才培育和专业老年服务队伍建设两方面来探讨。

1. 专业社工人才培育

由于一线社会工作者岗位配备极少且忙于行政工作，制约了社工在居家养老服务推动中的作用发挥，难以满足社区老人个别化咨询与关怀、系统化链接资源等需求。因此需要加大对社会工作服务的投入力度，呼吁根据社区老人数量按比例进行社工岗位设置，并加强对居家养老服务中社工介入方式与技巧的培训和督导，为社工充分发挥专业能力提供条件。

2. 专业老年服务队伍建设

对专业老年社工服务队伍进行培育，建立以专业社工为统筹，老年配餐员、家政服务员、护理员、康复师等紧密配合的跨专业团队。首先，应进行服务理念的培训，如宣讲增权、优势视角、积极老化等有助于保障老人权利及赋能的理念。其次，应通过增加培训机会、设立晋升机会、提高工资待遇等制度建设培养稳定的老年服务队伍，提高服务人员的专业技能。

第七节　结论与讨论

一、结论

中国人口老龄化发展速度快，关系到我国个人、家庭和社会的可持续发展，老龄化社会背景下家庭结构的小型化削弱了家庭在养老方面的作用，立足国情，社区养老模式是目前城市养老的首选（穆光宗，2012）。社区居家养老服务成为现阶段解决城市养老问题的必然选择，然而，社区居家养老服务面临服务供需之间的偏差以及缺乏使用服务的动力等问题（徐植，2019）。过去，学者主要是根据老人的需求导向来协调供给侧，通过增加供给强度以求达到同等的服务效果（夏雯，2018），却较少关注老人的服务需求表达与实际利用服务之间的差距，符合需求的服务并不一定能够有效地被老人利用，造成一定的服务资源浪费。本章主要从居家养老服务供需的偏差、服务供给和利用的缺口、服务需求与利用的落差几个方面分析当前城市社区老人利用居家养老服务的状况，基于健康信念模型，探究哪些因素导致这种状况发生，最后揭示居家养老服务利用的困境，据此提出促进老人利用居家养老服务的社会工作介入路径。主要研究发现如下。

一是城市老人对居家养老服务的需求与利用不匹配。

基于问卷调查数据发现，M 街日间托管、临时托养、安全援助、上门医疗等服务项目供不应求，老人的服务需求得不到充分满足；同时上门生活照料、文化娱乐、康复护理、上门医疗和安全援助等服务项目的服务利用比均小于服务供给比，服务利用不足。因此，服务需求得不到满足、服务利用不足的矛盾现象并存。也就是说相对于服务需求而言，多项服务供给少，但相对于服务利用而言，供给则多（见图 5-2）。相当大一部分对某项服务有需要的老人并没有利用该项服务，造成了需求和利用不匹配的情况，说明服务利用环节制约了服务需求的满足。

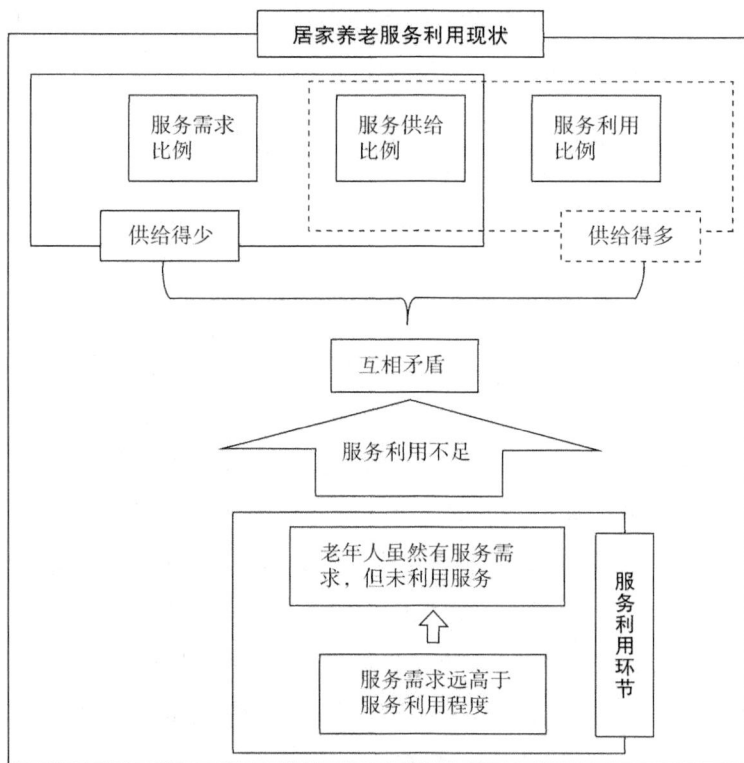

图 5-2　M 街居家养老服务利用现状分析思路

二是城市老人对利用居家养老服务的主观认知直接影响其利用服务的行为。

生活的无力感、健康状况不佳、社会隔离困境以及被忽略的感受等，这些都是"威胁"因素，使老人对居家养老服务产生需求感。老人对服务利用收益的认知能够增强他们利用服务的意愿，老人对服务利用收益的认知包括物质、精神两个层面，如利用居家养老服务能够使其获得日常生活协助、规避健康风险、减轻经济负担等，以及让老人感受到政府对自己的关心和照顾，在一定程度上可以缓解老人的孤独感、符合老人的居住偏好、提升其居家安全感。但老人对服务利用障碍的认知阻碍了老人利用服务的行为，很多老人并不了解服务、不理解服务内涵、不愿考虑付费使用服务、不方便到服务站点以及过去利用服务产生的负面评价等，阻碍了老人利用服务；另外，老人利用服务的自我效能感可能因为老人自我决策能力不足以及老人对接受新事物的信心不足等因素而降低。在一定程度上老人能否主动选择利用服务受他们认知观念的"支配"，利用服务是一种决策，需要老人对服务从认知上了解、从态度上接受才能付诸实施，因此填补这一空白可以增强老人利用居家养老服务的动力。

三是社区居家养老服务利用的困境主要表现在老人自身利用服务的能力不足和服务的可及性不高两方面。

结合老人利用居家养老服务的现状及影响因素，本章揭示了居家养老服务利用的困境，主要表现在老人自身利用服务的能力不足和服务的可及性不高两个方面。由于老人缺乏自我决策的能力和利用服务的信心不足，致使老人利用服务的自我效能感比较低；老人的社区生活关系网络比较弱，老人自身获取服务信息的渠道少，致使老人利用服务的能力不足。服务的可及性不高，具体表现在服务信息难以获得，服务地点难以到达和服务费用难以承受以及缺乏适当的服务内容，如服务安排不符合个性化需求和服务的专业性不足。

四是社会工作促进老人利用居家养老服务的介入路径需要多主体共同协力。

本章从提高老人自身利用服务的能力和提高服务的可及性两方面着

基于健康信念模型的影响老年人利用居家
养老服务因素分析

自我效能感
老年人缺乏自我决策能力
老年人接受新事物的信心不足

行动线索
社工、社区等的服务动员
来自他人的正向服务推荐

老年人对服务缺失
的困境感知

生活的无力感
健康状况不佳
社会隔离困境
被忽略的感受

老年人对服务利用
收益的认知

物质层面的收益认知
获得日常协助
规避健康风险
减轻经济负担

精神层面的收益认知
缓解孤独感
符合居住偏好
提升居家安全感
赋予福利获得感

老年人对服务利用
障碍的认知

服务信息难获得
服务内涵无从理解
服务价格过高
服务站点交通不便
过去利用服务产生负
面评价

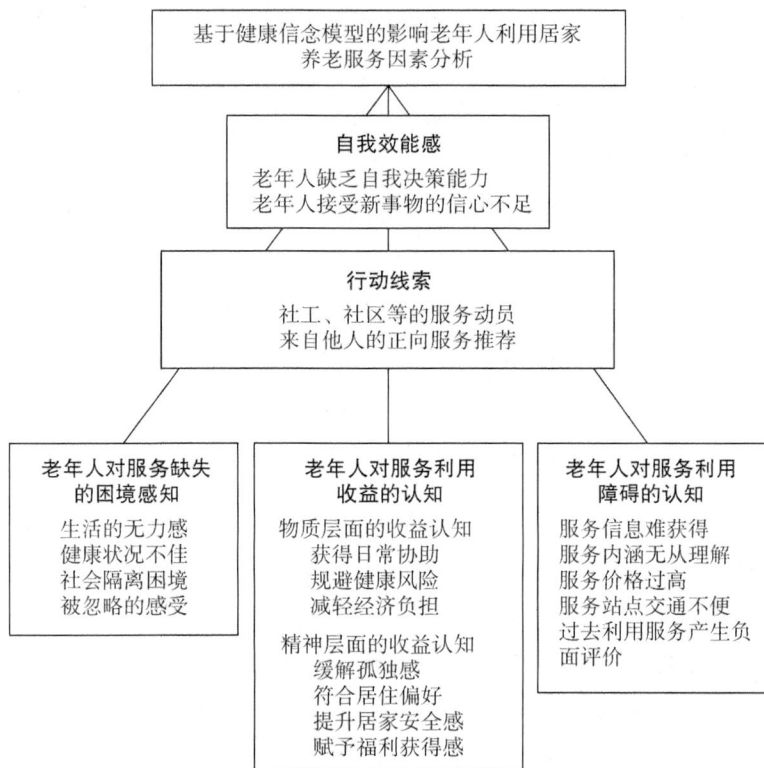

图 5-3 基于健康信念模型的影响城市社区老人利用居家养老服务的因素

手，提出解决服务利用困境、促进老人利用居家养老服务的社会工作介入路径。一方面，社工应通过增加老人获取服务信息的机会，增强老人权能，提升老人自身利用服务的能力；另一方面，社工应充分调动社区多元主体的力量，提高服务信息的传播广度和准确度，增加服务布点、提高服务专业性，从而提高服务可及性、增进老人使用适当服务的机会。

二、讨论

国内针对居家养老服务的研究大多聚焦于考察老人的照顾服务需求，以及探究如何动员资源、提高服务供给能力，但对于已供给的服务之利用效率问题关注不多。然而，服务利用率低也是造成服务供需失衡的根源之一，服务利用环节的效用影响居家养老服务整体成效，本章通过调查发现老人利用居家养老服务的困境主要表现在老人自身利用服务的能力不足和服务的可及性不高两方面，以此较为适切地提出社会工作介入的路径，促进老人适当利用居家养老服务的机会。

本章研究的不足之处在于：首先，问卷调查的抽样方法不够严谨。本章采取方便抽样法，主要是因为人力有限，难以实现随机抽样，虽然尽量在每个社区进行访问，但研究样本仍缺乏代表性。其次，由于研究者与老人的访谈时间有限、部分老人抽象思维能力不高，所以对于社区老人利用居家养老服务影响因素的解释分析深度不足。最后，居家养老服务利用在服务类型、服务内容、服务提供方式等层面具有高度的复杂性，本章仅作出初步的探索，希望为其他学者未来的研究起到参考作用。

第六章

城市失能老人社会融合现状及影响因素研究

——以广州市 W 街 H 社区为例

谢卓桦　李颖奕

第一节　引言

与人口老龄化同时发生的还有老龄人口的高龄化，而高龄化伴随着较高的失能风险。身体失能限制了老人的社会行动，弱化了老人的社会功能，缩减了老人的社会网络，从而致使失能老人逐渐减少社会参与，进而产生感觉孤独、易发生抑郁等心理失调危险，并且存在获取支持与服务困难、身心疾患难以得到及时治疗和适当帮助等问题。失能老人常面临生理、心理、日常生活以及社会参与等方面的困境，其困境背后的本质表现是社会互动的断裂与社会资源获取途径的中断。Scharlach 和 Lehning（2013）指出社会融合可能对老年人有各种潜在的好处，例如，促进相互依存而不是不平等和丧失权力的社会互惠交流、提供社会认同的社会融合、自我建构和自尊角色的实现与维护、社区成员和自我的社会认可、有意义的社会互动以及对自己和环境的感知控制力。因此需要关注失能老人的社会融合，促进这一群体的社会互动与社会参与，推动失能老人生活权利的保障，提升城市失能老人晚年的生活品质与幸福感。

现有对失能老人的研究多集中于长期照护的供给与输送，对失能老人社会融合的关切不足，本章拟从这一研究视角提供实证资料积累，从经济融合、心理融合、社会关系融合与社区融合 4 个维度考察失能老人社会融合的现状并分析其影响因素，据此提出促进失能老人社会融合的建议与对策，以期为城市失能老人的养老服务设计与政策制定提供参考。

第二节　文献回顾

（一）失能老人社会融合的相关研究

在中国知网以"失能老人社会融合"为关键词进行搜索，大陆地区未能检索到可供参考的文献；华艺台湾学术文献数据库针对"失能老人社会融合"为主题的研究有 1 篇；英文文献则是从老年人的社会排斥、社会参与和社会融合进行相关主题的探讨，所以本章从与社会融合相关的社会支持网络及社会排斥内容展开综述，有助于把握对社会融合的理解。

（二）社会支持、社会排斥与社会融合

邓力源（2016）提及社会网络的分析方法被纳入社会融合的研究领域，这成为社会融合新的理论趋向。Scharlach 和 Lehning（2013）认为社会融合是对结构性障碍的回应，这些障碍使个人和团体无法充分参与社会的利益分配，特别是在获得服务、权力与控制方面，同时社会融合反映了个人被嵌入有意义的社会纽带和社会结构网络的程度有多大，可以通过社会关系和支持网络的规模、密度和强度加以证明，由此看出社会网络支持的强弱与规模在一定程度上体现社会融合的程度。国内学者对失能老人社会支持的研究多发现他们的社会支持薄弱，已有支持重物质和生活照料，对精神和社会关怀不足（文旭平 等，2015；王叶 等，2020），且身心功能对其社会网络状况有影响（孟娣娟 等，2016）。

社会排斥是与社会融合紧密相关的概念。社会排斥的概念和产生早于社会融合，社会排斥的削减代表社会融合的被获得（SILVER，2010），社会排斥被看作一个从想法或概念转向看待一种现象与经验方式的框架。社会排斥概念本身是由与个人工作年龄更相关的特征来定义的，如被排除在有尊严生活的资源之外：活跃的劳动力市场、高质量的医疗保健和消费机会，最后是融入更广泛的公民生活网络（SCHONFELDER et al.，2003）。

在老年领域中，遭遇社会隔离被定义为"社会支持网络极其有限"（LUBBEN et al.，2003），后来 Guberman 和 Lavoie（2004）认为老年人的社会排斥是指老年人因缺乏获得资源的机会或失去获取资源的手段而被排除在社会机会与社会网络之外的情况。Scharf、Phillipson 和 Smith（2005）认为，老年人可能经历多种形式的排斥，其中包括 5 个相互关联的维度：物质资源排斥、社会关系排斥、公民活动排斥、基本服务排斥和社区排斥。所以老人缺乏获得设备和参与日常活动信息的能力途径，会严重影响其生活质量，并加剧其与社会的排斥或疏离感。英国社会排斥单位 Social Exclusion Unit（2006）借由分析英国老龄化资源的模型进而完整地涵盖老人实际生活状况，将社会排斥分为文化与社交参与、公共事务参与、物质资源使用、社区空间与邻里情谊、财务管理与理财咨询、服务使用与社会关系。

Scharlach 和 Lehning（2013）认为，发生在老人身上的社会排斥不仅是因为其获得有价值的角色和参与机会的减少，而且是因为社会将这些角色定义为有价值的年龄主义规范。Nicholas 和 Nicholson（2008）使用社会隔离、社会网络、老年人、老年人和社会整合等关键词进行检索，确定了社会排斥的 5 个属性：联系人的数量、归属感、实现关系、与他人的接触频率和网络成员的质量。并发现与社会排斥有关的先行因素，包括缺乏关系、心理障碍、身体障碍、财力和资源交流不足以及令人望而却步的环境。Billette and Lavoies（2010）则从符号排斥、身份排斥、社会政治排斥、制度排斥、经济排斥、排除重大社会关系以及领土排斥这 7 个面向说明社会排斥如何剥夺老年人权利和资源，从而导致老年人的不平等与社会孤立，为我们提供了一种参考机制，以评估和有效证明其在加强老年人融入社区方面的作用与效果。

对老年人来说，社会排斥不仅反映在经济上的不利地位，而且还反映在不利的环境、老龄社会规范和价值观（JETTE，2009），失能老人更容易受到可能致残的身体和认知条件的影响，加上身体与社会环境的不足，可能限制老年人充分参与社会（SCHARLACH et al.，2013）。李丹与白鸽（2020）研究重度失能老人在养老机构中的社会隔离问题，发现空间距离是造成失能老人与外部脱节的主要原因，个人的差异与护理人员的绩效管理加大了失能老人在养老机构的内部脱离，加深了失能老人的孤独感，弱化了失能老人的社会支持感，从而让失能老人产生了感知隔离，形成了内外部的社会排斥。

（三）社会融合视角下老年领域相关研究

国外研究社会融合是从移民人口开始的，国内对社会融合的关注则是由农民工等流动人口开始并逐渐转向残障群体等其他困弱群体的研究，对于老年人以流动老人为社会融合的主要研究对象，这些研究采用的社会融合研究维度划分有：经济融合、社会融合、文化融合以及心理融合（王承宽，2016），心理方面、生活方面、关系方面以及社会环境（刘亚娜，2016），社会适应、心理融合与行为融合（周红云 等，2017），心理上的孤独与排斥、家庭角色与代际关系变化、社区活动参与意愿以及流动人口的社会保障（曹国娇 等，2017），经济融合、社会适应、社会关系融合与身份认同（李芬 等，2018），社会适应、心理接纳和身份认同（靳小怡等，2019）等。研究方法既有定性研究亦有定量研究。

针对非流动老人社会融合的研究较少，已有研究多以老人中的困弱者为研究对象。方曙光（2013）运用问卷调查法对失独老人的社会融合现状及其需求进行研究，通过因子分析法分析主要影响因子后发现失独老人社会交往、社会支持、自我认同较弱，导致他们难以融入正常的社会生活。谢美娥（2014）对独居老人社会融合研究运用问卷调查法与回归分析，参考 English Longitudinal Study of Ageing（ELSA）的七个面向：文化与社交参与、公共事务参与、物质资源使用、社区空间与邻里情谊、财务管理与财务咨询、服务使用，以及以社会关系为架构，结合地区实情，建构社会融入量表进行分析。肖云等（2016）从经济、社会地位认同、行为互动、心理接纳以及文化这五个方面探析残障老人社会融入的问题，发现残障老人收入水平低、社会地位认同度不高、行为互动缺乏以及心理接纳低都制约了残障老人的社会融入。谢美娥（2013）运用深度访谈的质性研究方法，从微观、中观与宏观层面了解社区中居家失能老人社会融合的状况，勾勒出社区失能老人社会融合的轮廓，且依据其形成的因素提出方案与预防对策。

（四）文献述评

通过对老年人社会融合研究的文献梳理，可以发现已有多位学者对老年人社会融合的研究框架进行探索，相较于社会支持理论，社会融合视角更多地从社会权利角度考察老年人的生活资源，也更能体现老年人在获取资源和使用权利中的主动性。已有的实证研究发现无论是流动老人还是非流动老人，他们在获取社会资源、公共服务资源分配、生活质量以及社会交往互动方面相对弱势，社会融合不足。相对于老年人社会融合的重要性，现有研究的数量仍然相当不足，本章将运用质性研究方法，对我国城市失能老人的社会融合状况与影响因素进行探索。

第三节　研究设计

一、研究思路

本章以广州市 W 街 H 社区为调查场域，围绕城市失能老人社会融合这一主题，按照"社会融合现状—社会融合影响因素分析—促进社会融合对策建议"思路逐步展开分析。

二、调查对象

（一）调查对象选取

本章的调查对象是从广州市 W 街 H 社区的失能老人之中选取的，选择这一社区作为研究场域是出于以下考虑：一是 W 街老龄人口占比较大，老龄化程度较深。据不完全统计，W 街现有 1523 位失能老人，其中有 1321 位轻度失能老人，59 位中度失能老人，143 位重度失能老人。失能老人在 W 街老年人口中占比 10% 以上。二是 W 街 H 社区的老人以退休高校教职工及其家属为主，大部分老人受教育程度较高、表达能力较好。三是该社区老人的经济条件较好、社会地位较高，更能够突出身体失能对社会融合造成的影响。

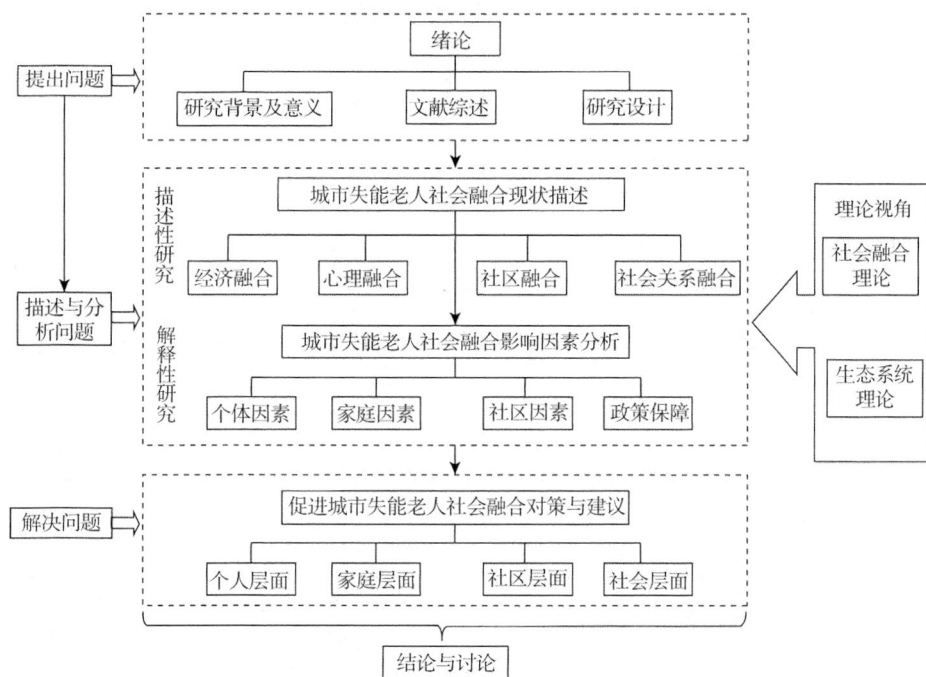

图 6-1　城市失能老人社会融合主题研究框架

（二）调查对象样本特质

本研究评估城市失能老人的失能程度是根据日常生活活动量表（ADL）（Barthel 指数）与工具性日常生活活动量表（IADL）结合进行测量。Barthel 指数评定内容共有 10 项，总分为 100 分，高于 60 分为轻度功能障碍，指能独立完成大部分日常活动；41~60 分为中度功能障碍，指需要较多的帮助方能完成日常生活活动；低于或等于 40 分为重度功能障碍，指大部分日常生活不能自行完成，需他人帮助。工具性日常生活活动量表（IADL）包括打电话、购物、备餐、做家务、洗衣、使用交通工具、吃药、自理经济 8 项。研究对象样本的具体特质如表 6-1 所示。

表6-1 研究对象样本特质资料

编码	性别	年龄（岁）	健康状况		婚姻状况	子女数	受教育程度	退休前职业	经济来源	居住状况
			ADL分数	IADL项目						
A1	男	83	55	3/8	已婚	2女	本科	高校教师	退休金	仅与配偶居住
A2	男	91	45	5/8	已婚	1女	初中	高校食堂职工	退休金	与配偶、保姆居住
A3	男	89	60	3/8	已婚	1儿1女	中专	企业职工	退休金	与儿子居住
A4	女	83	45	6/8	已婚	1儿1女	中专	企业职工	退休金	与儿子居住
A5	男	92	50	7/8	已婚	1儿2女	中专	政府单位职工	退休金、政府补贴金	与配偶、儿子居住
A6	女	83	60	5/8	丧偶	1女	本科	高校教师	退休金	与保姆居住
A7	男	86	45	5/8	已婚	2儿	本科	高校教师	退休金	仅与配偶居住
A8	女	88	60	3/8	已婚	1女	本科	高校教师	退休金	与配偶、保姆居住
A9	女	83	60	3/8	离异丧偶	1女	小学	企业职工	退休金、女儿定期生活补贴	独居空巢
A10	男	88	45	7/8	已婚	3儿1女	高中	企业职工	退休金、儿女过节补贴	与配偶、儿子居住
A11	女	82	55	3/8	已婚	1女（去世）	大专	政府单位职工	退休金	仅与配偶居住
A12	男	88	55	4/8	已婚	1女（去世）	大专	企业职工	退休金	仅与配偶居住

续表

编码	性别	年龄（岁）	健康状况		婚姻状况	子女数	受教育程度	退休前职业	经济来源	居住状况
			ADL分数	IADL项目						
A13	男	92	60	3/8	已婚	0	本科	高校教师	退休金	独居
A14	女	83	60	3/8	已婚	2女	本科	高校教师	退休金	仅与配偶居住
A15	男	83	55	3/8	已婚	3女1儿	初中	企业职工	退休金	仅与配偶居住
A16	女	85	45	7/8	丧偶	1女	大专	高校行政人员	退休金	与女儿居住
A17	女	91	60	4/8	丧偶	2儿	本科	高校教师	退休金	与小儿子居住
A18	男	91	55	3/8	丧偶	1儿1女	中专	高校职工	退休金	与儿子居住
A19	男	86	50	4/8	已婚	1儿1女	初中	企业职工	退休金	仅与配偶居住
A20	男	81	55	3/8	已婚	2儿	初中	企业职工	退休金	仅与配偶居住

三、研究方法

本章在研究过程中采取质性研究方法是基于以下原因：①社会融合是一个相对新的概念，对失能老人社会融合的研究较少，对于失能老人社会融合的面向与相关形成因素，需要进行开放性的探索。②在研究取向方面，既往研究多使用定量方法对社会融合程度进行测量，却很少关注失能老人在社会融合过程中的主观体验及他们对相关原因的认知，本章则试图从失能老人的视角分析社会结构对失能老人社会融合的影响。因此本研究以质性方式进行，采用立意抽样方法选取研究对象，运用半结构式访谈法、参与式观察法以及文献法等进行资料收集。

四、理论视角

(一) 社会融合理论内涵

融合理论最早在 20 世纪初被提出，而社会融合概念由埃米尔·迪尔凯姆 (1897) 在《自杀论》中首次提出，是指个体之间、群体之间以及文化之间的互相适应过程。社会融合是人与社会环境之间的包容与接纳，Cameron Crawford (2003) 认为，社会融合至少包括宏观层面的经济、政治、文化等社会互动以及微观层面的与家庭朋友以及社区互动这两层意思。Noel 和 Burns (2014) 指出，社会融合及对立的社会排斥概念在欧洲被广泛地使用。21 世纪初，欧洲国家元首和政府首脑通过了欧洲社会政策议程，其中会议内容包括消除贫困和促进社会融合的建议。被认为特别有社会排斥风险的人口包括残疾人、老年人、单亲家庭、妇女、失业者，特别是有精神健康问题的人。

国内学者在对西方社会融合理论与概念的理解基础上，结合本土情况对社会融合概念进行了界定。任远等 (2006) 认为，社会融合是不同主体与文化之间协作与适应的过程。叶萧科 (2006) 认为，社会融入可简单定义为每个人属于主流社会，并有权被纳入社会获得支持，不因困境群体或少数民族的身份被标签化而遭到社会排斥。陈成文等 (2012) 认为，社会融入是困境主体与所在社区中的人群进行互动的社会行动过程。杨菊华 (2009) 对于社会融合的定义是文化之间、族群之间实现从相互隔离到最后嵌入、适应与交融的转变过程，最终的形成结果是丰富与完善原有的社会融合体系，或者是形成一个包含经济、政治、文化及情感联系的新的共同体。

(二) 社会融合的分析维度

Park 和 Burgess (1921) 是最早对社会融合进行测量的学者，他们将融合过程和内容系统地区分为经济竞争、政治冲突、社会调节、文化融合四种主要的互动。Landecker (1951) 将社会融合分为文化融合、交流融合、功能融合和规范融合。Goldlust 和 Richmond (1974) 从主观和客观两方面对社会融合维度进行归类，主观层面指认同、主观内化和满意度的社会心理面向，客观层面指经济、文化、社会、政治四个面向。Scott（1976）认为，社会融合包括行为融合与情感融合两个方面，其中行为融合是指人与人之间社会交往的频率和强度，反映的是个体之间的社会距离。社会距离的大小、互动频率及互动强度的强弱能体现社会融合程度水平的高低。情感融合是指成员个人对群体的认同感，有共同价值观和愿意将时间和精力投入群体以及个人资源中，当这种情绪很强烈时，社会融合的程度就会很高；当这些情绪很弱时，社会融合程度就相对较低。Junger-Tas（2001）提出了结构性融合、社会文化性融合以及政治合法性融合三个融合维度。Entzinger（2003）在 Junger-Tas 基础上提出社会经济融合、政治融合、文化融合、主流社会对移民人口的接纳或排斥这四个维度。

国内学者李树苗等（2008）依据 Scott 对社会融合维度的划分，将行为融合和情感融合应用于分析中国农民工的社会融合。黄匡时（2010）提出，个体的心理融合对于其融入社会的过程发挥着至关重要的作用。杨菊华（2009）根据社会融入的定义与内涵，从理论层面讨论流动人口的融入路径，从经济整合、文化接纳、行为适应、身份认同四个维度构建流动人口在流入地社会融入模式的总体理论框架，探析流动人口的融入模式。黄匡时（2010）在借鉴欧盟对社会融合量化指标测量的基础上，结合我国流动人口的实际情况，构建了我国流动人口的社会融合指标体系。

杨菊华等（2013）以身份认同作为分析维度运用量化方法对北京市流动人口的融入进行研究；陈云松等（2015）综合参照学界提出的社会融合维度，根据经济、行为、心理和身份四个具体融合维度对农业户籍流动人口与城镇户籍人口的社会融合问题提出理论假设，然后根据量化后的指标对假设进行验证；周皓（2012）通过分析与总结国内外社会融合理论及社会融合测量指标，重新构建个体层次的社会融合测量指标体系，具体包括经济融合、文化适应、社会适应、结构融合以及身份认同五个社会融合维度；杨文杰等（2016）借鉴前人的研究结果并结合我国实际状况对我国流动人口的社会融合度测量指标体系进行了完善，这个体系包括社会保障、经济融合、社区融合、心理融合四个维度；宋国恺（2016）以经济融合、社会关系融合、制度融合、心理融合和社区融合等为一级指标体系对农民工的城市融合进行研究。其中宋国恺将社会关系融合划分为社区交往关系与同群交往关系、心理融合里的身份认同、社区融合里的获取服务与参与社区活动等二级指标，与本章的实际状况有共性，因此选取宋国恺所采用的五个一级指标体系作为本章的主要分析框架，并将部分二级指标体系作为参考纳入本章的分析维度。

在对流动老人的社会融合维度研究中，李芳等（2016）以心理认同、家庭融洽、社区融合、区域适应、制度包融五个维度建构社会融合概念的测量指标体系并分析流动老人的社会融合，其中心理认同是通过生活满意度、心理距离与身份认同这三方面分析，社区融合是通过社区特征、社区关系与社区参与体现，心理认同与社区融合的测量指标可以作为参考纳入本章的社会融合维度分析；刘素素等（2018）根据访谈资料进行主题分析提炼出经济参与、文化接纳、社会适应与心理整合四个维度对随迁老人社会融入进行现状分析，在对心理整合分析中，刘素素等通过自我效能感与自我身份认同两方面进行分析；李芬等（2018）通过经济融合、社会适应、社会关系融合与身份认同四个方面测量候鸟老人社会融合；王业斌等（2018）在借鉴已有文献对于社会融合的测量指标基础上，从经济层面、文化层面、结构层面和社会层面四个维度来测量流动老人的社会融合程度；胡雅萍等（2019）从经济支持、社会交往、心理状态、制度保障四个方面去了解流动老年人的社会融入现状并进行分析；靳小怡等（2019）运用数据调查与量化方法从社会适应、心理接纳和身份认同三个层次分析农村随迁老人社会融合情况。

综合前人对社会融合维度的研究与探讨，本章将社会融合的主要文献进行分析归纳，便于更加清晰地了解学者对社会融合维度的划分，具体如表6-2所示。

表 6-2　国内学者关于社会融合的测量维度与内容

维度类型	主要文献	维度内容
二维	李树茁等（2008）	行为融合、情感融合
三维	靳小怡等（2019）	社会适应、心理接纳、身份认同
四维	杨菊华（2009）	经济整合、文化接纳、行为适应、身份认同
	陈云松等（2015）	经济、行为、心理、身份
	杨文杰等（2016）	社会保障、经济融合、社区融合、心理融合
	张浩（2018）	经济参与、文化接纳、社会适应、心理整合
	李芬等（2018）	经济融合、社会适应、社会关系融合、身份认同
	王业斌等（2018）	经济层面、文化层面、结构层面、社会层面
	刘素素等（2018）	经济参与、文化接纳、社会适应、心理整合
	胡雅萍等（2019）	经济支持、社会交往、心理状态、制度保障
五维	周皓（2012）	经济融合、文化适应、社会适应、结构融合、身份认同
	宋国恺（2016）	经济融合、社会关系融合、制度融合、心理融合、社区融合
	李芳等（2016）	心理认同、家庭融洽、社区融合、区域适应、制度包融

从社会融合维度分析来看，虽然不同学者对社会融合维度的划分存在区别，对社会融合的维度划分存在交叉性与差异性，但是从共通的维度指标出发，社会融合的维度研究可以应用于不同群体的社会融合问题并对其进行探索性研究。从前文对社会融合维度综述的基础上可以发现。

在测量社会融合的指标体系方面，各学者都试图建立一套测量社会融合的具体指标，但至今仍未达成共识。因此，对于社会融合分析指标的选择，各学者依据研究对象与研究重点的不同而各有取舍。

结合学者社会融合维度分析与本研究实际状况，本章以宋国恺（2016）对农民工的社会融合分析维度为主，结合城市社区失能老人的特点，选取经济融合、心理融合、社区融合、社会关系融合四个维度建构本研究的社会融合维度分析框架，并参考刘素素、张浩（2018）对随迁老人经济融合的分析维度如基本生活条件、日常经济消费与社会福利保障，建构本研究经济融合的二级分析维度；参考刘素素、张浩（2018）与李芳、李志宏（2016）对心理融合维度二级维度的划分，将自我身份认同与心理距离纳入本研究心理融合维度；社区融合维度参照宋国恺（2016）与李芳、李志宏（2016）等的测量方式，将社区参与以及社区服务获取纳入本章对失能老人社会融合现状的维度分析框架。参考宋国恺（2016）等对社会关系融合的二级辨析维度，将社会关系融合分为家庭关系、朋友关系与邻里关系维度进行考察；具体分析框架如图6-2所示。

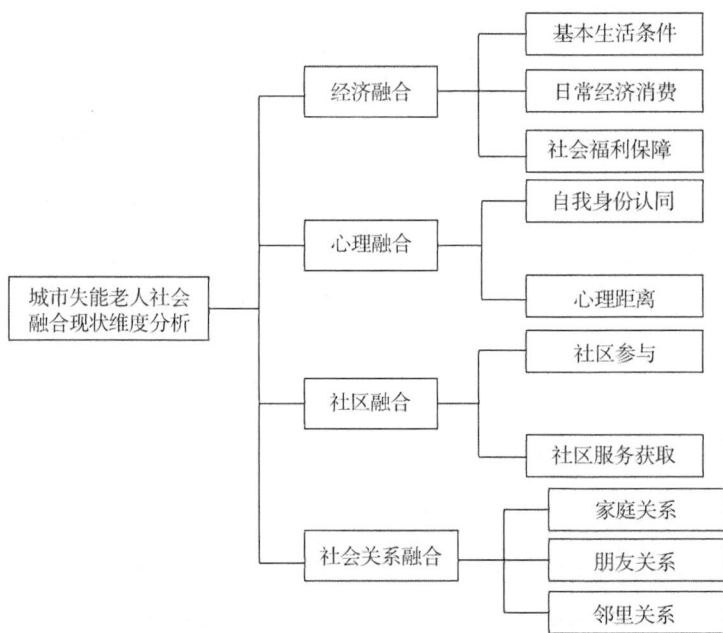

图6-2 城市失能老人社会融合现状维度分析框架

第四节 W街H社区失能老人社会融合现状

社会融合是一个多维度与多层面的综合性指标体系，不能仅以单一的维度或层面考量社会融合的整体情况（宋国恺，2016）。本节通过梳理前人文献与整理第一手访谈资料，分别从经济融合、心理融合、社区融合与社会关系融合四个维度对城市失能老人的社会融合现状进行描述与分析。

一、经济融合

宋国恺（2016）指出，经济发挥着决定性作用，是其他上层建筑的基础与关键。也可以说经济融合是连接其他领域融合的桥梁，同时经济融合是社会融合最基础的保障与表现（李芬 等，2018）。对于城市失能老人来说，经济融合体现在主要生活来源、衣食住行以及医疗养老保障等方面，所以根据城市失能老人的实际情况，对其经济融合现状主要通过基本生活条件、日常经济消费及社会福利保障（刘素素 等，2018）这三个方面进行现状描述与考量。

（一）基本生活条件

城市失能老人一般有稳定的退休金作为生活来源，能够满足基本的居家养老与长期照护的需求，能够维持日常的穿衣饮食与居住的条件。

因为他是属于1949年前后那一时期的老干部了，现在整个天河区像他这种身份的就只剩他一个了，享受政府的特殊津贴。每个月除了职工退休金，还有政府给的这个补贴。（A5）

我们都是企业职工，我一个月都有4000多块钱的退休金，我太太有3000多块钱，够吃够用。儿女过年过节、生日，都会给我们钱。（A15）

失能老人虽行动能力受限，但子女通常会提供协助，照顾失能老人居家的日常生活与饮食起居。失能老人在基本生活条件方面的融合程度比较高，能满足基本的日常生活需求。

我们年纪大，出门很不方便。都是我二女儿每天从她家那边过来，把一天的菜买过来，负责我们的一日三餐，然后日常生活用品那些也是我女儿来买。（A5）

有时候是我儿女回来，就顺便买一周的菜回来。其他时候我们两个老人家开销也不大，平时都足够生活了。（A15）

（二）日常经济消费

城市失能老人日常经济消费主要集中在日常生活开销、医疗两大方面。根据研究对象的生活情况，本章将日常经济消费划分为必要生活开销和选择性服务消费两个方面对城市失能老人的日常经济消费现状进行了解。

1. 必要生活开销大

城市失能老人必要生活开销是用在购买生活用品与食品、维持家庭运转必需的水电煤气费用以及日常看病开药的支出。对于退休金相对比较高的失能老人来说，维持日常经济消费不成问题，而对于退休金一般的失能老人而言，应付日常生活开销已显吃力。除了最基本的食品、水电煤气等日常开销，失能老人需要长期用药，因此这些失能老人必要生活开销占比大。

我现在 86 岁了，腿又走不了，除了躺床上，其他时间基本待在家里，坐在轮椅上看看电视。我丈夫前两年去世了，现在家里开支就比较困难了，水电费、保安费、垃圾费，什么费都是自己出，我自己退休金又不高。(A16)

我年轻时是在学校食堂做厨工，现在退休金就 3000 多元，跟我老婆的加起来一共就 7000 多元，除去开药拿药的钱，勉强够维持生活。(A2)

我每个星期都需要去开药，是我女儿替我去开的。每周都要花几百元来开药，加上还有平时的日常开销，一个月的退休金基本就是这样子花完咯，也没有剩下多少钱。(A4)

在广州一线城市生活，日常消费水平较高，但一般从企业退休的老人的退休金水平仅为 3000 元至 4000 元，日常必要生活开销已经占据了退休金的一大半，想使用钟点工等劳务服务存在经济压力。

2. 选择性服务消费差异大

在满足基本生活开销外，城市失能老人能否在代办服务、医疗服务方面选择自费服务、能否在基本生活层次以上还有一定程度的生活享受，这些都能反映失能老人经济融合程度的高低。

一是代办服务方面。经济条件一般的老人在有照顾需求时往往选择家庭照顾，以减轻经济负担。大部分被访失能老人家庭出于经济考虑，选择由子女轮流照顾，负责打扫卫生、一日三餐，减轻家庭负担，但是照顾者缺乏劳务分担。

我们没有请保姆，都是我们在家照顾他的，洗澡、穿衣都是我们来弄。上有老下有小我们压力也很大，整个家开销很大，想都没想过要请居家护工或钟点工。（A10）

她不肯请人，说钱不够，都是我一个人照顾，我压力也很大，想找个人帮我分担一下。（A16）

经济条件较好的失能老人往往选择雇用专门人员提供照顾以减轻子女的照顾压力。部分受访失能老人家庭会雇用钟点工进行助洁、做餐或雇用全天候住家保姆提供照护服务，避免给子女造成压力。有的受访者即便子女就住在附近，也基本依靠雇用人力来提供照顾，以保障子女的发展机会和生活自由。

儿子跟我们一起住，他每天早出晚归的，女儿在很远的地方工作，有空就会回来看我们，平常就只有我们两公婆，保姆照顾我的日常，我自己上不了厕所，大小便来了也不知道。我有一次中风了，急救被送去了医院，现在左腿使不上力气，站起来也要别人扶着。（A5）

这个保姆照顾我10年了，我丈夫10年前就走了。我只有一个女儿，我女儿不跟我一起住，我住在东区，我女儿住在西区，她还经常出差。我把保姆已经当成我家人了。这个保姆跟我一起住，照顾我日常生活，性格人品什么的都没的说，我很满意了。（A6）

我女儿不跟我们一起住，我们两个老人住一起，我老伴相对于我来说还能自理，我眼睛几乎瞎了，什么都看不了，也做不了什么，我们请了钟点工每天过来搞下卫生、煮下饭，打点一日三餐。（A7）

二是医疗服务选择消费方面。多数被访失能老人的医疗消费以医疗保险报销的范围为主，没有将私营医院全自费医疗服务列入考虑范围。失能老人选择公立医院以报销医保的形式进行看病开药，对于需要自费的康复医疗服务持拒绝态度。虽然失能老人有康复理疗需求，但考虑到经济支付能力，他们完全不了解与接触相关服务。

医生建议我在家做一些康复运动，有助于腿脚的活动，但是我没有想过这些康复服务，这些服务肯定要花钱的，应该也不便宜，自己钱不多。

（A2）

基本的都能在定点报销医院看。其他自费的医疗康复服务没有考虑过，我们也没有了解过。（A5）

经济条件较好的社区失能老人能购买医疗康复服务和设备。

之前我不小心在家跌倒过，是大腿粉碎性骨折，住了3个多月医院。出院后综合医生和自己的考虑，买了一张理疗床回家，可以方便在家进行大腿康复和愈合。这张理疗床花了我1万多块钱。（A1）

三是自由消费方面。经济条件较好的失能老人能够根据自身偏好，自主选择消费内容与形式。有的失能老人会保留失能前的兴趣习惯，在家人的陪伴照护下去喝早茶或吃饭，与外界维持联系，保持互动。

一家人时不时会跟儿女还有孙子一起去喝早茶。（A5）

我经常会跟儿女去吃饭，一个月会有一次聚餐，我儿女负责接送我，知道我出行不方便，也会很贴心地照顾我。（A9）

经济条件一般的失能老人会避免额外消费。多数城市社区失能老人知道自己没有赚钱能力，会过着比较勤俭节约的生活，减少非必需的支出。

我们除了日常生活开销，也不用买什么其他的，日子过得也算可以。平时简简单单又是一餐，我们吃不了多少，也很节约，需要花钱的地方不多。（A19）

（三）社会福利保障

一是基础医疗经济保障为失能老人提供就医保障，减少医疗消费支出。城市失能老人在退休前是企事业单位职工，都有参加职工医疗保险，按照规定享受基本医疗保险待遇，切实保障了失能老人医疗待遇水平，保障了城市失能老人基本就医的社会福利。

二是享受特定病种门诊待遇。患有冠心病、高血压、糖尿病、慢性肾功能衰竭等慢性病的失能老人可以享受特定病种门诊待遇，由社会医疗保险统筹基金按特定病种费用范围支付特定门诊费用，所以大部分失能老人在享有基本医疗保险的基础上，还享有特定病种门诊待遇，降低了失能老人的药品费用开销，基本保障了城市社区老人就医与用药的消费，提高了失能老人的幸福感。

我有冠心病，心脏放了 5 个支架，要一直吃这类药。而且我还有糖尿病，开一次药要 1000 多块钱，幸好有医保和特殊门诊支持，拿药不用花那么多钱，只需要自己付 400 多元就可以了，减轻了一部分压力。不然一个月 1/4 的退休金都用在开药上了。（A2）

三是教职工医疗报销比例高，但转诊不方便，阻碍失能老人寻求更好的医疗资源。教职工在特定医院看病与住院的费用报销比例比较高，减轻了医疗支出负担。

小毛病我们可以在校医院解决。学校报销比例比较高，不用自己出什么钱。（A13）

但从另一方面来说，失能老人面临紧急情况需要转诊到其他医院时，须经校医院同意并出具转诊证明，否则转诊后不能按照原定报销比例进行住院诊疗相关费用的报销。因此在这个过程中，失能老人使用优质医疗资源的机会有可能受到限制。

从这里转诊到外面其他医院流程比较麻烦，也耽误了看病的时间。如果没有校医院开具的转诊证明，到其他医院看病需要全部自费，报销不了。（A1）

我们想转去其他医院看看，但是学校不给转出去，转出去全部需要自费，所以只能在学校医院里面。（A16）

整体而言，城市失能老人的经济融合程度较高。城市失能老人的基本生活条件以及基本医疗服务能够得到保障，特定门诊待遇进一步减轻了失能老人多种慢性疾病带来的医药开销压力，且 H 社区老人中有很多是高校退休人员，享受较高的医疗报销比例，使他们在面临医疗需求时能得到较好的经济支持，与此同时，对于医保承担大部分报销额度的项目以外的医疗康复、护理服务，多数老人因收入限制难以使用。

二、心理融合

杨文杰、秦加加（2016）认为，心理融合是社会融合的最高形式和重要指标。心理融合是精神上的个人主观感受与心理上的归属感体现。根据前文综述，本章对城市失能老人的心理融合现状从自我身份认同与心理距离这两方面进行考察。

（一）自我身份认同

自我身份认同是老人对自己在家庭、社区及社会中角色的主观评价（刘素素 等，2018）。失能老人对自我身份认同程度的高低体现在失能老人对自我价值感的主观认知与评价以及家庭角色与自我选择方面。

1. 自我价值感因身体失能降低

城市失能老人面对身体逐渐弱化，一些老人对自身的主观评价受到失能影响而明显降低。主要表现为自我价值感低，丧失自我认同。失能老人认为自己老了没有用处，只是一把每天靠药品维持生命的"硬骨头"。在此过程中老人强调自己是"无能"的与"依赖者"的特征，忽略了自己的其他社会角色与有意义的社会贡献，以致逐渐丧失了自我认同。

我每天到了时间点吃药，就要打开饼干盒，里面放满了我需要吃的药。我每次都要把饼干盒里面的药吃一遍，这是高血压的，这是心血管防止血栓的，这是我中风之后需要吃的……每次吃这么多药我自己都怕了，药吃的比饭还多。唉，人老了，什么都不行，吃药最在行。（A6）

摔倒、骨折等经历会引发失能老人对再次出现意外的恐惧，加深了其应对生活任务的无能感，由于依赖他人照顾，失能老人经常认为自己是累赘与负担，容易产生比较强烈的无价值感，对自我的认识陷入片面与消极。

我有一次晚上上厕所，瓷砖比较滑，扶不住墙边的扶手，整个人摔倒在地上，头部流了血，送到医院做了检查，膝关节那里诊断是粉碎性骨折，医生在我膝盖那里装了钉子，要用钉子稳住膝盖，让骨头慢慢愈合。我年纪这么大了，恢复起来也难，我现在走路也是很怕，家里有人也是叫人扶着我去拿东西或上厕所，不敢自己做事情了，需要人看着我，陪着我，我尽量能不动就不动了。（A1）

我脚无力，走着走着路就觉得腿软，我也因为这样跌倒过几次了，幸好没危及生命。你看我腰椎这里每天都要戴一条医用腰带去固定住。我的腰椎上钉了 10 颗钉子，如果不戴这个腰带维持，我的腰要废了。加上我老伴去世了，家里只有我和一个未婚的儿子住一起，我出事了，都不知道怎么办啊。现在还能自己勉强照顾自己，等年龄再大一点，都不敢去想，现在都是倒数着过日子，能活一天是一天，就看自己什么时候走了。（A18）

但也有失能老人积极克服失能对自己情绪的消极影响，通过回忆失能前的经历保持对生活的积极态度，并不将"自我"限制在卧床的当前状态，而是涵括更长时期的自己。

我70多岁的时候经常到国外旅游，去过欧洲、非洲、北美洲很多国家，现在身体不行了，头经常晕，一天大部分时间都是躺着，只能在自己家里活动一下，想想之前去过的很多地方，还是觉得很开心，要不断调整自己的心态。（A1）

2. 家庭角色边缘化

失能老人在家庭和自身照顾等事务决策中的自主权被削弱，从家庭中的决策者转为被动接受者。老人感到随着身体失能，他们从家庭中的照顾者转换为被照顾者，在行为决策方面他们的权力被削弱，遇事需要征求儿女的意见，令他们感到自己在家庭中的地位下降，认为自己只需要听取其他家庭成员的决定，自己的决定或者建议可有可无，从而逐渐失去参与话题的兴趣，加深了失能老人对自我家庭身份角色边缘化的看法。

现在我老了，儿女都是我的监护人，我做什么都要先和他们商量一下，我现在做不了什么决定。在这个家里面，都是被儿女包办了，他们说吃什么，带我去哪里喝早茶，都是他们说了算，我也没有多大意见。（A3）

我说的话他们一般都很少听得进去，他们觉得我观念落后了，跟不上时代。我现在也很少讲自己的看法了。现在在家里，都是年轻人的世界，我们老的听听就好了，不要插太多话。（A4）

我虽然对这个腰椎康复服务很有意愿，可以帮助我缓解腰椎疼痛，但是我跟我女儿说了之后，我女儿有很大反应，拒绝我接受这个服务，说这样不大好，不知道有没有效果，我只能不接受这个服务了。（A6）

（二）抱有从社区撤离心态

Bogardus将社会距离概念操作转化成具体的测量指标，通过考察行动主体是否愿意与他人或其他社会群体交往，来测量社会成员对于他们个体之间或者他们与其他社会群体成员之间距离的感觉（郭星华 等，2004）。

本章参考 Bogardus 对社会距离的界定与测量方式，以失能老人与他人的交往意愿分析其城市失能老人与外界的心理距离，发现失能老人存在"撤离"心态，与社区邻里、与社会互动的意愿低。

失能老人与朋友、邻居的社会交往逐渐减少。由于缺乏精力，失能老人不愿再花费时间与精力去经营社交，维持社会交往。

现在没什么联系了，大家身体都差不多，我也没有这个精力去关注，有些同事住在隔壁那栋，住得相对比较近的都很少见面，没有经常来往，也没有这个冲动说要去联系一下朋友，其他平时经常见的社区熟悉的，也没有去联系，偶尔出去碰到就打个招呼，就回去了。（A11）

此外，有的失能老人需要使用轮椅等辅具，认为有损自我形象，加之行动不便，所以选择主动撤离，宁愿待在家里也不愿意进入社区场域活动。这种主动撤离减少了失能老人与社区的联系，降低了失能老人社会融合程度。

我不想出去，怕出去遇到认识的人，我觉得很难堪，很不舒服，我的腿不行，出门一定要坐着轮椅，轮椅又麻烦，又不方便，路面也是不平的，所以我每天都在家，不愿意出去。（A15）

三、社区融合

社区融合是社会融合的基础，社会融合需要通过社区融合实现。社区融合既是社会融合的具体表现，也是社会融合的目标方向（宋国恺，2016）。本章从社区参与以及服务获取这两方面阐述城市失能老人社区融合现状。

（一）社区活动参与少

社区是每个人生活的基本单位，能否取得具有可近性与适当性的社区参与机会是影响老人生活品质与福祉的主要因素。李芳、李志宏（2016）通过参与正式社区活动和非正式社区活动的类型、数量等变量来对社区参与进行测量，宋国恺（2016）则通过是否参与社区活动、公益活动和参与社区活动的愿望等几方面测量社区参与。结合社区失能老人情况，本章从社区活动种类少、参与社区活动频率低、活动参与有限等几方面展开描述社区失能老人参与社区活动的现状。

老人愿意践行其社会角色，维持与他人的社会互动，是老人参与活动的关键（谢美娥，2019）。对于社区活动参与，失能老人的参与意向不强烈，参与社区活动的次数屈指可数，甚至有的失能老人从未参与过社区活动。

我没参加过什么社区活动，我按照自己的习惯到社区走走。（A8）

我很少去凑这个热闹，看到他们在打太极什么的，我都是在社区凳子上静静地坐一下，看看就回去了。（A14）

失能老人社区活动参与少的原因主要是缺乏适合其身体功能的活动。谢美娥（2019）将活动分为生产性活动、共同性活动、独自性活动以及社交性活动。生产性活动包括园艺、志愿者服务等；共同性活动包括参加教育课程、户外健身活动、下棋或打牌、唱歌跳舞或弹奏乐器、参加文艺活动等；独自性活动包括移动性活动（如散步）、健康相关活动（做保健操、打太极等）、阅读等；社交性活动包括外出拜访他人、打电话与他人交谈等。H 社区活动的组织与发起以退休教职工自发形成的兴趣团体为主，日常活动主要有八段锦、打太极拳、耍剑等，缺少适合失能老人参与的活动，失能老人感觉到被排斥。

出去社区都是看别人打牌、下棋、打麻将，自己参与不了，只能呆呆地坐在旁边看，也没什么意思。（A13）

没看过社区有搞过什么活动。活动都是老人自己组织的，根据兴趣爱好来参加的，谁喜欢打八段锦就自己加入一起，看到什么自己感兴趣的可以自由加入。这些年龄小一点的还可以参加，自从我中风之后就没有去参加了，因为没有适合我的，我自己想去参加也有心无力，身体不行。（A11）

（二）社区医疗与照顾服务获取难

医疗与照顾服务获取是失能老人的迫切需求，是否便于从社区中获取相关服务既是社区融合的结果，也会影响老人与社区之间的联系。失能老人获取社区服务最直接的障碍在于地理距离。由于身体的衰弱，步行距离略长即会对失能老人造成困难。虽然城市的公共交通系统发达，但对于失能老人仍然支持不足。地铁等交通工具需要步行较远距离，还非常拥挤，失能老人使用有困难，需要更加能够照顾到其需求的交通工具。

距离还好，走出去有地铁站和公交站。从这里出去到 W 地铁站走路要 15 分钟。加上这里人多车多，走路也要很小心。路也有点不平，容易摔倒。（A2）

开药都是我儿子帮我包办了。我试过出去一趟很吃力，回来需要休息很久，喘不过气来。我上午出去一次，我需要休息一整天才能缓过来，头是晕的，脚没有力气，整个人觉得不对劲。（A3）

四、社会关系融合

社会关系既包括人际关系也包括群体间关系，在很大程度上，许多个体人际关系的聚合也可以反映群体关系情况（李芬 等，2018），所以本章通过城市失能老人与其他人的互动，进而了解城市失能老人社会关系融合程度。社会成员之间的互动既是一种生活方式，也是一种获取资源信息的方式（宋国恺，2016）。城市失能老人的人际关系互动主要发生在家庭成员、朋友与邻里间。

（一）家庭关系

家庭是个体获得安全感与归属感的重要场所，也是个体与他人产生紧密联系的重要纽带。家庭关系可以简单理解为在一个家庭中，家庭成员之间的互动关系，其中最主要的关系是夫妻关系和亲子关系，也有老人在家中主要的互动对象是保姆。多数被访失能老人能够得到子女的关心，互动频繁。

多数失能老人不与儿女同住，日常生活聘请保姆提供照顾，子女定期看望老人，给老人带去生活用品、食品，对老人表示关切。

女儿在很远的地方工作，有空就会回来看我们，平常就只有我们两公婆，保姆照顾我的日常，我自己上不了厕所，大小便来了也不知道。（A2）

我儿子他平时打个电话过来就很不错了，平时主要靠我另外三个女儿；在黄埔的女儿每天中午打电话过来问候我们夫妻俩身体，十八涌的女儿时不时会问我们生活用品有什么缺的，到了周末会买过来。（A15）

有的失能老人由已退休的子女提供起居饮食，但由于子女也有自己的家庭，因此常不与失能老人同住，而是在两个家庭之间奔波，每天对老人提供生活照顾和陪伴。

近几年我女儿退休了，有时间了，就全部由我女儿来做（照顾）了。我女儿她也挺辛苦的，每天过来煮饭，到了晚上才回去，我女儿一家中午和晚上都会在我这边吃完再回家。（A5）

我现在要两边奔波，一日三餐给我妈做饭之后，我又要到学校西区那边给我丈夫做饭，打扫一下卫生。我丈夫有小脑不平衡，长期坐轮椅，他整天待在家里待久了有点抑郁。我自己身体也感觉快支撑不住了，老是头晕出虚汗。（A16女儿）

有少数失能老人因子女不在身边而成为空巢老人或独居老人，不但生活中困难较多，精神上也容易陷入孤独和无助。

我每天最开心就是晚上跟我的女儿微信视频聊天。平时白天我就是出门买几个芋头回来，自己煮芋头吃，简简单单又一餐。现在疫情期间，我想去看医生，也不知道怎么在手机上预约挂号。我只能自己去药店买药吃。现在真的是走一步看一步，都不知道自己出事了该怎么办。（A9）

失能老人的主要活动场所在家中，家庭成员是其主要交往对象。H社区失能老人中有一些由于子女外出寻求发展机会而成为空巢老人。有子女在本市的老人多数能够得到子女的关心，但子女往往并不与其同住。在生活照顾之外，老人担心占用子女的时间和精力，很少提出陪伴与情感慰藉的要求，在子女忽视与老人主动的退缩中减少了互动机会。

儿女平时周末过来看我们，给我们买好一周所需的物品，然后吃顿饭，了解问候下我们的身体情况怎么样，我们都会说没什么，老样子，定期吃药就行。平时他们也要照顾自己的家庭，还要顾及我们，没什么事情就不要给他们增加负担了。（A15）

我女儿平时照顾我就已经很累了，她还要照顾她老公，两边跑，我都不敢给我女儿太大压力，我自己没出什么问题就是给我女儿减轻负担了，不要说天天陪在我身边了。我已经很知足了。（A16）

（二）朋友关系

失能老人的朋友多来自业缘关系，居住地并不邻近，行动能力受损削弱了他们与朋友的联系，使之前的见面聚会改为电话问候。随着年龄的增长，旧友病弱或离世的可能性增大，失能老人的朋友互动逐渐减少。

也说不上有老朋友，都是工作认识的同事，跟我年纪差不多大的多多少少都有高血压、糖尿病、脚无力这些老人病，都是打电话聊聊天，聊几句，退休之后都没怎么见过面了。（A2）

我们几个联系得比较好的同事（原先）会每个月约一次喝早茶，联系还算可以。因为我的膝关节又痛又肿，走几步路都扯着痛，腰椎也不行，连家门口和楼下都很少出去了，所以很久没有跟他们聚过了。（A6）

（朋友）时不时会有电话联系。现在亲戚朋友家也很少去了，我几年也没有去过儿女的家，都是他们过来。（A15）

（三）邻里关系

虽然与邻居的交往没有地理距离的阻碍，但由于生活方式的转变，邻居的流动增多，邻里的互动减少，即便在本地居住的时间不短，失能老人和邻居的交往也不多，邻里关系一般止步于见面时的问候与打招呼，缺乏交流，也难以起到陪伴和帮助的作用。

大家都是紧闭大门的，都不认识，我又不出去，这里住的人都不认识几个。（A2）

我对面那户都换了几家人了，我都已经记不清哪户跟哪户了，就是刚好在门口碰到，打声招呼就没了。（A8）

第五节 W街H社区失能老人社会融合影响因素分析

城市失能老人在经济、心理、社会关系与社区等方面的融合程度虽存在个别差异，但是整体而言他们的社会融合程度不高。本节从失能老人个体和家庭、社区与社会政策多个层次进行影响因素的分析。

一、个体因素与社会融合

（一）健康状况

失能老人受到病痛困扰，身体有不适感，出外走动容易头晕或产生膝盖疼痛，视力受损也会导致其出行困难，他们最普遍的行动障碍来自腿脚无力。老化过程中造成的下肢肌肉无力，会影响活动耐受性，降低老人活动意愿（黄惠玑，2004）。

我经常觉得头很痛，头晕晕的，走不出去多远，走几步就会头晕，需要经常在沙发上躺着，做不了什么。（A1）

最惨的是膝盖关节，稍微走动一点就很痛，我也很想膝盖好一点，起码能走到楼下去看看，我已经很满足了！（A6）

我有视网膜病变，从我退休后慢慢就严重了，看了很多专业的眼科医生都看不好，视力一天天变差，我现在只能看到一点点东西，几乎等于视盲。我以前会下楼走一下，现在我走出去都不知道路在哪里，往哪里走，做什么事都需要我老伴在我身边陪着我，不然我什么都看不到。（A7）

老样子，腿走不了，只能每天坐着，站起来也要别人扶着，然后就是睡觉。（A2）

我现在有肌肉萎缩，从小腿到脚那里都没有力气的，走几步都要喘气，都不想出门了。（A11）

即便身体功能能够出行，也因为担心风险而不敢出门。老人下肢肌肉无力和头晕的症状，增加了跌倒的风险。

前年我太太出去买菜时，也跌倒过，额头流了很多血，附近小店的老板看到马上打120，把我太太送到了医院，缝了十几针，自从这次之后，我太太再也不敢走出家门一步了。（A15）

我现在身体不是很好，不大敢出门，怕在外面突然晕倒了也不知道怎么办。（A18）

（二）心理状况

因失能引起的身体障碍削弱了老人适应社会、融入社会的信心。随着身体的虚弱，这些老人面临越来越多功能的丧失。他们受到将个人价值与生产力挂钩的价值观影响，自我概念发生窄化和弱化，如将自己视作"废人"，认为年龄大了参加活动是"浪费资源"。此外，失能老人因身体功能被削弱，减少社会活动参与和家庭决策参与，引起社会角色丧失与家庭话语权的削弱。由于自我概念是对个人身份的认知，与个人、社会环境、社会角色和成就相互作用影响，失能老人在家庭和社会中的角色变化进一步加剧他们对自我价值的贬低。由于怀有自身能力不足、价值低、易招致他人轻视的顾虑，他们与社区互动、与社会融合的信心下降。

我现在吃饭需要别人来喂我，穿衣服也需要别人来帮我，我自己能够做什么呢？感觉自己就是废人一个。（A16）

现在都是倒数着过日子，能活一天是一天，就看自己什么时候走了。（A18）

我在家快要抑郁了，对着四面墙，无所事事。但是出去碰到之前的同事，怕他们说自己，所以我不想出去，宁愿待在家里。（A15）

年龄这么大了，我们去参加意义不大，也是浪费资源，还不如让年轻一点的去参加活动更好。（A20）

（三）经济状况

经济状况会影响老年人获得更高质量、更具个性化的服务与提高生活品质的机会。H 社区失能老人主要的收入来源是退休金，子女给的补贴起到补充作用，一般而言可满足基本生活需求，包括一般性医疗费用的支出、水电费的维持和食物的购买等，但仅靠退休金想要获取更高质量的养老照护与医疗服务是有困难的。即便因身体原因对康复护理等服务有明显需求，但由于需要自费，多数被访老人无法承担；在有子女可以提供照顾的情况下，老人也尽量避免聘请钟点工和保姆。

没有考虑过这些（康复护理），这些肯定要花钱的，自己钱不多，按照平时去医院开药就可以了。（A2）

有吃一些保健品，但是她不肯吃药。请家庭医生上门又贵，我妈很固执的，说不过她，又说要花钱，本来开销就很大，所以就一直是我在照顾她。（A16 女儿）

失能老人的收入多数用于医疗、药品和水电煤气等相对刚性的消费，限制了其他生活消费，社会交往等需求被抑制。

我退休金一半都是用在看医生开药买药了，剩下的钱用来维持其他家里吃的用的，也存不了多少钱。（A9）

二、家庭因素与社会融合

家庭是失能老人最为重要的社会支持来源，相对健康的配偶能够为失能老人提供支持，但由于配偶往往也年老体弱，子女的帮助更加重要。经济上，子女一般给老人一定补贴，有条件的子女会提供日常照顾和精神慰藉，对一些老人而言，家庭成员间的互动是其社会融合的主要形式，但访谈结果也显示，多数失能老人家庭内的互动不足，导致其家庭外的互动和参与更加缺少支持。

有子女留在本市的老人，虽然子女提供一定照顾，但往往因为子女忙于工作和照顾小家庭而与子女的互动时间有限。子女对老人的照顾多着重饮食等基本生活需求的满足，而忽视老人与外界接触的机会，不仅缺乏陪伴老人外出的意识，还会因为担心老人外出发生跌倒等风险，叮嘱老人最好留在家里，由子女代为处理购物等事务，使老人减少外出。

我们年纪大出门很不方便。都是我二女儿每天从她家那边过来，就把一天的菜买过来，负责我们的一日三餐，然后日常生活用品那些也是我女儿来买。（A5）

有时候是我儿女回来，就顺便买一周的菜回来。（A15）

只能够两公婆相互扶持咯。我眼睛看不到什么，几乎等于失明了。去哪里都是靠我老婆带着我去做。我老婆比我小一两岁，她自己也有高血压、糖尿病，吃药可以稳定，还可以照顾一下我。我一个儿子长期在新加坡，另一个儿子很忙，也没有固定时间回来看我们。（A7）

人口的地理流动造成相当大一部分老人没有子女留在身边，子女通过一定的经济支持、远程联系等方式给予一定帮助和关怀，但老人仍然容易陷入社会隔离。遭受社会隔离最严重的是独居失能老人，由于配偶去世及子女远离或去世，失能老人孤立无援，与外界发生联结的机会少，对使用服务与资源的困难难以克服。

现在我自己一个人住，我也担心自己万一出事了怎么办，叫天天不应，叫地地不灵。有一次吃完晚饭，我突然晕倒在家里，幸好那时候请的钟点工还没下班，她帮我打了120电话。现在钟点工也没请了，老伴去世了，儿女在国外，一个人很无助，想去医院看医生也不知道怎么预约，也没有人陪，现在吃药我最多的是去药店买药，没有去看医生。（A9）

三、社区因素与社会融合

社区是老人最熟悉的生活空间和社会环境，适当的社区环境条件对失能老人的安全与舒适非常重要，而社会相关资源的欠缺则会使失能老人行动受到阻碍，不利于失能老人的社会融合。被访老人反映较多的社区层面对其社会融合的阻碍因素既包括社区无障碍设施等硬件的不足，也包括对失能老人服务与参与支持的缺乏。

（一）无障碍等硬件设施不足

W街H社区属于老旧社区，建设时缺少对弱能人士出行便利的考虑，楼房没有装电梯；部分楼梯加装电梯，但电梯不能平层入户，还需要走半层阶梯。此外，每次使用电梯需要刷卡，老人忘记带卡时返回取卡对他们来说是一个不小的负担。种种不便对失能老人造成难以逾越的障碍。

我家住在5楼，爬楼梯都要了我半条命，再加上自己的腿又不好，所以我几乎是不出门的，有什么要买的都交给儿女搞定，实在很不方便。（A10）

我家住在7楼，住得比较高。自己又很重，出去的时候，保姆和我老婆就会扶着我下一层楼梯等电梯，然后再把轮椅折叠拿出来，很麻烦，我自己也不喜欢，几乎都是在家里。（A2）

我们的楼门口，你过来应该看到了，电梯到了，还要上一层楼梯，出门下楼梯很容易摔跤，之前就试过一次，一不小心就踩空楼梯滑下去了。（A5）

不好的就是，万一发生什么事，自己不能去刷卡，叫别人帮忙，别人进不来，这也很难搞。岁数都不小了，腿脚也不是很好。（A5）

楼栋以外的社区公共空间也缺乏无障碍设施，路上斜坡较多，而且路面不平整，出行道路不宽敞，步行道经常停满汽车，加之电动车等穿梭其中，失能老人出行不仅困难，也不安全。

我出去的时候坐轮椅也很不方便，没有那种方便我们走的无障碍道

路，出行比较难。（A2）

（二）对失能老人的服务与参与支持不足

社区是失能老人最便于接触的生活环境，对于残障老人而言，其社会融合水平取决于社区范围内的互动水平（肖云 等，2016）。医疗卫生、生活照顾等正式服务的供给对于老人的生活质量提升具有重要作用，这些服务在社区层面进行输送，能提高老年人对社区的归属感，同时也能更好地促进老年人联系社会与融入社会（肖云 等，2016）。但从对 H 社区失能老人服务获取的情况来看，社区为老服务输送机制有效性不足，相当部分失能老人与为老服务提供方之间缺乏联系，老人缺乏获取相关信息的渠道，不了解社区有哪些他们可求助的服务机构及服务内容，难以适当地使用服务资源，当有困难时也难以向社区求助解决。

社区里我只知道居委会，但是有事情找社区居委会没有什么用，说了又有什么用，别人能帮你多少，都是靠自己解决。有什么事情，我也不会想着第一时间向社区求助，而是靠自己和家人解决。（A9）

去居委会咨询老人饭堂的优惠服务，还有咨询一些帮忙搞卫生做饭的信息，社区居委会都不大了解情况，让我去找社工站，没有告诉我怎么联系，就说了个大概位置，让我自己去找。我也不知道社工站在哪里，是做什么的，后面就不了了之。（A11）

社区内的社会参与包括休闲康乐等活动的参与和人际互动等方面，但是由于社区没有组织提供适合失能老人的活动，以及由于人们缺乏对失能老年人社会参与需求的认识，再加上对失能老人身体安全风险的顾虑，失能老人在多种活动中被排斥，因此在社区中的社会参与机会极少。认为失能老人不需要、不适合参与活动和人际互动，体现出大众对失能老人的刻板印象造成了事实上的歧视。老年歧视是社会大众对老年人的一种无理的负面的塑形和差别对待（易勇 等，2005）。失能老人因为身体出现障碍，生活无法完全自理，行动受限，大众将其视作完全的被照顾者与依赖者，而忽略了其需求、能力和自主性，导致正式的服务设计和非正式的社区内活动和人际互动都将这一群体排除在外。

我不知道社区有什么活动，好像比较少，社区没有做宣传，也没有跟

我说过。都是自发来活动的，合适的就一起，不合适的就不参加。（A17）

我没有看到社区搞过什么活动。我印象中社区几乎没有举行过活动，那些表演唱歌什么的也没有，比较安静。出去都是看到比较年轻的老人在那里打牌、打麻将和下棋。（A20）

其他人觉得我这么老，身体又这么差，害怕我容易发生意外，出现身体突发状况什么的，搞得我自己怕成为大家的负担，所以我一般都很少出家门口，都是留在家里。（A1）

社区里自发的打牌、打麻将，这些我都没有参加过，更别说有什么社区活动了。我想跟大家娱乐一下，但是大家看到我觉得我笨手笨脚的，手也抖，都不想跟我一起打牌，觉得我跟不上他们的节奏。我只适合安静地坐在那里看着他们打牌。（A3）

四、社会政策因素与社会融合

我国政府通过组织直接服务和提供服务补助等多种方式对失能老人进行帮助和支持。除大力发展养老机构，更组织社区居家养老服务，以社区服务中心和上门两种方式提供生活照料、医疗康养等服务，此外，还通过"长护险"等惠民政策为有照顾需求的老人提供经济补助。虽然为失能老人提供的服务和经济补助有了显著的发展，但受访失能老人认为由于目前服务补助的标准较难达到等原因，他们仍然难以充分享受到相关福利。

首先，目前我国的老年福利政策普惠性不足，一些重要的服务补贴依循"补缺"规则，仅向最贫、最弱者提供，如居家养老服务重点保障对象的划定标准侧重经济维度而非身体功能，失能老人如收入超过限定标准（如低保线），就很难得到补助，而他们的经济收入又难以支付自付费用。"长护险"的申请则要求严重失能如卧床达6个月以上，未达到这一标准的失能老人虽然有照顾需求但申请不到照顾支出补助。可以说，相当大一部分失能老人未处于福利政策的覆盖区域，其巨大的服务和经济福利需求被遮蔽。

我们想有人来帮我们搞下卫生，然后帮我妈的腿脚做一下康复训练，帮助她活动一下腿脚。但是请人上门做这些康复训练付费很贵，我们又支

付不起，就希望有免费的服务提供，对于我妈这类的老人真的是有很大的帮助啊。（A16 女儿）

其次，即便失能老人符合福利服务和经济补助政策的福利资格，他们也容易受到福利服务和政策输送体系效能不足的影响，对相关服务和经济补助信息获取、申请缺乏足够的保障。我国的福利输送从单位转移到社区后，存在输送渠道覆盖面不够广泛、传递效果不够及时有效的问题，老年人因社会参与的减少，获取信息的渠道较其他年龄群体更少，因此，了解为老福利服务、经济补助资讯、申请及跟进并非易事。

"长护险"是什么来的，我们没有了解过，也不知道怎么去申请，申请来了对我们又有什么用呢？（A4 儿子）

我们有申请过"长护险"，证件材料都给了，那个评估机构拿了我们的资料一直没有回音，也不知道到底申请成功没有，资料原件都拿走了，这个申请已经拖了很久了。（A5）

第六节　促进城市失能老人社会融合的对策与建议

城市失能老人在社会融合方面面临着较大的阻碍，一方面他们受到生理功能与心理状况的影响，主动融入社会的能力和动力不足；另一方面是由于生活环境的限制，包括家庭、社区与社会政策等层面的软件与硬件环境营造未能向失能老人充分提供促进其社会融合的条件。

根据成功老化观点，失能老人自身能够利用选择、最佳化以及代偿等机制解决社会融合阻碍带来的不便以维持一定的社会参与程度，但社区参与阻碍、政策阻碍、社区服务不充分、社区资源获取不足等是难以通过个体力量解决的，因此越往外的系统层面则越需要外在资源的介入与协助，需要更多的资源进行挹注与整合，越需要政策的制定和鼓励（谢美娥，2013）。从积极老龄化角度来看，失能老人的社会融合不足是一个社会问题，需要通过公共政策的完善、社会组织的协助、个人与家庭的努力予以促进。

一、个人层面

（一）促进认知观念转变，提高自我认同

增强失能老人对自我的正向认知，是促进失能老人社会融合的重要环节。失能老人受到自我否定与外界老年歧视的社会环境影响，认为自己是无能之人，抱有逃避与人交往、与社区互动的心态，加剧了自我封闭与隔离。社工可以通过强化失能老人的正向认知，如采用缅怀疗法引导老人回忆自己克服困难、取得成就的经历以增强老人的自尊；通过肯定失能老人在生活中的顽强、肯定生活的价值，促进其提高自我认同、激发其融入社会的兴趣，增强其融入社会的意识。

（二）提供精神慰藉服务，增强心理归属

失能老人因为身体机能下降，行动受限，社会参与减少，多数将精神寄托于家庭，但子女多忙于事业，或出省、出国工作、定居，难以为老人提供陪伴。丧偶的失能老人更容易与外界隔绝，且在心理层面容易产生孤单等消极情绪，增加了失能老人社会隔离的风险。所以社工可以定期组织志愿者上门探访或电话访问失能老人，向他们致以问候、拉拉家常，与失能老人建立关系，同时向失能老人传递关心、温情的感受，削减他们被人遗忘、忽略的消极感受。精神关怀与心理慰藉服务能够提升失能老人的心理归属感，恢复和强化失能老人与他人的联系，降低失能老人对融入社区与社会的心理排斥或畏惧，促使他们重新与社区取得联结。

（三）促进身体机能的保持和提升，激发参与意愿

社区失能老人的社会融合受到身体健康的影响很大，身体机能下降，慢性疾病缠绕削弱了失能老人的出行能力，同时降低了社区失能老人社会参与的信心，因此为失能老人提供健康维持服务至关重要。社会工作者应积极链接资源，如专业护理机构资源，为失能老人及家属进行健康宣教以及康复锻炼教育，帮助老人以及家属了解针对自身失能情况应如何进行居家日常锻炼，教授照顾者与失能老人家庭康复训练的技巧；为社区失能老人建立健康档案，进行基础测量，定期上门巡诊，有针对性地提供康复服务，包括康复训练与康复理疗；教授照顾者与失能老人如何正确地使用辅

具，如轮椅和拐杖，帮助失能老人更好地利用辅具辅助自己出行，提高失能老人的自助能力，以帮助失能老人保持和提高活动能力。

二、家庭层面

家庭发展能力应包括基础供给能力、情感支持能力以及发展能力（李树茁 等，2016）。保障家庭对失能老人的基础供给能力的同时，更需要的是提高家庭对失能的情感支持能力与发展能力。家庭能力建设是为失能老人提供家庭支持的重要保障，是提升社区失能老人社会融合的基石。在家庭能力建设与提升方面，应鼓励子女多与失能老人进行互动交流，给予失能老人爱与归属感。在发展能力方面，家庭成员应鼓励和帮助老人保持学习与社交能力，提高老人社会参与的信心，并为失能老人与他人进行联系提供协助，支持老人出行和社交。逐步增强家庭能力建设，提高社会融合保障能力。

三、社区层面

（一）推动无障碍物理环境的建设，为失能老人出行创造条件

推进社区居住环境与公共设施的无障碍化建设，建构社区无障碍设施环境。具体而言，首先，需要在社区设施改进上加快与失能老人日常生活密切相关的设施无障碍改造步伐，减少社区失能老人活动参与的出行障碍，如加装电梯、平整道路、加强照明等。其次，需要加快推动社区建设适合失能老人参与的无障碍活动场所，充分考虑失能老人的真实需求，着力增加失能老人的社区活动参与途径，提高失能老人融入社区的意愿。无障碍的社区环境能够更好地为城市失能老人营造融入社区的条件，提高他们对社区的归属感。

（二）改进社区专业性服务，增强失能老人社区融合

社区需要增强服务资源与失能老人之间的联结，为失能老人建立动态档案，对失能老人的需求有所了解，并通过主动访问等方式为失能老人提供服务信息，帮助失能老人建立获取信息的渠道，提高他们获取服务的能力。社区应由社工等专业工作者联动志愿者，协调场地、物资、人力等资

源，为失能老人设计、组织适宜其活动能力、与其需求匹配的休闲娱乐等活动，鼓励与帮助失能老人参与社区活动。

四、社会层面

（一）完善社会保障政策，提高福利服务可获性

政策的完善有助于促进城市失能老人的社会融合。目前广州市修订的《广州市长期护理保险试行办法》的保障范围由重度失能老人扩增至有护理需求的所有失能老人，在修订后的长护险待遇和服务项目中，分类设定待遇水平，增加服务项目设置，新增护理耗材费纳入支付，从而扩大了失能老人的保障覆盖范围、增加了对失能老人照顾服务支出的经济补贴。

除通过长护险对医疗、照顾服务的经济补助，失能老人还迫切需要医疗、康复、护理、生活照料等多种服务，需要从经济补助、专业服务能力、地理距离等多方面提高服务的可获性，使老人能更好地维系身体功能和生活质量。

（二）加大社工服务的投入力度，增加多方主体服务提供

社会工作者在一线为社区失能老人提供居家养老服务，但由于岗位配备有限，社工未能向社区里的所有失能老人提供需求摸底和跟进服务，难以根据失能老人需求链接对应资源与提供有针对性的专业社会工作服务。鉴于老龄化、高龄化程度的加深，需要加大对老年领域社会工作服务的投入力度，包括对驻守一线的社区社会工作者的人员设置、对社会工作服务的资金投入，及需要与社区居委会、街道民政科工作人员、专业康复护理机构等多方主体形成联动，增加对失能老人的服务提供，以更有效地执行福利政策，保障社区失能老人的权益。

（三）加强资源投入和文化倡导，营造老年友好社会环境

老年友好环境中的物理设施建设和服务供给均需要政府从政策层面进行资源保障，政府的重视亦能对公众产生潜移默化的影响，引导公众认识、尊重失能老人的权益。政府对失能老人社会融合的倡导和促进将有助于改变大众对失能老人的刻板化印象，减少公众对失能老人的偏见与排

斥，为失能老人提供合适的公共社会资源和人文环境，营造尊重与包容失能老人的友好氛围，让失能老人拥有更多参与社会生活的机会，更有尊严地享受老年生活。

参考文献

CAVANAUGH J C, WHITBOURNE S K. 老年学：多学科的视角［M］. 杜鹃，等译，北京：中国人口出版社，2006：386.

曹坤，胡永新. 习近平关于尊老敬老重要论述的文化渊源、生成机制与实践价值［J］. 江西财经大学学报，2021（3）：3-13.

曹琰. 个案工作促进养老机构老人生活适应的研究［D］. 华中科技大学，2014.

曾勇军. 基于健康信念模式普通民众生活行为方式影响因素分析［D］. 福建医科大学，2016：38.

常春. 健康教育中的行为理论［J］. 中国健康教育，2005（10）：739-741.

陈成文，孙嘉悦. 社会融入：一个概念的社会学意义［J］. 湖南师范大学社会科学学报，2012，41（6）：66-71.

陈建兰. 经济较发达地区农村空巢老人养老问题实证研究：以苏州农村为例［J］. 中国农村观察，2009（4）：47-56.

陈婧，曹雨薇，西尔维亚·玛丽亚·格拉梅尼亚，等. 治疗栖居地：护理环境空间设计在失智症护理领域的角色转变［J］. 建筑学报，2021（S1）：70-73.

陈玲，郝志梅，魏霞霞，等. 三种 ADL 量表在我国中老人失能评定中的应用比较：于 CHARLS2018 的数据分析［J］. 现代预防医学，2021，48（13）：2401-2404.

陈南娥，陈宇，黄菲，等. 老人院失智病人激越行为与护理人员压力的相关性研究［J］. 护理研究，2012，26（29）：2773-2775.

陈树强. 增权：社会工作理论与实践的新视角［J］. 社会观察，2004

（1）：45.

陈树强．成年子女照顾老年父母日常生活的心路历程：以北京市 15 个案例为基础［M］．北京：中国社会科学出版社，2003.

陈向明．质的研究方法与社会科学研究［M］．北京：教育科学出版社，2000.

陈晓丽．服务质量、顾客参与和顾客满意度的关系研究［D］．华东政法大学，2019.

陈亚楠，刘刚田，陈卓，等．CCRC 模式的养老社区概念性规划设计［J］．轻工科技，2021，37（3）：107-108.

陈岩燕，陈虹霖．需求与使用的悬殊：对社区居家养老服务递送的反思［J］．浙江学刊，2017（2）：30-37.

陈岩燕．社会支持与慢性病的自我管理：医务社会工作的启示［J］．社会建设，2017（5）：15-24.

陈义媛．养老机构护工的劳动控制与隐性抗争：基于北京市养老机构的考察［J］．青年研究，2013（5）：73-81+96.

陈莹．论中国传统养老文化视角下机构养老理念的建构［J］．漳州师范学院学报（哲学社会科学版），2012，26（1）：35-40.

崔思凝．城市养老机构老人生活适应状况研究［D］．中国青年政治学院，2012.

杜鹏，孙鹃娟，张文娟，等．中国老年人的养老需求及家庭和社会养老资源现状：基于 2014 年中国老年社会追踪调查的分析［J］．人口研究，2016，40（6）：49-61.

杜鹏，王倩．建立整合型医养结合服务体系［N］．健康报，2018-11-14（6）.

杜鹏，王永梅．中国老人社会养老服务利用的影响因素［J］．人口研究，2017，41（3）：26-37.

方曙光．断裂、社会支持与社区融合：失独老人社会生活的重建［J］．云南师范大学学报（哲学社会科学版），2013，45（5）：105-112.

封铁英，曹丽．养老机构老人社会支持、健康自评与养老服务使用实证

研究 ［J］. 西安交通大学学报（社会科学版），2018，38（4）：64-71.

冯梅，蒋文慧. 慢性病自我管理的研究实践及问题探讨 ［J］. 中国慢性病预防与控制，2012，20（1）：90-92.

傅华. 健康教育学 ［M］. 北京：人民卫生出版社，2017：11-14.

高晨晨，周兰姝. 智能健康管理在老年健康管理领域的研究进展和启示 ［J］. 护理研究，2016，30（11）：1281-1284.

郜玉珍，程金莲，杨志明，等. 对高血压病患者服药依从性的调查 ［J］. 中华护理杂志，2002（10）：54-55.

郭清. 智能健康管理 ［J］. 健康研究，2011，31（2）：81-85.

韩晓丹，金新政. 城区老年人移动健康服务需求研究 ［J］. 智慧健康，2016，2（6）：32-37.

何贵蓉，李小妹，顾炜，等. 护理工作压力源及压力程度的研究现状 ［J］. 护理学杂志，2001（11）：700-702.

何慧娴，黎仁杰，熊才兵，等. 老人院护工领悟社会支持、工作倦怠与总体幸福感现状及其相关性 ［J］. 现代临床护理，2015，14（12）：7-11.

何雪松，楼玮群，赵环. 服务使用与社会融合：香港新移民的一项探索性研究 ［J］. 人口与发展，2009，15（5）：71-78.

何迎朝，左美云，何丽. 老年人采纳社区居家养老服务平台的影响因素研究 ［J］. 科学与管理，2017，37（1）：54-64.

洪晨硕. 弹性病况：失智家庭的照顾轨迹 ［J］. 台湾社会学，2014，28（12）：59-96.

侯冰. 城市老人社区居家养老服务需求层次及其满足策略研究 ［D］. 华东师范大学，2018：56-57.

胡盛寿，杨跃进，郑哲，等. 《中国心血管病报告 2018》概要 ［J］. 中国循环杂志，2019，34（3）：209-220.

胡雅萍，刘越，王承宽. 流动老年人社会融入现状及对策研究：基于江苏省流动老年人的质性研究 ［J］. 老龄科学研究，2019，7（7）：41-49.

黄匡时，嘎日达. 社会融合理论研究综述 ［J］. 新视野，2010（6）：86-88.

黄匡时. 流动人口"社会融合度"指标体系构建［J］. 福建行政学院学报, 2010（5）：52-58.

吉登斯. 社会的构成：结构化理论纲要［M］. 李康, 等译, 北京：中国人民大学出版社, 2016.5.

吉登斯. 社会理论的核心问题：社会分析中的行动、结构与矛盾［M］. 郭忠华, 等译, 上海：上海译文出版社, 2015.

江景娟, 周文娟, 徐亚金, 等. 阿尔茨海默病患者家庭照顾者压力知觉与应对方式［J］. 中国健康心理学杂志, 2015, 23（1）：9-12.

江玲, 何源, 薛海丽, 等. 杭州市女大学生乳腺癌健康信念及预防行为影响因素分析［J］. 中国学校卫生, 2017, 38（9）：1388-1390.

金小红. 权力分析的特点与文化分析的缺失：对吉登斯结构化理论的一点思考［J］. 南京社会科学, 2007（7）：89-93.

靳小怡, 刘妍珺. 农村随迁老人的社会融入研究［J］. 西安交通大学学报（社会科学版）, 2019, 39（2）：90-100.

李冰雪, 张雪芳, 汤聪. 高血压患者拒用移动医疗平台原因的质性研究［J］. 护理学杂志, 2019, 34（5）：42-45.

李丹, 白鸽. 何以为家：养老机构中失能老人的社会隔离研究：基于C市养老机构的调研［J］. 中州学刊, 2020（8）：67-72.

李芳, 李志宏. 流动老人社会融合的概念和指标体系研究［J］. 南方人口, 2016, 31（6）：11-19.

李放, 王云云. 社区居家养老服务利用现状及影响因素：基于南京市鼓楼区的调查［J］. 人口与社会, 2016, 32（1）：51-60.

李红专. 当代西方社会历史观的重建：吉登斯结构化理论述评［J］. 教学与研究, 2004（4）：55-62.

李坚. 不确定性问题初探［D］. 中国社会科学院, 2006.

李前慧, 姜英玉, 钟源, 等. 老年人移动医疗技术接受的关键因素研究［J］. 中国卫生产业, 2017, 14（35）：161-162.

李树苗, 任义科, 靳小怡, 等. 中国农民工的社会融合及其影响因素研究：基于社会支持网络的分析［J］. 人口与经济, 2008（2）：1-8.

李颖奕. 居家养老服务使用观念与行为及社会工作的介入空间：基于广州市 D 区的研究［J］. 中南民族大学学报（人文社会科学版），2010，30（3）：109-112.

李振纲，吕红平. 中国的尊老敬老文化与养老［J］. 人口学刊，2009（5）：27-31.

李志. 当代大学生挫折承受能力及培养模式［J］. 黑龙江高教研究，2004（1）：92-94.

林崇德. 中国独生子女教育百科［M］. 杭州：浙江人民出版社，1999.

林若飞. 代际支持对老人健康影响的实证研究［D］. 河北经贸大学，2020：12-13.

林文亿. 影响老人使用社区服务的因素：相关理论及国内外研究现状［J］. 社会保障研究，2015（3）：105-112.

凌嘉彤，高鉴国. 中国社区文化中心服务标准化研究：基于上海、济南和青岛三市的调查［J］. 山东行政学院学报，2017（6）：56-59.

刘博，齐玥，郭幽燕，等. 某三甲医院就诊者互联网医疗接受认可程度及服务使用维度分析［J］. 中国医院管理，2021，41（9）：69-73.

刘勍勍，左美云，刘满成. 基于期望确认理论的老年人互联网应用持续使用实证分析［J］. 管理评论，2012，24（5）：89-101.

刘素素，张浩. 随迁老人社会融入的社会工作介入路径［J］. 社会工作与管理，2018，18（6）：19-25.

刘亚娜. 社区视角下老漂族社会融入困境及对策：基于北京社区"北漂老人"的质性研究［J］. 社会保障研究，2016（4）：34-43.

柳秋实，尚少梅，岳鹏. 基于 Lazarus 压力-应对模式的居家失智患者配偶的照顾体验研究［J］. 中国全科医学，2012，15（5）：498-500.

楼玮群，何雪松. 香港拾荒老人的生存境遇：以社会排斥为视角［J］. 南方人口，2008（3）：10-19.

卢宝燕. 多中心治理视角下我国社区养老服务递送体系研究［D］. 西北大学，2017：30-31.

卢慧芳，王惠珍，高钰琳．养老机构中护工对护理分级的认知调查［J］．护理管理杂志，2007（6）．

陆春萍，邓伟志．社会实践：能动与结构的中介：吉登斯结构化理论阐释［J］．学习与实践，2006（2）：76-83．

吕兰婷，邓思兰．我国慢性病管理现状、问题及发展建议［J］．中国卫生政策研究，2016，9（7）：1-7．

吕新萍．机构照顾还是社区照顾？：中国养老模式的可能取向探讨［J］．人口与经济，2005（3）：8-13．

毛羽，李冬玲．基于 UTAUT 模型的智慧养老用户使用行为影响因素研究：以武汉市"一键通"为例［J］．电子政务，2015（11）：99-106．

梅陈玉婵，等．老年社会工作［M］．北京：格致出版社，2017．

孟娣娟，徐桂华，林丹，等．社区老人社会网络的现状及影响因素分析［J］．南京中医药大学学报（社会科学版），2016，17（2）：118-121．

莫秀婷，邓朝华．武汉市中老年用户移动健康服务接受行为实证研究［J］．中国卫生统计，2015，32（2）：324-327．

穆光宗．我国机构养老发展的困境与对策［J］．华中师范大学学报（人文社会科学版），2012，51（2）：31-38．

穆瞳，黄奇栋，马剑虹．基于计划行为理论的网络消费行为研究［J］．人类工效学，2011，17（3）：10-13．

聂建明．公共政策视角下的中国养老地产研究［D］．中国社会科学院研究生院，2014．

彭青云．城市老年人互联网接入障碍影响因素研究［J］．人口与经济，2018，230（5）：78-86．

齐艳，吴美福．阿尔茨海默病病人行为和精神症状的护理干预［J］．中国老年学杂志，2005（10）：1284-1286．

乔丽英．吉登斯结构化理论中"行动"概念的深度审视［J］．江西师范大学学报（哲学社会科学版），2007（5）：111-115．

秦小芬，李现红，王红红，等．基于健康信念模型探讨社群亚文化对男性行为者高危性行为的影响［J］．中南大学学报（医学版），2020，45

（1）：55-60.

邱丽蓉，谢佳容，蔡欣玲．失智症病患主要照护者的压力源，评价和因应行为与健康之相关性探讨［J］．精神卫生护理杂志，2007，2（2）：31-44.

曲道政．老人入住养老机构的适应性与社工专业介入：A 养老机构某个案分析［J］．中文信息，2016（9）：374.

任远，邬民乐．城市流动人口的社会融合：文献述评［J］．人口研究，2006（3）：87-94.

石卫星．老年人采纳信息技术影响因素的案例研究［J］．淮阴工学院学报，2017，26（2）：67-77.

时雨，刘聪，刘晓倩，等．工作压力的研究概况［J］．经济与管理研究，2009（4）：101-107.

舒晓兵，廖建桥．工作压力研究：一个分析的框架：国外有关工作压力的理论综述［J］．华中科技大学学报（人文社会科学版），2002（5）：121-124.

宋国恺，王起．流动人口的社会融合研究综述［J］．广州大学学报（社会科学版），2012，11（8）：26-32.

宋国恺．农民工分化视角下的城市社会融合阶段划分研究［J］．福建论坛（人文社会科学版），2016（1）：145-151.

孙健．城市社区邻里关系陌生化困境的路径选择［J］．哈尔滨学院学报，2010，31（4）：22-25.

谭玉婷，徐依，谭雅琼，等．养老护理员工作压力及其影响因素分析［J］．中国护理管理，2017，17（7）：955-959.

陶品月，黄惠桥．移动医疗 App 在慢性病患者健康管理中的应用进展［J］．护理学报，2016（19）：22-25.

王丹丹，苗秀欣，董玉珍，等．老年中重度认知障碍失智病人激越行为的质性研究［J］．护理研究，2018，32（1）：108-109.

王港，魏敏．浅析老人的消费心理、行为特征及需求：以江苏省为例［J］．商场现代化，2020（8）：9-10.

王贵生，燕磊，申继亮．老年人机构养老适应的内容与阶段性［J］．心理与行为研究，2013，11（5）：635-639.

王海燕．未雨绸缪，解决养老体系中的护工"短板"［N］．解放日报，2015-12-22（10）.

王鉴，王文丽．结构化理论视角下的课堂教学变革研究［J］．山西大学学报（哲学社会科学版），2019，42（3）：91-99.

王静，杨屹，傅灵菲，等．计划行为理论概述［J］．健康教育与健康促进，2011（4）：54-55.

王莉．TPB与PMT组合视角下的移动健康服务用户行为意愿研究［D］．武汉纺织大学，2016.

王琳．影响中国、韩国和美国的老年人接受信息科技的因素［D］．清华大学，2010.

王玲，彭波．"互联网+"时代的移动医疗APP应用前景与风险防范［J］．牡丹江大学学报，2016（1）：157-160.

王宁．代表性还是典型性？：个案的属性与个案研究方法的逻辑基础［J］．社会学研究，2002（5）：123-125.

王庆妍，蒋芬，陈三妹，等．应对过程理论在我国老年期失智患者照顾者干预中的应用［J］．中国老年学杂志，2013，33（7）：1712-1715.

王若宾，胡健，杜春涛，等．老年人互联网使用行为模式的数据挖掘［J］．科学技术与工程，2014，14（10）：236-241.

王文静，洪静芳，秦玉霞，等．慢性病患者对移动健康管理接受现状的研究进展［J］．中华护理杂志，2017，52（10）：1265-1268.

王业斌，韦尚玉，李晓叶，等．社会融合对流动老人幸福感的影响：基于CGSS数据的实证研究［J］．广西财经学院学报，2018，31（3）：102-115.

王叶，汤观秀，颜萍平，等．失能老年人社会支持研究现状［J］．护理研究，2020，34（23）：4177-4181.

王永梅．教育如何促进老人使用社会养老服务？：来自北京的证据［J］．兰州学刊，2018（11）：187-198.

王志稳，肖顺贞，刘宇，等．失智患者激越行为的调查研究［J］．中国全科医学，2003（5）：397-399．

王志稳，肖顺贞，刘宇，等．社区失智患者激越行为应对策略的调查分析［J］．中国实用护理杂志，2004（6）：63-64．

王梓炫，谭兰，郁金泰．失智的临床诊断思维［J］．中华诊断学电子杂志，2015，3（2）：109-113．

魏志华，任秀云，吴婧园，等．老年失智患者激越行为的现状调查及影响因素分析［J］．中国实用神经疾病杂志，2020，23（10）：897-901．

文旭平．空巢失能老人需求的社会支持研究［J］．湖州师范学院学报，2015，37（9）：90-93．

吴春莹．自理老人入住养老机构适应困难的有效调适［D］．广州大学，2017．

吴际，赵碧华．台湾地区失智老人安养院的社会工作者角色［J］．安徽师范大学学报（人文社会科学版），2017，45（4）：474-480．

吴心越．照料劳动与年龄困境：基于养老机构护理员的研究［J］．妇女研究论丛，2021（4）：83-96．

吴新慧．老年人互联网应用及其影响研究：基于 CSS（2013）数据的分析［J］．云南民族大学学报（哲学社会科学版），2017（4）：65-74．

夏红升．基于计划行为理论的老年人参与智慧居家养老意向研究［D］．湖南师范大学，2018．

肖水源．社会支持对身心健康的影响［J］．中国心理卫生杂志，1987（4）：183-187．

肖顺贞，等．老人院失智患者激越行为的观察与描述性研究［J］．中华护理杂志，2004（1）：10-12．

肖云，刘凤．社会包容视角下残障老人社会融入研究［J］．重庆工商大学学报（社会科学版），2016，33（6）：77-84．

谢立黎．基于计划行为理论的老年人网络使用影响因素研究［J］．老龄科学研究，2014（4）：52-61．

谢美娥．从社会参与之能力表现探讨老人活动参与［J］．东吴社会工作学报，2019（37）：43-80.

谢美娥．社区失能老人的社会融合：一个质化研究的初探［J］．台湾社会工作学刊，2013（7）：1-48.

谢美娥．台北市独居老人社会融入之阶层化回归分析［J］．社会政策与社会学刊，2014（6）：181-225.

谢祥龙，陈艳，劳颖欣，等．老年人互联网使用现状、影响因素及应对策略［J］．中国老年学杂志，2017，37（13）：3368-3370.

谢裕芳，林婷，陈灵慧，等．福州城市社区空巢老人居家安全危险因素的质性研究［J］．护理学杂志，2019，34（19）：82-85.

许靓．增权理论在老年社会工作服务中的应用［J］．大众标准化，2021（14）：151-153.

许丽华，张敏，闻子叶．老年失智患者家庭照顾者负担与压力现状及影响因素［J］．中国老年学杂志，2016，36（12）：3025-3027.

严春美．移动医疗服务用户采纳意愿影响因素研究：不同年龄阶层对比分析［D］．哈尔滨工业大学，2012.

杨菊华，张莹，陈志光．北京市流动人口身份认同研究：基于不同代际、户籍及地区的比较［J］．人口与经济，2013（3）：43-52.

杨菊华．从隔离、选择融入到融合：流动人口社会融入问题的理论思考［J］．人口研究，2009，33（1）：17-29.

杨丽容．注意力缺陷与多动障碍儿童父母的应对方式及对策研究［J］．中国民康医学，2013，25（18）：52-53.

杨萍萍，沈军．老年失智照顾者照顾负担与虐待倾向的相关性［J］．中国老年学杂志，2015，35（24）：7196-7198.

杨文杰，秦加加．流动人口社会融合度测量指标体系完善研究［J］．河北大学学报（哲学社会科学版），2016，41（3）：128-135.

叶芬，郑晶，尤黎明，等．城市养老机构失智老年人激越行为的现状调查［J］．中国实用护理杂志，2017，33（34）：6.

于海．结构化的行动，行动化的结构：读吉登斯《社会的构成：结构化理论大纲》［J］．社会，1998（7）：46-47.

袁群，易霞，张银华，等．养老护理员工作压力研究现状与进展［J］．中国护理管理，2015，15（1）：112-115．

张春艳．居家养老研究综述［J］．武汉科技大学学报（社会科学版），2007（1）：61-64．

张国杰，王镇，汪洋，等．我国农村成人选择乙肝疫苗接种的内在动因：基于健康信念模型的分析［J］．中国卫生政策研究，2012，5（11）：60-64．

张锦，郑全全．计划行为理论的发展、完善与应用［J］．人类工效学，2012（1）：79-83．

张靖．阿尔茨海默症患者主要家庭照顾者的压力与应对：一个质性研究［D］．上海：华东理工大学，

张敏．社会支持理论视角下护工群体工作与生活现状研究：以福建省10家老人院为例［J］．信息化建设，2016（10）．

张泉，李辉．从"何以可能"到"何以可行"：国外智慧养老研究进展与启示［J］．学习与实践，2019（2）：109-118．

张睿，杨莘，王玲，等．老年失智患者照顾者照顾感受的质性研究［J］．中华护理杂志，2008，43（7）：589-592．

张思琪．认知行为理论下缓解机构护工压力的小组工作介入研究［D］．吉林大学，2018．

张云鹏．试论吉登斯结构化理论［J］．社会科学战线，2005（4）：274-277．

章晓懿，刘帮成．社区居家养老服务质量模型研究：以上海市为例［J］．中国人口科学，2011（3）：83-92．

赵惠芬，李红．老年人健康管理现状及发展方向［J］．国外医学：老年医学分册，2008（4）：187-189

郑娜，沈军．老人院老年失智护理员压力及相关因素分析［J］．中国全科医学，2011，14（13）：1491-1492．

郑钊权．老年人的网络健康信息需求研究［J］．内蒙古科技与经济，2010（12）：57-58．

中国失智与认知障碍指南写作组，中国医师协会神经内科医师分会认知障碍疾病专业委员会．中国失智与认知障碍诊治指南（一）：失智及其分类诊断标准［J］．中华医学杂志，2018，98（13）：965-970．

中国防治认知功能障碍专家共识专家组．中国防治认知功能障碍专家共识［J］．中华内科杂志，2006，45（2）：171-173．

中国老年医学学会高血压分会，国家老年疾病临床医学研究中心中国老年心血管病防治联盟．中国老年高血压管理指南2019［J］．中华老年多器官疾病杂志，2019，18（2）：81-106．

周皓．流动人口社会融合的测量及理论思考［J］．人口研究，2012，36（3）：27-37．

周红云，胡浩钰．社会支持对流动老人社会融合的影响：基于武汉和深圳的调查数据［J］．西北人口，2017，38（4）：24-32．

周燕珉，李佳婧．失智老人护理机构疗愈性空间环境设计研究［J］．建筑学报，2018（2）：67-73．

周志山，许大平．基于实践活动的使动性和制约性：吉登斯结构二重性学说述议［J］．浙江师范大学学报，2002（5）：65-69．

朱浩．城市社区养老服务的递送机制研究［D］．浙江大学，2015．

邹华，吴媛，周长虹，等．8~11岁注意缺陷多动男童的行为问题及其与父母应对方式的相关研究［J］．中国儿童保健杂志，2011，19（5）：463-465．

ABELES R P，RILEY M W．A Life-Course Perspective on The Later Years of Life：Some Implications for Research［M］．Social Science Research Council Annual Report，1976- 1977，1-16．

Assessing the impact of neuropsychiatric symptoms in alzheimer's disease：the neuropsychiatric inventory caregiver distress scale［J］．Journal of the American Geriatrics Society，1998，46（2）：210-215．

CRAWFORD C．Towards a Common Approach to Thinking about and Measuring Social Inclusion［M］．Roeher Institute，2003．

Office of the Deputy Prime Minister．A sure start to later life：Ending inequalities for older people［R］．A Social Exclusion Unit final report，2006．

www. communities. gov. uk.

CHAN K S, FISHBEIN M. Determinants of college women's intentions to tell their partners to use condoms1 [J]. Journal of applied social psychology, 1993, 23 (18): 1455- 1470.

GROGER D P, LISA. Coming to Terms: AFRICAN-AMERICANS "Complex Ways of Coping with Life in A Nursing Home" [J]. International journal of Aging & Human development, 2002, 55 (3): 183-205.

HOWE A. Community care for An aging society: issues, policies and services [J]. Australasian journal on ageing, 2007, 26 (3): 148-149.

JANKE M, DAVEY A, KLEIBER D. Modeling change in older adults' leisure Activities [J]. Leisure sciences, 2006, 28 (3): 285-303.

JISKA, COHEN-MANSFIELD, PERLA, et al. Environmental influences on agitation: an integrative summary of An bbservational study [J]. American journal of Alzheimer's care and related disorders & research, 2016, 10 (1): 32 -39.

JUNGER-TAS J, Ethnic minorities, social integration and crime [J]. European journal on criminal policy and research, 2001 (1) : 5-29.

KATZ S, FORD A B, MOSKOWITZ, R W, et al. Studies of illness in the Aged; the Index of ADL: a Standardized Measure of Biological and Psychosocial Function [J]. Jama, 1963, 185 (12): 914-919.

LADISLAV, VOLICER, DINNUS, et al. Relationship between Symptoms of Depres Sion and Agitation in Nursing Home Residents with Dementia [J]. International Journal of Geriatric Psychiatry, 2012.

LAWTON M P, BRODY E M. Assessment of older people: self-maintaining and instrumental activities of daily living [J]. The gerontologist, 1969, 9 (3): 179-186.

RANTZ, MARILYN J, et al. Randomized clinical trial of a quality improvement intervention in nursing homes [J]. The gerontologist, 2001, 41 (4) .

SCHARF T, PHILLIPSON C, SMITH A E. Social exclusion of older people in deprived urban communities of england ［J］. European journal of ageing, 2005 (2).

SCHLOSSBERG K N. A Model for analyzing human adaptation to transition ［J］. Counseling psychologist, 2015, 9 (2): 2-18.

SCHREINER, ANDREA S, YAMAMOTO, et al. Agitated behavior in elderly nursing home residents with dementia in Japan ［J］. Journals of gerontology series B: psychological sciences & social sciences, 2000.

SILVER, HILARY. Understanding social inclusion and its meaning for australia ［J］. Australian journal of social issues, 2010, 45 (2): 183-211.

Society. by Robert E. Park; Ernest W. Burgess ［J］. American Journal of Sociology, 1921, 27 (3): 393-394.

UNICEF, WHO, Skill-based Health Education including Life Skills ［J］. Life skills education in schools, 2002, 23 (3), 7-8.

XIE, BO. Information Technology Education for Older Adults as a Continuing Peer-Learning Process: A Chinese Case Study ［J］. Educational Gerontology, 2007, 33 (5): 429-450.

YEATTS, DELE E, THOMAS, et al. Service use among low-in come minority elderly: strategies forovercoming barriers ［J］. The gerontologist, 1992, 32: 24-32.